本书系"贵州大学2024年度学术著作出版基金项目（中央支持地方高校改革发展资金学科建设出版基金）"研究成果，并由贵州省2023年度哲学社会科学规划青年课题"数字政府视域下算法行政的程序法治研究"（批准号：23GZQN84）和贵州大学2022年度引进人才科研项目"数字政府视域下算法行政的程序法治研究"（贵大人基合字（2022）001号）资助出版。

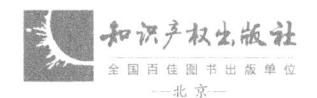

数字政府视域下算法行政的程序法治研究

雷刚 著

知识产权出版社
全国百佳图书出版单位
—北京—

图书在版编目（CIP）数据

数字政府视域下算法行政的程序法治研究 / 雷刚著. — 北京：知识产权出版社，2024.8.
ISBN 978-7-5130-9452-8

Ⅰ. D915.180.4

中国国家版本馆 CIP 数据核字第 2024PP7361 号

内容提要

本书立足技术治理与法律治理相互融合的视角，围绕算法行政的程序法治问题展开研究，以"技术—法治"双向调适为思维工具，在吸纳技术并恪守法治的基础上，构建算法正当程序的新理论，为正当程序注入新的活力，对程序制度的中立性、公开性、论证性和公正性进行更新和调整，以解决算法行政中的程序法治难题，从而回应全面建设数字法治政府的现实需求，并推动算法行政稳步长远发展。

本书适合关注数字法治的广大读者阅读。

责任编辑：王　辉　　　　　　　　　　　　　　责任印制：孙婷婷

数字政府视域下算法行政的程序法治研究
SHUZI ZHENGFU SHIYUXIA SUANFA XINGZHENG DE CHENGXU FAZHI YANJIU

雷　刚　著

出版发行	知识产权出版社有限责任公司	网　　址	http://www.ipph.cn
电　　话	010-82004826		http://www.laichushu.com
社　　址	北京市海淀区气象路50号院	邮　　编	100081
责编电话	010-82000860转8381	责编邮箱	laichushu@cnipr.com
发行电话	010-82000860转8101	发行传真	010-82000893
印　　刷	北京中献拓方科技发展有限公司	经　　销	新华书店、各大网上书店及相关专业书店
开　　本	720mm×1000mm　1/16	印　　张	17.5
版　　次	2024年8月第1版	印　　次	2024年8月第1次印刷
字　　数	270千字	定　　价	98.00元

ISBN 978-7-5130-9452-8

出版权专有　侵权必究

如有印装质量问题，本社负责调换。

前　言

　　进入21世纪以来,以深度学习、跨界融合、人机协同、群智开放和自主决策为特征的新一代人工智能革命悄然揭开序幕,人工智能不断取得突破性发展,并已成为新一轮科技革命和产业变革的重要驱动力量。人工智能逐渐在深度和广度上不同程度地嵌入社会生活的不同场景中,表明数字社会正在逐渐形成。相应地,政府需要对数字社会的新现象、新事物和新需求予以回应,并进行适应性的调整和转型;同时,数字技术的公共性应用极大地提高了政府行政治理和公共服务的针对性和有效性,也促使政府对数字浪潮中的技术革新、理念革新和机制革新等进行自我适应。在此背景下,数字政府建设应运而生,这是数字技术与政府治理在纵深层面互动与融合而形成的全新政府形态,并成为推进国家治理体系和治理能力现代化的制度举措。政府形态与行政模式是密切联系的,随着数字政府逐渐成为行政国家在数字浪潮中的时代表征,公共行政的实践形式相应发生转变:算法决策成为行政治理中的潜伏性力量,同时也是行政决策的智能化方式。可见,在数字政府视域下,随着算法决策在政府活动中的广泛应用,一种智能化和数字化的"算法行政"正在快速向我们走来,由此我们不仅要处理"人与人"之间的传统行政关系,还要解决"人与机器"之间的算法行政关系。诚如《新一代人工智能发展规划》所指出的,人工智能在为社会建设带来新机遇的同时,也带来了法律与社会伦理层面的不确定性挑战。算法行政作为行政国家发展的新面向,在发展过程中也产生了诸多法治危机,根本原因在于:算法行政的技治主义与行政法的法治原理之间存在冲突和不适。

　　行政程序是现代行政国家法治精神的时代性体现。在算法行政中,算法决策程序正在改变着人们对行政程序法治性和正当性的认识。在程序法视野下,算法决策程序可视作是行政程序智能化发展出的非传统行政程序,具有行政程序的部分特点,同时又有技术程序的特殊性。算法决策程序是一种机械过程,效率偏向和技术特性决定了它的程序规则是一种符号结构,与行政程序的法治性和正当性要求表现出不同程度的失调。进而言之,算法决策程序是一种技术性程序,在代码编译的掩饰下进行黑箱运作,而行政程序是一种法律性程序,强调行政活动应当在"阳光下"进行,两种程序的同步运行势必会形成此消彼长的紧张关系。这种紧张关系的产生根源在于:算法行政的"无人化"趋势日趋凸显,算法决策程序趋于虚拟化、代码化、自动化、非现场化正威胁着"人本主义"的行政程序。具体而言,算法决策程序让行政机关省略密集的程序制度而高效作出决策,尽管这种决策结果可以在技术程序下实现准确性,但是这也导致行政程序要求通过沟通与交流实现合法和正当的作用式微,更深层次的是,算法决策程序的大规模推广正挤压着行政程序尊严价值的法治空间。有鉴于此,在算法行政中,一方面,需要立足程序法治以系统审视算法决策程序对行政程序形成的结构性冲击,剖析存在的法治困境;另一方面,数字化和法治化的协同推进是算法行政良好生长的基础。所以,面对冲击与困境,应当通过数字化引领法治,这意味着行政程序应当顺应算法行政塑造出新的程序规则,以消解算法决策程序带来的各种挑战。

除"绪论"和"结语"之外,全书分为五章,具体内容如下:

第一章"数字政府的发展与算法行政的形成"。随着人工智能、大数据等在公共行政中部署与应用的日趋频繁与普遍,政府治理形态面临着发展契机。换言之,新兴数字技术促使人类社会向着信息时代发展并迈向数字时代,而与信息时代和数字时代相匹配的政府形态也因此从电子政府发展至数字政府,两种政府形态的转变实际上是量变到质变的过程。在此基础上,行政模式的演变与政府形态是密切相关的,从而基于"压制型—自治型—回应型"的行政发展思路以系统地阐述算法行政的形成逻辑,即不同历史时期中技术治理与公共行政之间的互构与互塑。通过对算法行政形成逻辑的厘清,可以发现,算法行政作为数字政府视域下的行政模式之变革,其兴起与发展实质是公共行政在虚拟空间的集中重塑,是"以代码规则为动力、以算法决策为表征和以风险规制为基点"的算法行政。同时,算法行政并非简单的技术实践,而是具有规范意义的全新行政模式。因此,有必要从治理之维、法律之维和规制之维对其法治意蕴进行阐释和分析。

第二章"算法行政中行政程序的数字化转型及法治困境"。在明确算法行政的基本内容和法治命题的前提下,本章首先从技术赋能的角度分析算法行政中行政程序的转型和发展。遵循"面向行政的行政程序"的研究路径,意味着立基于算法行政这一行政现实,行政程序的规范实践和基本制度均出现数字化转型的趋势。与此同时,需要遵循辩证思维来理性看待算法决策程序对行政程序形成的转型张力:一是对张力的本质进行溯源,二是对张力的表现进行阐述。基于"机器治人"颠覆了人类决策程序之隐忧,从"技法冲突"视角系统地分析算法决策程序所形成的法治困境,即算法决策程序的技术俘获、黑箱机制、嵌入模式和操纵力量正冲击着行政程序的中立性、公开性、论证性以及公正性。

第三章"算法行政中程序法治的逻辑、内涵及目标"。危机即转机,算法行政已是大势所趋,传统行政程序需要通过理念发展以应对算法决策程序所形成的四重困境。首先,从"权利性"和"权力性"程序维度以明确算法行政中程序法治的基本逻辑,即形成"增益扩权"的程序权利谱系和形成"监管算法"的程序职责。其次,需要指出的是,算法行政是一个全新的行政模式,这意味着其程序法治的基本内涵与传统行政程序的理论知识存在着一定区别,因此有必要立基于算法行政以系统描述其程序法治的基本内涵,主要包括算法行政的类型化、算法决策行为的模式化和算法决策程序的过程化等三方面内容。可见,对算法行政中程序法治的基本内涵进行建构是一项基础性工作。最后,算法行政的程序法治化初阶目标是从自定程序迈向法定程序,即一种程序法定的算法行政,并进一步分析程序法定的功能作用,在此基础上,需要将正当程序作为算法行政的程序法治化进阶目标,以程序正当性要求来弥补程序法定的疏漏和不足。

第四章"正当程序面向算法行政的回应与发展"。正当程序作为程序公平和公正的基础性价值判断,是将程序的"内在善"视为行政法治建设中程序正当性、合法性和合理性设计的精神依归。那么,面向算法行政,正当程序应当予以积极回应:一是要廓清正当程序的理念发展和回应之必要性,为算法正当程序的提出奠定基础;二是当一种"算法正当程序"被提出,不仅赋予了正当程序与时俱进的能力,而且也为正当程序注入新鲜血液。面对算法行政的降临,正当程序具有相当的回应韧性,能够推动"价值复原和韧性治理"的算法正当程序之建构,与此相对应的建构价值应当同时兼具工具理性和价值理性。那么,在"技法互动"的引领下,算法正当程序的具体内容得以体系化形成,即"一切为了人类"的算法正义、"理性沟通和信任交谈"的算法信任和"代码公开、理解和追溯"的算法透明。

　　第五章"算法行政中程序法治的系统建构"。法律治理与技术治理二元共治日益成为新时代行政法治建设的共同认识。因此,"技法融合"是算法行政中程序法治化建设的基本方法论,即将行政程序的法治原理和算法决策程序的技术理性予以有机地汲取和融合。在"技法融合"的指引下,对算法行政中的程序中立性、公开性、论证性和公正性进行与时俱进的法治建构,使其迈向可靠、负责、正义的程序体系。具体而言,其一,"算法的拟制人格和有限理性"是对算法行政中程序中立性的基本判断,进而从反自动化决策权的角度以发展回避制度和从行政裁量自动化的限度以塑造职能分离制度。其二,厘清算法黑箱的本质和明确算法透明的目的是塑造算法行政的程序公开性的前置性动因,并将"有意义的算法公开"和"有特定指向的算法解释"作为算法行政中程序公开性的目标,继而基于"有意义透明"以划定算法可公开的范围和基于"说明理由"以实现算法可解释性与可理解性的有机统一。其三,算法行政中程序论证性建构的起点是"人机关系"中的交互,同时,因算法自主性的程度高低而形成半自动化或者全自动化人机关系,两种关系中的程序论证形式应有所差异,需要以类型化的视角进行区别分析,即在半自动化人机关系中确保有意义的"告知"和坚守"陈述与申辩",以及在全自动化人机关系中建立"互动模型"的人机交流。其四,"算法问责"是算法行政中程序公正性的时代彰显,而算法影响评估程序是程序实质正义的实现路径,包括了事前算法风险识别阶段和算法影响的等级划分、事中的算法影响评估的具体环节以及事后的算法影响报告的运用。

目　录

绪　论 ……………………………………………………………… 001

第一章　数字政府的发展与算法行政的形成 …………………… 026

　第一节　政府形态的发展：从"电子政府"到"数字政府" …… 026
　　一、信息时代的政府信息化建设：电子政府 ………………… 026
　　二、数字时代的政府数字化转型：数字政府 ………………… 032
　　三、从"电子政府"到"数字政府"的时代解读 ……………… 039
　第二节　算法行政：一种新的技术治理 ………………………… 043
　　一、算法行政的形成逻辑：从压制型行政到回应型行政的技术治理 … 044
　　二、数字政府视域下算法行政的兴起及应用 ………………… 051
　　三、算法行政的关系模式：人机共治 ………………………… 056
　　四、算法行政的核心特征：代码规则、算法决策和风险规制 … 062
　第三节　算法行政的法治命题 …………………………………… 067
　　一、算法行政的治理之维：治理方式和治理对象 …………… 067
　　二、算法行政的法律之维："组织—数据—行为"的形式 …… 072
　　三、算法行政的规制之维：程序规制 ………………………… 077

第二章　算法行政中行政程序的数字化转型及法治困境 ……… 083

　第一节　面向算法行政的行政程序：数字化转型的必然性 …… 084
　　一、算法行政中行政程序的规范变迁与司法实践 …………… 084
　　二、算法行政中行政程序制度的数字化转型 ………………… 088
　第二节　行政程序数字化的转型张力：技术与法治的冲突 …… 093
　　一、行政程序数字化的转型张力之溯源 ……………………… 094
　　二、行政程序数字化的转型张力之表现 ……………………… 098

第三节　"技法冲突"的法治困境:算法决策程序对行政程序的冲击……104
　　　一、算法决策程序的技术性俘获侵蚀行政程序的中立性……………105
　　　二、算法决策程序的黑箱性机制危及行政程序的公开性……………108
　　　三、算法决策程序的嵌入性模式架空行政程序的论证性……………112
　　　四、算法决策程序的操纵性力量降低行政程序的公正性……………116

第三章　算法行政中程序法治的逻辑、内涵及目标……………………121
　　第一节　算法行政中程序法治的逻辑维度……………………………122
　　　一、"权利性"程序维度的法治逻辑……………………………………122
　　　二、"权力性"程序维度的法治逻辑……………………………………125
　　第二节　算法行政中程序法治的内涵解读……………………………129
　　　一、内涵之一:算法行政的类型化………………………………………129
　　　二、内涵之二:算法决策行为的模式化…………………………………135
　　　三、内涵之三:算法决策程序的过程化…………………………………139
　　第三节　算法行政中程序法治的目标阐释……………………………145
　　　一、算法行政中程序法治的初阶目标:从自定程序迈向法定程序……146
　　　二、算法行政中程序法定的功能目标:技术程序与法律程序的
　　　　　内在协调…………………………………………………………150
　　　三、算法行政中程序法治的进阶目标:从法定程序迈向正当程序……152

第四章　正当程序面向算法行政的回应与发展…………………………155
　　第一节　面向算法行政:正当程序的回应………………………………155
　　　一、发展中的正当程序……………………………………………………156
　　　二、算法正当程序的初步提出……………………………………………162
　　第二节　回应韧性:算法正当程序的建构机理及价值…………………165
　　　一、正当程序的"韧性":一种建构原则…………………………………166
　　　二、算法正当程序的建构力量:多维的"韧性"能力……………………168
　　　三、算法正当程序的建构价值:兼具工具理性与价值理性……………171
　　第三节　算法正当程序的具体内涵………………………………………178
　　　一、"一切为了人类"的算法正义…………………………………………178

二、"理性沟通和信任交谈"的算法信任 …………………………183
　　三、"代码公开、理解和追溯"的算法透明 ……………………185
第五章　算法行政中程序法治的系统建构 ………………………189
　第一节　算法行政的程序中立性之构成 ……………………………189
　　一、回归程序的中立性：算法的拟制人格及有限理性 …………190
　　二、算法行政中基于反自动化决策权的回避制度 ………………194
　　三、算法行政中基于技术能力的职能分离制度 …………………199
　第二节　算法行政的程序公开性之塑造 ……………………………203
　　一、建构算法公开与解释程序的动因：算法黑箱的
　　　　本质和算法透明的目的 …………………………………………204
　　二、基于"有意义透明"的算法的可公开范围 …………………209
　　三、基于"说明理由"的算法的可解释性和可理解性 …………213
　第三节　算法行政的程序论证性之实现 ……………………………220
　　一、算法行政中程序论证性构建的起点："人机关系"中的交互 …221
　　二、半自动化人机关系中的程序论证 ……………………………225
　　三、全自动化人机关系中"互动模型"的人机交流 ……………230
　第四节　算法行政的程序公正性之保障 ……………………………234
　　一、基于"算法问责"的算法影响评估程序：程序公正的彰显 …235
　　二、算法影响评估程序的构建方案 ………………………………240
结　　语 …………………………………………………………………248
参考文献 …………………………………………………………………252

绪　论

一、研究背景

数字时代的来临,在带来政府转型和行政模式转变契机的同时,也产生了诸多风险与挑战。应该说,技术革命性发展与行政国家的"现代性"紧密相连,这种"现代性"表现为先进的算法技术与行政法治之间的火花会在两个层面绽放。

第一,机器学习型算法的部署与应用,使得算法治理成为可能,政府也发展成为数字政府。在机器学习型算法技术的加持下,算法与公共行政的融合程度不断加深,政府通过算法进行决策逐渐成为大势所趋,由此推动公共行政逐渐向算法行政迈进。具体而言,算法行政应当视为数字政府视域下行政治理与智能技术有机融合的崭新模式,这意味着行政机关越来越依赖算法决策来辅助或者代为履行其行政职责。从实践来看,公共部门使用算法决策的领域呈现出不断扩大的趋势:福利机关通过算法系统作出家庭是否获得福利的决策,以及分析儿童与家庭分离的风险;[1]公共部门利用算法作出是否批准审前保释和假释、是否颁发飞行员许可证、进行退税评估;[2]以及警务行政中运用预测型警务算法来预测和评估犯罪的可能性和采取行为的必要性等。[3]可见,基于代码、数据、算力的算法决策取代了传统基于经验、规则和交流的人工决策,在技术理性的赋能下推动行政决策向着科学、理性和高效的方向转变。

第二,当政府使用算法决策开展治理之时,算法自主和自动的决策过程也就具有了行政法层面的意义,其决策过程必然涉及行政国家的正当程序、平等保

---

[1] VALENTINE S. Impoverished algorithms: misguided governments, flawed technologies, and social control [J]. Fordham Urban Law Journal, 2019, 46(2):364-427.

[2] COGLIANESE C, LEHR D. Transparency and algorithmic governance [J]. Administrative Law Review, 2019, 71(1):1-56.

[3] RADEMACHER T. Predictive Policing im deutschen Polizeirecht [J]. Archiv Des Öffentlichen Rechts, 2017, 142(3):366-416.

护、透明度、有限授权等法治原则。算法是实现行政治理迈向智能化的关键要素,与此同时,算法行政正改变着传统行政法学中的基础理论和目标定位。尤其是,现代行政法已经从结果主义的行为合法性控制转变至程序主义的过程合法性控制,诚如施瓦茨教授所言,与实体法相比,行政法更多的是关注程序与救济的法律❶,这表明行政程序成为行政法治中的核心所在。但是,算法决策并不遵守现有的法治要求,特别是其自主决策程序缺乏交互性的对话过程,行政程序之于行政治理的公开和参与要求难以转嫁至算法决策程序中去。自此,在程序法治视角下,算法行政中的自动化决策程序已经显现出规制不足的"治理赤字"。具体来说,算法行政是数字政府视域下的新型行政模式,其最为显著的特征即传统通过"组织—人员"制度传递的行政权力运行机制日趋转为基于"人—机器"自动化关系的技术权力运行机制。但是,算法行政中的"人机关系"并不能简单地看作是人对算法系统的工具性利用,相反,算法在与行政融合的过程中逐渐具有权力性质,算法权力因此成为行政治理中的客观存在,"人机关系"也就从工具性关系转向主体性关系。作为典型方式的算法决策,正不断对基于人际关系的行政程序带来诸多法治挑战,导致主体间意见交换和意志达成的行政程序异化成为算法自主决策和自动化执行的代码程序。行政程序是调整行政关系和规范行政权力的法律,算法行政的关系转变和全新权力机制必然会引发行政程序法的变革。

不难发现,在算法行政中,基于人际关系、强调公开与透明并围绕沟通与交流的行政程序,当其与算法决策程序相遇时,已经显露出规制作用式微的迹象。算法决策程序中的"人本主义"的价值丧失,进而逃逸出行政程序的约束范畴,并为歧视、归一和操纵提供了存在空间。❷在算法决策程序中,"权利—权利"格局的失衡意味着行政主体与相对人之间的互动失灵,决策不再是基于主体间有意义的沟通与交流的过程,而是代码和数据的自主学习和自动处理的过程。因此,算法决策陷入全流程的封闭状态,导致基于沟通与交流的权力制衡机制失效,算法决策也就失去了参与性、接受性和认可性的民主基础。在算法行政中,一旦人

---

❶ 伯纳德·施瓦茨. 行政法[M]. 徐炳,译. 北京:群众出版社,1986:3.

❷ BALKIN J M. 2016 sidley austin distinguished lecture on big data law and policy: the three laws of robotics in the age of big data[J]. Ohio State Law Journal,2017,78(5):1217-1242.

类丧失对技术的监督和控制,因算法的技术缺陷、伦理缺陷和规范缺陷而产生的算法歧视、算法黑箱、算法霸权等一系列失范现象便会不可避免地涌现出来,侵蚀着行政国家的法治基础,导致关于主体间交互的行政程序陷入"囚徒困境"。

进而言之,"法治取决于一定形式的正当过程,正当过程又主要通过程序来体现"[1],现代行政程序将主体多元、行为多样、关系平等、过程透明与积极参与等作为行政法治的基本命题,相应地从过往的"命令—控制"结果型转变为"公开—参与"的过程型。从程序导向来看,政府和相对人作为程序主体能够通过决定自己的行为和表达自己的意见来控制行政程序的发展方向,最终的行为结果是在双方主体博弈与妥协的基础上达成的。算法行政的产生与兴起,打破了这一程序模式。借助机器学习,算法决策程序并不是"绝对主导性的,而是处于变异或裂变之中"[2]。算法在建构"AI网格化"和实现"数据驱动社会(Data driven society)"之时[3],也正逐渐吞噬着现实世界[4],改变了行政治理的交互模式,从而引发程序法治危机。因此,围绕着"人际关系"而展开的程序法治需要转向以"人机关系"为核心的新程序法治,一种新的程序正义理念应当予以研究,以深刻嵌入和成为算法行政的法治内涵。

有鉴于此,在算法行政视域下,面对算法决策失却程序正义的问题,行政程序应当在适用层面进行开放性和包容性发展,灵活调整规则以缓和两种程序之间的冲突。算法行政已是大势所趋,行政程序不仅不应该排斥算法决策的运用,反而应当以积极的态度去吸纳和分析技术,在消解风险的同时拓展其本身的内涵,从而在复杂且充满不确定性的行政环境中维持着具有稳定性和动态化的行政程序,探寻技术与法治有机嵌合的规则体系和基础理论,以应对影响行政程序有序运行和稳健发展的技术障碍和制度障碍。

---

[1] 约翰·罗尔斯.正义论[M].何怀宏,等译.北京:中国社会科学出版社,1988:225.

[2] 高全喜.虚拟世界的法律化问题[J].现代法学,2019(1):69.

[3] 福田雅树,林秀弥,成原慧.AI联结的社会:人工智能网络化时代的伦理与法律[M].宋爱,译.北京:社会科学文献出版社,2020:5,11.

[4] ANDREESSEN M. Why software is eating the world[EB/OL].(2011-08-20)[2024-01-25]. https://www.wsj.com/articles/SB10001424053111903480904576512250915629460.

二、研究意义

在算法行政中,算法决策事实上侵蚀着行政程序的过程功能、控权功能和尊严功能,过去有序的时空安排转化为当下黑箱运作的代码逻辑,过去有效的控权制度难以规制当下的算法权力,过去尊严的主体关系异化为当下算法主导的支配关系。算法行政中的程序正义问题愈发凸显,如何推动算法行政的程序法治建设成为亟须解决的难题。有鉴于此,通过本书的研究,不仅要能够提炼出算法行政背后蕴含的法治思维,而且从程序正义视角出发,勾勒出算法行政的程序法治基本样貌,并塑造算法行政的程序法治规则体系。具体而言,本书的研究意义表现为理论意义层面和实践意义层面。

(一)理论意义

将研究视角聚焦于算法行政兴起语境下的程序法治原理,对此进行系统研究的理论意义主要有以下几方面。

第一,实现行政程序法的理论革新。通过本书的研究,有助于拓宽现有的行政程序法学研究领域。立基于程序法治的研究路径,不仅能够廓清算法行政的形成逻辑、实质内涵、核心特征以及内容要素等,还能系统地对算法行政中诸多程序问题进行研究,并以问题解决为导向和以法治建设为目的推动行政程序法基础理论发展、价值塑造、原则完善和规则形成。因此,通过探索具有针对性、匹配性且周密完善的规则体系,既能够促使行政法领域内的算法规制模式从粗放型的原则指引走向精细化的制度建设,还能够进一步丰富行政程序法规制理论和拓宽其原理范畴。

第二,形成算法行政中"技法关系"的融合思路。算法行政暴露出技术与法律互动失灵的问题,究其本质是算法技术对传统行政法理论带来的冲击。本书通过具体实例以分析算法行政中算法决策程序的法治风险,使得研究对象更加具象化和研究内容更为精细化,并转变传统法律规制的研究路径,将算法技术置于行政治理和程序法治的交融形态中予以观察,形成法律与技术"有机融合和互帮互助"的新思路,继而有利于建立目标清晰、逻辑自洽和论证严谨的算法行政的程序法治体系。

第三，建立算法行政"虚实交融"的程序治理框架。算法行政的兴起打破了行政程序既往的主体间物理时空的行为交互模式。这一点表现为算法决策程序使得人际秩序的治理模式转变为代码运算的虚拟模式，"物理空间与虚拟空间不再泾渭分明"实质反映出行政空间的虚实同构、行政关系的人机协同、行政秩序的算法化等，行政程序不再仅是物理世界的行政权力行使的规范准则和个人参与行政的制度保障，还涉及虚拟世界的算法权力控制和个人权益保障。因此，本书提出的新程序法理念（如算法正当程序）和新程序法制度（如算法公开、算法影响评估等）均旨在推动算法行政"虚实交融"的程序治理框架的发展与革新，不仅要推动虚拟空间的代码之治与现实世界的法律之治之间的相互影响、相互调适和相互包容，而且还应当实现行政程序从虚实二元分立的单向逻辑转向虚实一体融合的双向逻辑，赋予行政程序新的时代内涵。

（二）实践意义

《中华人民共和国国民经济和社会发展第十四个五年规划和2035年远景目标纲要》在第十七章"提高数字政府建设水平"中明确指出，应当积极广泛地将数字技术应用到政府治理活动中，一是为了提高治理效率和优化服务，二是为了提高行政决策的科学性。《法治中国建设规划（2020—2025年）》在第六部分也提出："充分运用大数据、云计算、人工智能等现代科技手段，全面建设'智慧法治'，推进法治中国建设的数据化、网络化、智能化。"在相关政策的指引下，政府形态迎来了时代巨变，数字政府成为新时代"智能与法治"融合的新型政府形态，并基于智能技术运用以形成算法行政这一智能行政模式，共同构成我国法治政府建设的新背景和新基础。

在数字法治政府建设中，本书的实践意义在于充分回应了算法行政发展的法治需求，有助于形成科学合理的算法行政法律规范体系。尤其是，算法决策对行政程序进行了智能化设计的同时，也导致程序中立要求、透明制度和信息交互等方面的作用式微，这在实践中引发对算法行政的合法性拷问，并极大地阻碍了"智慧法治"的建设。那么，本书对此进行研究，不仅有利于消除算法行政中的负效应、充分发挥算法行政的正效应、减轻程序正义的科技负担，而且有助于巩固和发展公民对数字政府的信任。与此同时，数字政府视域下行政法学需要对

"新"的算法行政和"旧"的行政程序法进行整体研究,以回应《法治政府建设实施纲要(2021—2025年)》中提出的"全面建设数字法治政府"的要求,这意味着亟须切实构建算法行政中的程序法治基础原理和规则体系。进而言之,《新一代人工智能发展规划》指出,应当"建立人工智能法律法规、伦理规范和政策体系";《国务院关于加强数字政府建设的指导意见》强调,"推动政府治理法治化与数字化深度融合",算法法治亦应看作是依法行政的题中之义。有鉴于此,本书基于程序研究的视角提炼出和归纳出适应算法行政的程序法体系,旨在依法规范算法权力的行使、科学分配算法决策中的权责义务以及全面保障个人的技术性正当权利,最终铺平算法行政法治化和规范化的发展道路,以推动数字时代法治国家、法治政府和法治社会的一体化建设。

三、研究现状

随着算法行政成为行政国家发展中的智能面向,通过算法决策程序以计算和实现公共行政中的公平正义愈来愈被视作是一种可行的思路,这一代码化的"计算过程"与法律性的"行政过程"在内涵和运行上显现出兼容性问题。进而言之,公法范畴的算法行政不仅与政府数字化转型、国家治理体系和治理能力现代化密切相关,而且需要受制于行政法中程序正义的规制框架。面对算法行政的趋势所向以及行政程序的作用受阻,算法行政及其程序法治逐渐成为行政法学研究的重点对象。通过对相关文献进行综述分析,可以发现传统行政法学迈向数字行政法学的整体脉络。有鉴于此,本书将算法行政作为研究的总体背景,基于行政程序智能化发展的趋势,剖析行政程序在算法决策中面临着的"滑铁卢"困境,以及探寻算法行政中程序正义的基本原则和程序法治的建设路径。遵循着上述行文思路及其目的,笔者对现有的研究进行全面梳理,以描绘出关于算法行政及其程序研究的大致图景。

(一)国内研究现状

1. 关于算法社会和算法权力的研究

一是对算法社会进行研究。算法行政是基于算法社会或者数字社会而产生的,因此,对于算法行政的研究离不开对算法社会或者数字社会的研究。从社会智慧发展的演进形态来看,於兴中认为,算法社会仅能看作是人的智性单向度发展的转型形式,但是,技术层面的科技乌托邦并不能涵盖人的智性、心性和灵性,即科技乌托邦下的算法社会难以回应"人本主义"的现代法治精神,其对人的心性和灵性的冲击需要我们予以警惕。❶在此基础上,算法社会对"人本主义"法治精神的冲击,最为典型的表现形态即"评分社会"的形成。换言之,随着算法技术在公共信用治理领域的广泛部署与应用,一种大规模的"评分社会"正在悄然生成,其成为数字社会或者算法社会发展中的具体阶段。然而,通过评分机制进行的信用惩戒,实质上超越了法律、市场、社会规范和代码/架构这四种规制权力,是一种新型权力。胡凌认为,算法权力作为算法社会或者数字社会的新型权力,亟须在传统公权框架中找到其成为约束主体行为的合理性和合法性因素所在,同时,对于形成的政府平台化以及随之产生的黑箱规制问题,需要探寻理性化法律制度层面上的实体保障和程序保障。❷不难发现,一种新型权力的生成是算法社会人本威胁和法治危机的症结所在。

二是对算法权力进行研究。不难发现,算法社会重新塑造了国家的权力机制。周尚君指出,国家和社会的数字化转型发展,一定程度上塑造了权力的新机制,使得权力的存在状态历经了从"强制权到解析权、从层级权力到空间权力、从公开的权力到隐蔽的权力"的深刻变化。但是就变化的本质而言,这种新型权力(算法权力)并没有脱离国家权力构造的核心逻辑以及未改变权力的本质属性,但有所转变的是权力的发生机制和作用方式。❸可见,随着算法技术被移植到政治领域,具有规范作用的技术极易被政府用于社会控制和公共权力的再生产。由此,王小芳和王磊认为,算法技术成为了行政治理中的重要权力因素❹,基于此产生的新型权力,被称为算法权力。更进一步,王正鑫认为,算法通过代码化的法律规则来调整法律关系、分配权利(力)与义务,是一种"立法性"的算法权力。❺

---

❶ 於兴中.算法社会与人的秉性[J].中国法律评论,2018(2):57,65.

❷ 胡凌.数字社会权力的来源:评分、算法与规范的再生产[J].交大法学,2019(1):24,32.

❸ 周尚君.数字社会对权力机制的重新构造[J].华东政法大学学报,2021(5):17.

❹ 王小芳,王磊."技术利维坦":人工智能嵌入社会治理的潜在风险与政府应对[J].电子政务,2019(5):86-87.

❺ 王正鑫."立法性"算法权力的兴起与法律规制[J].法制与社会发展,2023(2):196.

2. 关于算法行政基础理论的研究

一是对行政转型进行研究。公允地说,算法行政的形成是对算法社会和算法权力这一现实的回应。算法的自动化和自主性对基于人际关系的传统行政模式进行了全方位的重塑。李友梅认为,机器学习和深度自主的算法决策程序是颠覆性的创新技术发展,导致行政秩序从静态平面的确定性转向动态网格的不确定性,行政治理关系呈现出数据化、虚拟化和算法化等特征。❶王宾认为,算法的运用使行政治理面临着重塑,但也带来改写法律、超出法律授权范围和缺乏畅通的救济机制的风险。❷算法嵌入行政使得"人际关系"转向"人机关系",何哲认为,传统基于自然人和组织形成的政务智慧聚合模式开始演化为人机高度融合的泛政务智慧体系。❸

二是对算法行政的本质进行研究。在算法行政中,马长山认为,传统行政法面临着诸多"破窗性"挑战,如算法行政中场景的"双层空间、虚实同构"、关系的"人机共处、智慧互动"以及决策的"算法主导、数字生态"等❹,都意味着我们不得不审视算法行政的法理基础以及价值意蕴。那么,行政法学的研究视角开始从算法社会聚焦至算法行政,围绕着算法行政这一新行政模式展开了初步研究。一般认为,社会信用治理体系是公共行政智能化发展的具体体现,因此,虞青松从社会信用体系的治理范式转变的角度来切入分析算法行政,算法以"治理术"的形式嵌入至行政治理中,使数字社会中因算法权力这一全新权力机制而形成全新的治理模式,即算法行政。算法行政的核心是"治理",而"治理"经由算法化后发展成算法治理,包括了数据的收集和自动存储、数据挖掘以及数据识别与应用。同时,虞青松认为算法行政是以上三个阶段的相互融合,其规范性功能因彼此之间相互加强而变得更加强大和具有过程性,权力的作用对象不再是基于个人能力,而是基于数据处理形成的数字形象或者数字人格,体现出算法行政极强的实时性和适应性。❺同样地,陈禹衡和陈洪兵从"健康码"这一行政实践来分析

---

❶ 李友梅.当代中国社会治理转型的经验逻辑[J].中国社会科学,2018(11):72.
❷ 王宾.自动化行政中算法的法律控制[J].财经法学,2023(1):61.
❸ 何哲.人工智能时代的政务智慧转型[J].北京行政学院学报,2018(1):52-53.
❹ 马长山.智能互联网时代的法律变革[J].法学研究,2018(4):20-21.
❺ 虞青松.算法行政:社会信用体系治理范式及其法治化[J].法学论坛,2020(2):39-40.

和总结算法行政。他们认为,基于治理术的视角,算法行政的本质是"算法治理术",而现代行政法中的治理术具有"如何开展治理"的概貌性内涵,即算法贯穿于行政治理的全过程,同时是政府主导和利用算法技术对行政事务进行自动化处理的治理模式。❶可见,目前学界对算法行政的研究主要遵循"实践以探索行政模式转变"的研究路径❷,某种程度上是从算法治理术在行政治理某个领域内的应用模式来侧面研究或者细化研究,进而从现象透视本质,形成宏观上的理论框架。

三是对算法行政的生成机理进行研究。值得注意的是,随着算法行政研究日益精细化,对其架构原理的讨论崭露头角。张欣从"技术赋权和技术赋能"的视角分析算法行政的建构原理,即政府通过平台化转型继而使其转变为规制权利性设施的数字化连接点、算法决策取代专家而获得分布式信任和信息权力以及法律规范的代码化和数据信息的规制化。❸以上建构原理体现出行政法治的基础性原理,即公权力理论和专家行政,同时也体现出虚拟世界中"代码即法律"和"法律代码化"的规范理论。在已有研究的基础上,对算法行政的生成机理的探寻开始转向至行政法哲学中的"人机关系"审视。不同于传统行政,算法行政是以"人机关系"为核心的秩序关系,张凌寒认为,传统"以人为核心"的行政决策权逐渐让渡给算法,算法辅助甚至取代公权力,对公共事务和相关群体作出具有法律效力的算法决策,甚至以独立决策者的身份嵌入至公共行政的各个环节,对行政程序的正当性和公共权力的专属性提出颠覆性挑战❹,这就意味着公共权力中稳固的人际关系因人的主体地位被颠覆而出现公共性危机。因此,算法并非

---

❶ 陈禹衡,陈洪兵.反思与完善:算法行政背景下健康码的适用风险探析[J].电子政务,2020(8):93-94.

❷ 张欣从我国社会信用监管的实践出发以分析算法行政的形成与发展,并指出:"算法行政虽然智能高效,却也可能在决策透明度、问责度和公正性层面存在风险。我国应明确算法行政须遵循合法、透明、问责、公正、必要的原则,实施算法影响评估制度和算法审计制度,将算法行政纳入法治化发展路径。"张欣.算法行政的架构原理、本质特征与法治化路径:兼论《个人信息保护法(草案)》[J].经贸法律评论,2021(1):21.

❸ 张欣.算法行政的架构原理、本质特征与法治化路径:兼论《个人信息保护法(草案)》[J].经贸法律评论,2021(1):22-27.

❹ 张凌寒.算法权力的兴起、异化及法律规制[J].法商研究,2019(4):63,65.

简单的行政管理工具;相反,随着智能程度不断提升,蔡星月认为,自主性使算法的地位逐渐从过往的辅助工具转变为如今及未来的智能代理与智能主体,因此,其具有决策主体资格并获得了过去独属于自然人的决策权。❶郭春镇和勇琪也指出,在算法行政中,传统行政关系中的人机界限逐渐模糊化,导致人的唯一主体性地位受到冲击,主客体关系因此出现颠覆性倒转。❷在某种程度上,这种从工具到目的的转换将颠覆传统的人机地位,将算法决策系统从工具提升为作为目的的"人"。

综合而言,算法行政是数字政府视域下行政模式的创新发展,"面向行政的行政法"❸意味着现代行政法学需要对算法行政进行理论建构和价值探索的基础性研究。尤其是面对算法行政凸显出的治理机制、权力生成、行政关系等问题,姜明安指出,"互联网+"、人工智能、大数据日趋频繁且广泛地被运用,应当将其置于现代行政法学研究视角中,这些智能技术的应用不能仅仅被看作是政府治理手段转型的问题,更为深层次的是,智能技术的应用应当被认为是行政法治模式的转型。❹因此,可以发现,国内关于算法行政的研究目前处于初期阶段,尚未形成算法行政系统化的行政法理论。对算法行政更进一步的讨论,应当从行政法学的基础理论出发,以具象化分析算法行政法治中的机制机理、价值目的和建设路径等。

3.关于算法行政的程序问题的研究

算法行政自此成为数字政府视域下行政法学研究的基础模式,对于何为算法行政的讨论众说纷纭,尚未形成统一的定论,这表明算法行政是发展中的行政模式,其相关理论也是在不断丰富与完善的。特别是随着算法决策逐渐成为政府行为和行政治理中的核心,算法行政对传统的行政法治基础形成的负效应日益凸显,如何消除负效应和促进算法行政法治生长业已成为行政法学研究中的重要面向。

一是对行政程序的价值作用进行研究。公权力的运行以行政程序作为合法

---

❶ 蔡星月.算法决策权的异化及其矫正[J].政法论坛,2021(5):27.

❷ 郭春镇,勇琪.算法的程序正义[J].中国政法大学学报,2023(1):167.

❸ 谭宗泽,杨靖文.面向行政的行政法及其展开[J].南京社会科学,2017(1):111-112.

❹ 姜明安.新时代中国行政法学的转型与使命[J].财经法学,2019(1):6.

性、合理性和民主性的保障,即现代行政法治是以行政程序作为法治基础。进而言之,章剑生指出,正当的行政程序所蕴含的尊严、平等、秩序、公正和效率是法治国家的基本价值,这意味着个人通过参与到行政过程从而获得主体尊严、个人通过程序表达意见从而获得平等对待、行政机关通过公正程序从而实现公正秩序等。❶所以,在我国行政法学界,肖凤城作出"法即程序"的论断❷,表明行政行为应当是过程性的而不是结果性的。同时,季卫东认为,法律程序是对过程性和交涉性的制度化,是与参与主体的选择联系在一起的,通过缜密巧妙的程序作业能够确保行政决策的不仅具有交涉和裁量的余地,而且具有预测和限制的尺度。❸

二是对算法行政与算法决策进行研究。"算法行政以何种形式侵蚀行政程序"是进一步分析算法行政下行政程序的法治危机及其化解的前提问题。对此,张凌寒指出,从当前人工智能的本质与应用场景观之,算法行政事实上是以算法决策程序的形式介入至行政过程中的。❹迪莉娅也指出,政府部门越来越在行政治理中使用算法决策,算法决策可以一定程度地替代人工决策,以提高行政效率,与此同时,算法决策不能仅仅看作是代码运算的工具,而是代表着公共机关在不同领域内对资源配置、公平实现、舆论引导等起着重要的引导作用。❺同样,张文显认为,算法决策不仅影响着人与人之间的交往形式,而且对社会大众的价值判断产生影响。❻但是,算法决策在提高行政效率和节省行政成本的同时,也产生了诸多问题。孙建丽认为,算法决策导致信息茧房风险、引发隐私泄露风险以及助推歧视风险等。❼

三是对算法行政的程序失范进行研究。在行政程序法研究路径上,姜明安早已提出,行政程序基本制度之一即"电子政务制度",并进一步指出,电子政务

---

❶ 章剑生.行政程序正当性之基本价值[J].法治现代化研究,2017(5):102.
❷ 肖凤城.论"法即程序"——兼论行政程序法的重要性[J].行政法学研究,1997(1):4-7.
❸ 季卫东.法律程序的意义——对中国法制建设的另一种思考[J].中国社会科学,1993(1):101.
❹ 张凌寒.商业自动化决策的算法解释权研究[J].法律科学(西北政法大学学报),2018(3):65.
❺ 迪莉娅.大数据算法决策的问责与对策研究[J].现代情报,2020(6):122.
❻ 张文显.构建智能社会的法律秩序[J].东方法学,2020(5):8.
❼ 孙建丽.算法自动化决策风险的法律规制研究[J].法治研究,2019(4):108-110.

聚合了行政程序的基本要素使之得到拓展,并在优化传统行政程序同时使之价值得以最大彰显(首先是提升了行政程序的民主、公开、公正的程序价值,其次强化了行政程序的高效便民价值)。[1]从这一角度观之,在算法行政中,算法决策程序可以视作是行政程序的一种类型。张凌寒认为,算法决策程序嵌入行政治理具有行政权力增强的效应,表现为对治理过程中信息不对称困境的缓解,继而对政府权力运作的广度、深度和密度予以有效增强:首先是借助算法系统极大地提高了政府收集信息的数量与质量,其次是通过算法决策程序增强了政府处理和输出信息的能力,最后是通过算法形成的预测性决策能够前置预防和干预可能发生的违法行为。[2]与此同时,算法决策程序也正在释放风险,其对行政程序形成的法治风险应当予以充分警惕。孙清白指出,随着算法行政的兴起,算法决策得以实现大规模的"公共性"应用,但是算法不透明、算法偏见以及算法权力异化产生了知情权受限、平等权受损以及权力合谋等风险。[3]与此同时,算法决策程序对正当程序的冲击成为学界广泛关注的重要问题,张恩典指出,算法决策程序的自主性和模糊性导致正当程序被搁置楼台:一方面,个人陈述、申辩和获得听证的程序权利被压缩甚至消弭;另一方面,个人获得有关算法决策的解释权如同虚设。[4]可见,正当程序在算法决策程序中面临着失效境地,尤其是不同类型的算法决策程序形成的危险也是不同的。基于不同类型的算法决策,张凌寒指出,反应型算法决策极大地压缩了行政活动的具体环节,程序环节的省略直接导致正当程序陷入失语境地;预测型算法类似于行政内部决策,其黑箱运行规避了公众参与、专家论证等沟通与交流环节,也导致正当程序实际上被架空。[5]可见,我们应当对算法决策形成的程序危机予以充分关注。对此,学界以行政实践为基础,通过实证分析以发现算法决策对行政程序形成的法治危机的现实形态。在行政处罚领域,谢明睿和余凌云以交通非现场执法为例,并通过研究指出,技术赋能非现场执法引发了诸多程序法治问题,例如,相对人获得通知和异议表达等

---

[1] 姜明安.行政程序法典化研究[M].北京:法律出版社,2016:117-118.
[2] 张凌寒.算法自动化决策与行政正当程序制度的冲突与调和[J].东方法学,2020(6):5-6.
[3] 孙清白.人工智能算法的"公共性"应用风险及其二元规制[J].行政法学研究,2020(4):61-64.
[4] 张恩典.人工智能算法决策对行政法治的挑战及制度因应[J].行政法学研究,2020(4):38-39.
[5] 张凌寒.算法自动化决策与行政正当程序制度的冲突与调和[J].东方法学,2020(6):6-7.

程序权利式微、事实证据认定浮于形式、行政说明理由效用无力等。❶查云飞以行政检查为例,并通过研究认为,虽然算法决策的自动化过程确实能够提升行政机关预警监管和非现场检查的能力,但是大数据检查实质是机器的过程而非人类的过程,这就导致程序过程不存在行政机关与行政相对人互动的可能,对程序正义形成威胁。❷

四是对算法行政的程序发展进行研究。基于上述,已有研究基本达成一个共识,算法行政不仅是在面上铺开的而且是在质上变化的,算法决策程序在不同类型行政治理中的广泛应用,在发挥"技术赋能"的积极促进作用的同时,胡卫卫、陈建平和赵晓峰指出,其产生"技术负能"❸的消极危险作用越来越显露出来。同时,现代行政法是以程序法治为核心的行政法,面对算法行政以及算法决策形成的程序危机,行政法学界也逐步展开研究以提出算法行政程序法治化建设的可行思路。具体来说,赵金英指出,行政程序经由算法得以实现电子化、数字化和算法化,但也应当遵循法定程序的要求,需要明确电子化、算法化和数字化行政程序的合法性标准。❹同时,在电子政府建设初期,丁先存与王辉已经关注到电子政务中行政行为生效的程序要件,即必要的事先告知和灵活的送达形式。❺关保英认为,数字化对行政程序形成了地位、价值、内容以及运行等方面的冲击,但也使得行政程序实现了从粗放规制到精确规制、从程式规制到有序规制、从定性规制到定量规制和从感性规制到理性规制的转变。❻

基于现有研究,可以得知:算法行政中的算法决策程序应当受制于行政程序的法治规制,即法治程序控制下的算法决策程序。陈飏与裴亚楠指出,应当进一步明确程序控制的形式,包括了说明理由的解释性程序责任和陈述申辩的权利

---

❶ 谢明睿,余凌云.技术赋能交警非现场执法对行政程序的挑战及完善[J].法学杂志,2021(3):52-54.与此相关的研究,可参见关保英,王骏良.行政处罚中自动化方式适用的程序控制构建[J].青海社会科学,2021(6);杨小军,毛晨宇.行政处罚快速办理程序的正当性审视与补强[J].行政法学研究,2022(2).

❷ 查云飞.大数据检查的行政法构造[J].华东政法大学学报,2022(1):57-58.

❸ 胡卫卫,陈建平,赵晓峰.技术赋能何以变成技术负能?——"智能官僚主义"的生成及消解[J].电子政务,2021(4):59.

❹ 赵金英.电子行政行为的法律效力问题研究[J].电子政务,2014(11):121-122.

❺ 丁先存,王辉.电子政务中行政行为形式合法性探析[J].中国行政管理,2004(12):24-25.

❻ 关保英.论行政程序在大数据下的内涵变迁[J].政治与法律,2022(1):98-104.

程序性救济。❶关于算法行政中行政程序法治建设的理论探讨逐渐精细化,查云飞对全自动行政行为中的听证程序、调查程序、个人阅卷权进行了规范分析,并指出应当满足最低限度的程序要求以及畅通其与行政普通程序的衔接。❷基于类似的研究路径,胡敏洁认为,应当构建公开的、透明的且可救济的算法决策程序,确保个人能够理解算法、能够获得有意义的通知以及实现全过程纠错跟踪。❸与此同时,具体至典型行政行为中的程序完善的研究也有所体现,马颜昕等以行政许可作为授益性行政程序的代表,对应用的算法决策程序的不同阶段予以了充分讨论,同时遵循一致的研究思路对诸如行政处罚的负担行政程序中的合法性控制进行了充分分析。❹需要特别指出的是,算法决策程序与正当程序的规制关系是正当程序在算法行政时代的回应性发展。对此,陈景辉在阐明算法与正当程序具有规范上关联的基础上,建立了正当程序对算法决策程序规制的基本框架。❺学界也出现了对算法行政中的智能程序正义观的系统探讨,从正当程序视角提出消解算法决策程序与行政程序的冲突的理论框架,刘东亮基于人工智能时代下算法与程序的双重变奏,提出了应用于算法决策程序全过程的"技术性正当程序";❻贾开、徐杨岚和吴文怡则提出,建立多方利益主体参与和基于算法生命周期的"算法正当程序"。❼有关具体内容的讨论,张凌寒指出,基于

---

❶ 陈飚,裴亚楠.论自动化行政中算法决策应用风险及其防范路径[J].西南民族大学学报(人文社会科学版),2021(1):80.

❷ 查云飞.人工智能时代全自动具体行政行为研究[J].比较法研究,2018(5):176-177.

❸ 胡敏洁.自动化行政的法律控制[J].行政法学研究,2019(2):65.

❹ 马颜昕,等.数字政府:变革与法治[M].北京:中国人民大学出版社,2021:164-171.

❺ 陈景辉.算法的法律性质:言论、商业秘密还是正当程序?[J].比较法研究,2020(2):131-132.

❻ 刘东亮.技术性正当程序:人工智能时代程序法和算法的双重变奏[J].比较法研究,2020(5):72-78.

❼ 贾开,徐杨岚,吴文怡.机器行为学视角下算法治理的理论发展与实践启示[J].电子政务,2021(7):21.谢琳和曾俊森也认为,"算法正当程序为算法决策提供了正当性的理由,有助于缓解社会对算法黑箱的担忧",并指出:"在构建算法正当程序上,个体赋权的内容应当体现为通过透明权利适度提高算法透明度,以便于个人在参与算法问责中了解自动化决策,并提出观点和质疑。在解决算法决策功能性问题上,算法决策治理的重点应当从个体赋权转移到对信息控制者施加义务。"谢琳,曾俊森.个体赋权在算法决策治理中的定位[J].法治社会,2022(1):97.

信息公开原则以增强算法决策的透明度、基于参与原则以建立算法影响评估以及基于说明理由以设置算法解释权;❶王贵认为,正当程序需要在算法行政中予以重申和回归,应当建立算法公开制度和算法影响评估制度、确保个人参与程序的权利以及赋予个人免受算法决策和免受算法歧视的权利等;❷陈亮和薛茜则是从行政公开视角出发并基于算法解释权以对算法决策的主体公开、程序公开和内容公开进行适应改造;❸蔡星月认为,应当通过正当程序以规范和约束算法决策程序,这意味着需要建立面向第三方监管机构的算法透明机制、算法中立性保障机制以及确保算法决策的公开性等;❹丁晓东指出,现代意义的算法规制应当遵循场景化原理,即根据算法决策应用的特定公共场景,依循正当程序的灵活性进行算法透明、反歧视等的综合判断,确保规制算法的手段能够帮助公共机构和个人作出契合程序正义且更为正当合理的决策。❺丁晓东进一步指出,在算法决策中,应当建立沟通型和反馈型的程序机制,确保个人算法解释权得以行使和回应,即通过正当程序权利以建立算法信任和科技向善的制度桥梁。❻

综合而言,在算法行政背景下,算法决策程序作为"已编码的行为程序"或者是为了达成特定目标的程式化逻辑,因此,被广泛定义为算法化的行政决策的程序和步骤,并基于其公共性功能和作用而相当程度上等同于一种行政程序,进而应当受制于正当程序的控制。基于此认识,算法行政中的程序法治化建设已然成为行政程序研究中的一个重要议题,相较于过往研究,现有的研究逐渐开始探索算法决策程序自身的技术特性与行政程序中的规则要求之间的兼容并包的法治路径。需要说明的是,"技术制衡技术"成为探寻算法规制道路的一种理念。季卫东就此指出,不断增强的机器学习导致算法黑箱问题日益严重,"以技术制衡技术"将成为自然人对机器人进行间接管制的重要方式。❼但是,如同前述,技

---

❶ 张凌寒.算法自动化决策与行政正当程序制度的冲突与调和[J].东方法学,2020(6):11-16.

❷ 王贵.算法行政的兴起、挑战与法治化调适[J].电子政务,2021(7):10-11.

❸ 陈亮,薛茜.行政公开视域下行政决策算法化的法律规制[J].理论月刊,2021(3):119.

❹ 蔡星月.算法决策权的异化及其矫正[J].政法论坛,2021(5):32-33.

❺ 丁晓东.论算法的法律规制[J].中国社会科学,2020(12):141、152、152.

❻ 丁晓东.基于信任的自动化决策:算法解释权的原理反思与制度重构[J].中国法学,2022(1):115.

❼ 季卫东.数据、隐私以及人工智能时代的宪法创新[J].南大法学,2020(1):1.

术与法治的并进与融合是构建算法行政中程序法治体系的进阶思路。因此,展鹏贺基于算法决策为人诟病的黑箱效应机制,从技术设计的事前、事中和事后的时间维度出发,遵循行政程序的公开、公正要求继而形成数字化行政方式的正当性机制,如设计之初的伦理嵌入、代码编译过程中的公众参与、建立以算法公开、算法解释等为内容的公开机制等。❶由此可见,随着算法决策程序引发的程序正义问题日趋凸显,如何构建出算法行政背景下的智能化的程序价值和精细化的程序规则成为新时代行政程序研究的核心议题。唯有如此,作为法治基础工程的行政程序才能够在有机融合技术与法治因子的基础上为算法行政提供价值指引和规范预期。

(二)国外研究现状

相较于国内,国外较早地展开了对算法行政及其与行政程序的关系的系统性研究,并积累了丰硕的研究成果。

1. 关于算法行政基础理论的研究

与其他传统行政模式相比,算法行政的建构出发点是基于福柯所言的治理术理论。因此,马克·贝维尔(Mark Bevir)认为,政府行政应该更多地关注治理的过程性而非治理的目的性,即关注行政中的治理术(Governmentality)。治理术是指一个行为对另一个行为的指引,尤其是具有影响意义的技术。❷正是依循"治理术"的意涵,在算法社会普及之际,安托瓦内特·鲁夫鲁瓦(Antoinette Rouvroy)将政府的治理术与数字技术进行有机交互,形成基于算法而生成的全新权力机制(算法权力),而政府在算法权力的指引下形成新型的治理术,即算法治理术(Algorithmic governmentality)。❸由此可见,治理术的算法化过程,实质上导致政府行政模式的转变。安托瓦内特·鲁夫鲁瓦(Antoinette Rouvroy)认为,与传统行政中强调通过法律形式或者政治方式的治理不同,数字政府视域下的公共行政

---

❶ 展鹏贺. 数字化行政方式的权力正当性检视[J]. 中国法学,2021(3):134.

❷ BEVIR M. Rethinking governmentality:towards genealogies of governance[J]. European Journal of Social Theory,2010,13(4):423-441.

❸ ROUVROY A. Privacy,due process and the computational turn:the philosophers of law meets the philosophers of technology[M]. London:Routledge,2012:163-196.

通过算法技术进行自动化运作的形态,即可称之为算法行政。❶自此,算法行政成了行政转型的新形态,努诺·罗德里格斯(Nuno Rodrigues)和贝尔纳·斯蒂格勒(Bernard Stiegler)对其关键内涵予以明确,指出算法行政的关键在于算法治理术与行政行为的高度融合,包括对行政规则和行政事务的转码和解码,继而进行运算路径和机制的设计。❷在此基础上,托马斯·M.沃格尔(Thomas M. Vogl)等人高度概括算法行政的内涵,即算法行政本质可概括为"人工智能技术与公共治理"的融合。❸就算法行政的内容而言,马切伊·库齐姆斯基(Maciej Kuziemski)和詹卢卡·米苏拉卡(Gianluca Misuraca)继而指出算法行政宏观层面包括了"用算法进行治理"(算法治理)和"对算法进行治理"(治理算法)。❹

2. 关于算法决策风险的研究

基于上述可知,数字技术成为了行政治理变革之中的核心力量,数字技术尤其是算法技术逐渐占据了行政国家的中心领域,进而将既有的行政模式重塑转变为"数字时代的治理"(算法行政)。但与此同时,迈克尔·维勒(Michael Veale)和伊琳娜·布拉斯(Irina Brass)指出了算法行政可能面临的现实风险,即算法行政中的治理数字化和决策算法化是否能够真正地提高行政能力,从而为公众提供更好的公共秩序和公共服务。❺算法决策作为算法行政的实践形式,基于强大的机器学习能力所提供的行政高效性和决策相关性确实对行政机关很有吸引力。但是,米歇尔·芬克(Michèle Finck)指出,事实上,在行政治理中使用算法决策程序业已产生了诸多法律和道德方面的挑战,特别是对行政透明原则产生了

---

❶ RODRIGUES N. Algorithmic governmentality, smart cities and spatial justice [J/OL]. Justice spatiale-Spatial justice, 2016, 10: 1-22 (2017-12-04) [2024-01-25]. http://www.jssj.org/article/gouvernementalite-algorithmique-smart-cities-et-justice-spatiale/.

❷ ROUVROY A, STIEGLER B. The digital regime of truth: from the algorithmic governmentality to a new rule of law[J]. La Deleuziana, 2016(3): 6-29.

❸ VOGL T, CATHRINE S, GANESH B, BRIGHT J. Smart technology and the emergence of algorithmic bureaucracy: artificial intelligence in UK local authorities[J]. Public Administration Review, 2020, 80(6): 946-961.

❹ KUZIEMSKI M, MISURACA G. AI governance in the public sector: three tales from the frontiers of automated decision-making in democratic settings[J]. Telecommunications Policy, 2020, 44(6): 1-13.

❺ 迈克尔·维勒,伊琳娜·布拉斯.算法行政? 公共管理与机器学习[M]//凯伦·杨,马丁·洛奇.驯服算法:数字歧视与算法规制.林少伟,唐林垚,译.上海:上海人民出版社,2020:135.

冲击:首先,算法的不透明性可能掩盖了各种有意或无意的操纵和偏见。其次,透明度不足导致公民无法观测算法决策过程,难以行使监督权。这些透明风险表现为数据的透明度问题和算法模型的透明度问题。❶奥马尔·泰内(Omer Tene)和儒勒·波洛涅茨基(Jules Polonetsky)也认为,当前算法决策面临着透明性不足和难以问责的两大难题,而且两者是具有关联性的,即算法不透明导致算法丧失可问责性。❷卡里·科格利安尼斯(Cary Coglianese)和拉维·本·多尔(Lavi M. Ben Dor)算法决策尽管在行政效率上表现出显著作用,但也无法避免引起争议。例如,如果潜在数据包含着偏见,如果这些偏见来自人类实践活动或者算法本身就反映了偏见,那么机器学习可能会将这种不平等具体化内置在数据中;而且算法决策准确性也并非预想中的那么高,存在着侵犯隐私的可能性以及滥用权力的风险。❸莎拉·瓦伦丁(Sarah Valentine)认为,算法行政是一种全新的社会控制机制,但是,算法行政并不是理论上的价值无涉和客观中立,其可能对标记的人群予以边缘化对待,进一步加剧社会的不平等、不公正和固化社会的分层,此外算法行政也对传统的行政法原则产生冲击,在复杂的代码规则和数理逻辑之下遮蔽行政透明要求,并将决策权予以算法化和私人化。❹

可见,关于算法行政的风险讨论逐渐成为国外研究的重要面向,如何构建算法行政中的法治模式已经成为算法治理研究中的重要议题之一,亟须从现实维度、价值维度、原则维度以及建设维度出发以系统性研究进而回应其中的算法风险问题。

3. 关于算法行政的程序问题的研究

第一,对算法行政的程序失范进行研究。算法行政对程序法治的不利影响

---

❶ FINCK M. Automated Decision-Making and Administrative Law[M]//CANE P, HOFMANN H C H, IP E C, LINDSETH P L. The Oxford handbook of comparative administrative law. Oxford: Oxford University Press, 2020:656-676.

❷ TENE O, POLONETSKY J. Taming the golem: challenges of ethical algorithmic decision-making[J]. North Carolina Journal of Law & Technology, 2017, 19(1):125-173.

❸ COGLIANESE C, DOR L M B. AI in adjudication and administration[J]. Brooklyn Law Review, 2021, 86(3):791-838.

❹ VALENTINE S. Impoverished algorithms: misguided governments, flawed technologies, and social control[J]. Fordham Urban Law Journal, 2019, 46(2):364-427.

愈发明显和严重,行政程序中的算法问责成为国外学者研究的重要议题。算法决策程序的高效性和瞬时性导致行政程序的规制作用式微,哈特穆特·毛雷尔(Hartmut Maurer)认为基于算法自动化决策的优势利用而免除了行政程序中关于听证和说明理由的规定要求,行政程序的很多内容因此缺失,进而导致个人表达意见、获得听证以及参与治理等的程序性权利被空置。❶大卫·弗里曼·恩斯特罗姆(David Freeman Engstrom)和丹尼尔·E.何(Daniel E. Ho)指出,随着政府部门运用算法决策进行广泛的治理,导致参与性和民主性的行政决策过程逐渐屈从于技术的效率。然而,公众参与、行政效率、民主问责和规则治理是健全的行政法治的核心内容,通过程序以确保行政是透明的和负责的,却在算法决策程序面前陷入失效的困境。❷艾米莉·伯曼(Emily Berman)认为,算法的高度不透明威胁着行政法的基本价值,进而破坏基于机器学习的行政行动的合法性。❸基于此,卡里·科格利安尼斯(Cary Coglianese)和大卫·莱尔(David Lehr)认为,机器学习的自主性、黑箱性和极速性等技术特征导致算法透明问题的产生。❹珍娜·伯勒尔(Jenna Burrell)对此进行深入分析,指出算法决策程序不透明的主要表现为三种形式,即"基于国家秘密或者商业秘密的不透明、基于技术能力不足的不透明、基于算法高度复杂性和专业性的不透明"❺。不难发现,算法决策最显著的程序问题是其黑箱性,算法决策不透明致使其游离出程序监督的问责框架,这直接危及个人的正当程序权利。

　　第二,对算法行政的程序发展进行研究。算法行政通常意味着"评分社会"的形成,因算法计算而被污名化的个人,丹妮尔·基茨·香特伦(Danielle Keats Citron)指出,程序规则对此类人群而言有着重要作用。一方面,这类算法决策系统

---

　❶ 哈特穆特·毛雷尔. 行政法学总论[J]. 高家伟,译. 北京:法律出版社,2000:443.

　❷ ENGSTROM D F, HO D E. Algorithmic accountability in the administrative state[J]. Yale Journal on Regulation,2020,37(3):800-854.

　❸ BERMAN E. A government of laws and not of machines[J]. Boston University Law Review,2018,98(5):1277-1356.

　❹ COGLIANESE C,LEHR D. Regulating by robot:administrative decision making in the machine-learning era[J]. Georgetown Law Journal,2017,105(5):1147-1224.

　❺ BURRELL J. How the machine 'thinks':understanding opacity in machine learning algorithms[J]. Big data & society,2016,3(1):1-12.

应当通过程序规制的能力测试,以确保算法的公平性和准确性;另一方面,行政程序为个人提供了质疑基于评分的不利行政决定的有意义机会,为自己摆脱污名化并对抗算法的不当分类。[1]对于算法决策中程序问题进行系统性研究,集大成的理论即"技术性正当程序"的提出。具体来说,丹妮尔·基茨·香特伦(Danielle Keats Citron)认为,自动化的算法决策不可避免地危及正当程序的规范要求,原因在于算法决策在遵循一定程度规则的同时也为个人制定了决策规则。算法决策程序此种特性导致个人获得通知、举行听证会等程序权利的价值受到贬低,同时,Mathews v. Eldridge案所形成的成本效益理论无法对破译算法逻辑的可能成本与纠正算法决策的可能效益进行比较分析,算法决策因此也对个人参与行政阻碍。正是因为算法决策存在着上述的程序危机,该学者指出,通过算法决策以消除人类决策程序中的持续性错误以作出一致性的决策结果只是一种理想化的状态,事实上,如今的算法决策并不能消除错误和偏见,相反会成为产生错误和传播偏见的机器。面对这种危险,"技术性正当程序"旨在提供一个负责任、可靠的、公平的、透明的算法程序规则。[2]类似地,凯特·克劳福德(Kate Crawford)和贾森·舒尔茨(Jason Schultz)提出的"程序性数字正当程序",寻求公平听证等基本程序性要素以缓解算法决策带来的隐私危机和边缘化趋势。[3]某种程度上,国外学者认为实现算法透明是算法决策程序正义实现的关键所在。基于此,卡里·科格利安尼斯(Cary Coglianese)和大卫·莱尔(David Lehr)认为,如果机器学习型算法在设计上和运作上是处于良好状态的,那么该算法决策程序应当经受得起合法性审视,尤其是透明性的说明理由原则,意味着行政机关、专家、公众能够了解算法的机器学习模型以及相关逻辑,同时了解算法决策是否有益于提高公共服务质效。因此,基于正当程序的算法透明,使用黑箱算法的政府并不一定是黑箱政府,政府部门通过开放政府原则确保算法治理满足法律上的透明度

---

[1] CITRON D K, PASQUALE F. The scored society: due process for automated predictions[J]. Washington Law Review, 2014, 89(1):1-34.

[2] CITRON D K. Technological due process[J]. Washington University Law Review, 2008, 85(6):1249-1313.

[3] CRAWFORD K, SCHULTZ J. Big data and due process: toward a framework to redress predictive privacy harms[J]. Boston College Law Review, 2014, 55(1):93-128.

要求。❶

综合而言,算法行政的渗透式发展,让我们不得不重新审视规制算法的法治路径。特别是,算法决策的预测性裁决或者生成新规则极大地削弱了法律的作用,甚至以与民主法治相冲突的方式来计算特定的价值,最终侵蚀行政民主的活力。由此,程序正义对于算法行政尤为重要,诚如艾丽西亚·索洛-尼德曼(Alicia Solow-Niederman)所言,算法和编程决策构成人类行为,通过智能化的程序规则,为算法系统嵌入公共价值观,算法的潜力才得以最大限度地发挥,同时为私人活动保留空间。❷不难发现,程序危机已然成为算法行政法治风险的重要内容,算法决策并不能自圆其说,相反不同程度地侵蚀着个人的正当程序权利❸,为了消除算法行政中行政国家出现的法治危机,亟须从行政程序维度出发寻求法治出路❹,即促进人工智能科学、法律与政策之间的协同合作,以推进算法决策问责制程序机制的设计。

四、研究方法和思路

(一)研究方法

1. 文献分析法

通过对国内外关于数字政府、算法行政、行政程序等的文献资料进行全面收集、分类整理、系统分析和梳理总结,以形成对"算法行政的程序法治"这一研究对象的基本认知和动态把握,并进一步探寻算法行政形成的内在机理以及外在因素和厘清算法行政中相关概念、基础理论以及规制要点等。可见,通过文献分析能够为算法行政的程序规范治理体系建构提供厚实的理论支撑、多元的研究

---

❶ COGLIANESE C, LEHR D. Transparency and algorithmic governance [J]. Administrative Law Review, 2019, 71(1):1-56.

❷ SOLOW-NIEDERMAN A. Administering artificial intelligence [J]. Southern California Law Review, 2020, 93(4):633-695.

❸ CALO R, CITRON D K. The automated administrative state: crisis of legitimacy [J]. Emory Law Journal, 2021, 70(4):797-846.

❹ KROLL J A, BAROCAS S, FELTEN E W, et al. Accountable algorithms [J]. University of Pennsylvania Law Review, 2017, 165(3):633-706.

视角和关键的共识判断等。

2. 规范分析法

在研究过程中,不仅需要对关于算法部署和应用的相关法律法规进行规范分析,而且需要对涉及算法规制的相关法律条文进行规范分析,旨在明晰现有法律制度的基础上归纳不足,进而探究建构算法行政程序法治体系的路径和方法。

3. 实证分析法

本书通过分析算法决策这一实践形式以勾勒出算法行政的发展现状,并剖析虚拟程序中存在正义消失和法治失范的现实问题和典型案例,从而基于实践情况以精准发现算法行政的程序法治需求以及通过实证分析以检视本书所提出的理论观点。可见,实证分析法能够为理论研究补充实证素材,使得关于算法行政的程序法治问题的讨论和分析更具有说服力。

4. 比较分析法

由于算法行政是行政国家发展中的新兴形态,其理论研究和实务操作尚处于初级阶段,并未形成统一观点和规范制度。建构算法行政的程序法治体系需要秉持开放视角,应对欧盟、美国等关于算法行政的立法和理论展开研究,以期通过对比分析来拓展研究视野。在我国,立足于算法行政的实践情况,通过对域外的制度经验和法律实践进行合理的比较分析和归纳总结,能够为我国算法行政程序法治建设提供有益参考。

(二)研究思路

本书研究的总体思路是以实现算法行政的程序法治化为目的,遵循"技术—法治"双向关系的方法论,按照"算法行政为什么—算法行政是什么—算法行政怎么样—算法行政法治化"的逻辑脉络进行选题分析和文本写作,力求做到结构合理、层次清晰、条分缕析以及言之有序。具体而言:

1. 揭示算法行政兴起的时代背景

算法行政是一个崭新的和智能的行政模式,为充分认识这一新模式,需要揭示算法行政兴起的时代背景,从而进一步探讨算法行政兴起的制度动因和实践逻辑。算法行政的兴起与政府形态的转型和发展是紧密相连的。随着数字政府时代的来临,"无人干预秒批""信用评级"等新兴行政方式日益普及,对传统的行政模式产生了制度冲击,呈现出与传统行政模式截然不同的治理关系和治理方式,即"人际关系"的行政方式转向"人机关系"的数字方式。算法行政正是在数字政府视域下行政方式的革命性转变中兴起的,应当从数字政府的治理实践中探寻算法行政兴起的制度动因,并立基于技术与行政的关系来分析算法行政的实践逻辑。

2. 分析行政程序数字化的转型张力和法治困境

算法行政的兴起与发展,意味着行政程序的数字化转型迎来了新的契机,即程序的自动化实施从形式程序涵盖至决定程序。目前,行政程序数字化转型是技术发展与法规政策所共同推进的,也就是说,算法行政语境下行政程序数字化转型是技术与法律之间相互作用的结果。行政程序数字化转型应当遵循着两个逻辑:一是技术逻辑,即不同类型的程序制度在算法技术的支持下实现数字化发展;二是法律逻辑,即法律应当积极回应行政程序数字化转型的技术机理。但事实上,算法决策程序更多是遵循技术逻辑,而未对法律逻辑予以充分关注,由此产生"技法冲突"。在"技法冲突"下,技术性程序与法律性程序之间不仅存在理论张力,还存在多重法治困境。因此,通过对理论张力和法治困境进行梳理和分析,为构建算法行政的程序法治体系奠定问题意识的基础。

3. 形成算法行政中程序法治的知识谱系

算法行政处于公共行政数字化变革的前沿阵地,如何有效规制算法决策程序所形成的负外部性风险、如何实现算法决策的程序法治建设,是确保算法行政良好生长和有序运行的时代问题。"技法冲突"是阻碍算法行政发展的根源所在,因此,需要将技术逻辑和法律逻辑进行有机融合,实现技术治理与法律治理的相互协同。也就是说,算法行政产生的程序危机是兼具技术性和法律性的,化解程序危机的根本出发点应当是立基于技术与法律的良好融合,亦即"技法融合"。"技法融合"是将算法决策的技术规律与行政程序的法治原理进行辩证地融合,即法律回应技术和技术吸纳法律。在"技法融合"的指引下,运用传统行政程序法理论对算法行政进行类型分析、对算法决策行为进行模式分析以及对算法决策程序进行过程分析,为算法行政提供初步的程序法治知识谱系。在此基础上,根据算法行政的技术模式和决策模式,对初步的知识谱系进行针对性调整,以最终形成技术与法律互动融合的程序法治知识谱系。

4. 推动算法行政中正当程序的数字回应

正当程序作为行政程序法的"高级法",所蕴含的程序正当性具有超越程序合法性的价值作用:一是弥补法定程序的疏漏;二是检验法定程序的正义性。面对算法行政这一新现象,正当程序并不是一个固定的公式,而是需要立基于行政现实予以灵活发展。遵循"技法融合"方法论,不仅需要将算法行政置于正当程序的规制框架,而且应当将正当程序置于算法行政这一现实语境下。从这一角度观之,正当程序的数字回应需要置于算法行政之中进行讨论,增强程序正义与算法技术之间的对话与合作。一方面,算法行政为正当程序的理念更新提供技术性支持;另一方面,正当程序为算法行政的"科技向善"提供"最低限度的程序公正"的判断标准。两者之间的对话与合作是为了实现程序正义与算法技术的双向融合,以构建新时代的算法正当程序。

5. 建构算法行政的程序法治体系

在算法行政中,传统行政程序旧有的程序观念被颠覆,许多旧有的程序制度也面临着冲击和挑战,行政程序的控制失灵导致"权利—权力"关系出现失衡。对此,"技法融合"提供了系统建构算法行政的程序法治体系的"技术—法治"双向调适思路,相较于单一的"以技治技"或者"以法治技"的构建思路而言,这种双向调适思路更具有科学性、合理性、容纳性和实践性。也就是说,一个有效的程序规制策略应当兼具两面性:一方面,需要确保个人主体尊严和程序权利不受侵害;另一方面,能够确保算法行政不构成对行政程序的合法性破坏。那么,对算法行政的程序中立性、公开性、论证性与公正性进行系统性的法治建设,就是为了实现算法行政的程序制度兼具技术理性和法治价值。

五、本书的可能创新点

算法行政是行政治理的新模式,是行政国家发展的新面向,强调行政机关在履行职责时越来越依赖于算法决策,将行政治理任务进行代码设计并转化为数字化"输入—输出"的程式及规则,让政府治理融入"数字化思维"。本书通过对算法行政的程序法治问题展开系统研究,既能够总结算法行政发展过程中的有益经验,以服务于我国数字政府的法治化建设,也能够借以此为突破口对相关数字行政程序法理论进行全面剖析,为实践中运用算法决策提供理论支撑。有鉴于此,本书的可能创新点有:

第一,研究视角的创新。以算法行政这一新型行政模式作为研究基点,从行政程序法的角度探讨算法权力、算法俘获、算法黑箱、算法嵌入、算法操纵、行政程序算法化等的前沿性问题,这有别于传统行政法学的研究视角。

第二,研究方法的创新。本书注重研究方法的多样性,通过对多种研究方法的综合运用,对算法行政的理论基础、法治意涵、技术失序和规范失效等问题进行充分探讨。在此基础上,进一步研究与行政程序变革相关的规范制度等问题,并注重新程序制度的运行实效,以确保研究结论具有说服力和实践性。

第三,研究内容的创新。首先,遵循"压制型—自治型—回应型"行政发展路径,以剖析算法行政的形成逻辑,进而探寻其运作的内在机理及功能定位,为本书奠定了研究基础。其次,归纳总结算法行政实践中面临的理论困境和现实困境,为其理论重塑和法治建构赋予强烈的问题意识。再次,通过对算法行政进行学理分析,在此基础上系统研究算法行政视野下正当程序的数字回应,以丰富正当程序的内涵和完善行政程序法的基础理论。最后,以治理为核心的算法规制应当是对算法行政的程序中立性、公开性、论证性与公正性进行时代性的法治化建设。

第一章　数字政府的发展与算法行政的形成

公共行政是政府与个人行动实践所建构形成的活动场域,而主体间的行动实践均是以信息作为基础。可见,在公共行政中,无论是政府行为抑或是个人行为,均以信息获取、处理、交流和应用作为基本要素,形成公共行政的公信息秩序。❶随着人工智能技术和数据处理手段在公共行政中的部署与应用日趋扩张和普遍,极大地促进了信息网格状传播和知识扁平化生成,传统的政府治理形态与行政模式因此面临着革命契机。换言之,新型数字技术促使人类社会向着信息时代发展并迈向数字时代,而与信息时代和数字时代相匹配的政府形态与行政模式继而成为题中之义。那么,基于智能技术和数据应用的数字政府是一种智能型的政府治理新形态,而这一新形态的实践过程也推动着算法行政的形成。

第一节　政府形态的发展：从"电子政府"到"数字政府"

一、信息时代的政府信息化建设：电子政府

自20世纪90年代以来,一场"重塑政府"的改革运动在美国开始,随之蔓延至全球范围,与此同时,信息化浪潮席卷全球,人类社会真正意义上迈进信息社会时代。面对行政改革的历史使命以及信息社会的深刻影响,政府在新公共管理的理念指引下利用信息技术致力于行政结构优化、行政效率提高和行政质量提升等,从而开启信息时代"电子政府"的建设。

---

❶ 施密特·阿斯曼.秩序理念下的行政法体系建构[M].林明锵,等译.北京：北京大学出版社,2012：260-261.

(一)电子政府的实践与发展

在信息时代,信息爆炸式增长使得传统经济趋向知识经济发展,个人的公共意识因信息获得的广泛性而得以激活,知识经济使得市场调节作用式微。与此同时,传统官僚科层的政府组织形态难以应对日益复杂的公共事务,经济发展"滞胀"、公共服务增长和市场调节失灵等促使西方国家开启了"新公共管理运动"。新公共管理的兴起为信息时代的政府变革提供了新视野,如同彼得斯所言,应当建立基于市场的管理机制以取代传统的官僚制政府。由此,电子商务的发展促使政府形态的革新,电子政府应运而生,是公共管理创新与技术革命发展所形成的一种新的政府形态,提倡公共服务在线化、公共部门协同化、公共信息透明化、管理评价绩效化等。自此,如前所述,电子政府成为信息时代政府改革运动的重要内容。

从实践维度出发,电子政府肇始于美国的政府改革运动。1993年,美国全国绩效评估委员会针对行政效率提升、公共服务改善、行政成本控制等问题制定了《运用信息技术改造政府》工作报告,强调利用信息技术以革新和重塑政府,关注信息技术与政府管理的相互融合,以提高行政效率和更高效地提供公共服务,"电子政府"也首次正式出现在政府转型建设的工作报告中。自此,电子政府成为美国政府改革运动中的一项重要内容。随后,美国政府提出了"信息高速路技术",并制定《电子信息自由法案》,要求联邦政府的公共信息能够以电子化形式提供和传播,并且设定电子阅览室,以便于公众及时获取公共信息。2002年颁布的《2002年电子政府法案》开启了美国电子政府建设新篇章,政府信息化和电子化改造并不仅仅关注政府组织结构的精简和行政成本的减少,更为重要的是通过信息技术重塑政府形象,实现公共服务现代化发展,建立以公民为中心和以需求为导向的电子政府。其他国家也在积极推动电子政府建设。英国政府在2000年4月颁布《电子政府:信息时代公共服务的战略框架》,要求政府充分利用信息技术实现信息资源更好地传递,提高政府服务电子化水平,并推动公共部门间的协同治理,激活政府与企业的合作关系。2000年9月颁布的《21世纪政府电子服务》,进一步明确改革目标,即基于公民的电子政府服务、以电子方式向私人组织提供服务和制定激励信息建设的措施。随后,《信息自由法》于2005年正式生效,英国政府关注信息时代中公众的信息素养培育和消除数字鸿沟的现实需要。❶日本政府在2000年制定了系统性的信息建设规划文件,即《IT基本法》,规定政府网络化办公、个人信息保护、网络安全等关键内容,建设业务在线、信息共享和利用的电子政府。2001年,日本根据《IT基本法》成立的"IT战略本部"制定了《e-Japan战略》,进一步提出要在公共领域加大利用信息技术,如通过信息手段提供政府信息,加快交通、福利、环境、防灾等公共行政的信息化建设。为进一步细化电子政府的建设内容,日本2003年制定的《电子政府构筑计划》明确了电子政府建设的八项原则和两大计划。

我国从信息技术运用的角度出发,以电子计算机为核心的信息技术大规模地应用于1982年第三次全国人口普查中,实现行政工作中信息采集、处理和储存等的自动化完成,我国逐渐崭露出"电子政府"建设的萌芽。❷对我国电子政府的实践与发展而言,由政府主导的"三金工程"是我国电子政府建设的起点,但是电子政府大规模建设兴起于1999年启动的"政府上网工程"。通过政府上网工程,我国各级政府机关开始建设政府门户网站,一是实现行政公共信息上网,以便于公众查阅;二是政府网站与办公系统互联,以实现办事在线化;三是加强政府行政的社会功能,以信息化方式建设网络社会。2002年,我国发布的《国家信息化领导小组关于我国电子政务建设指导意见》,强调推动电子政务建设的重要意义,即"加快政府职能转变,提高行政质量和效率,增强政府监管和服务能力",建立和整合电子政务网站、建设和完善重点业务系统、规划和开放重要政务信息资源等八项任务初步构成电子政务的体系框架。2002年,党的第十六大报告提出"推行电子政务"的发展目标。在此基础上,国家信息化领导小组于2006年发布的《国家电子政务总体框架》,进一步明确以"服务与应用系统、信息资源、基础设施、法律法规与标准化体系、管理体制"为内容的电子政府建设总体框架,其中,"法律法规体系"是电子政府稳步推进的规范保障,这意味着应当适时开展电

---

❶ 英国电子政府建设坚持"以公民为中心"的核心理念,一是在政策规划方面将公众的需求视作出发点和归宿点,同时注重电子政府建设中的个人信息保护问题;二是强调公众参与电子政务的重要性,即公民可以通过"英国在线"网站进行咨询、开展讨论和发表意见。

❷ 中华人民共和国国家统计局.关于一九八二年人口普查主要数字的公报[J].中华人民共和国国务院公报,1982(17):747.

子政务法研究,围绕着政府信息公开、政府信息共享、政府网站管理、政务网络管理、电子政务项目管理等方面进行法规建设。❶此外,改革开放深入、信息技术突破发展等为电子政府建设提出了新要求,在总结"十一五"时期电子政府建设成绩的基础上,《国家电子政务"十二五"规划》逐渐关注到新一轮信息技术给电子政府发展带来的重大变革,即"经济社会发展需求和技术创新为国家电子政务发展提供了难得的历史机遇"。同时,"以人为本和和谐社会建设作为出发点和落脚点"和"创新发展和加强监管的有机统一"成为"十二五"期间电子政府的建设和发展目标。

(二)电子政府的内涵阐释

第一,电子政府的时代性。电子政府立足于外部社会环境系统,是政府适应信息社会而变革的结果,因此具有时代性。政府形态的发展是根植于人类社会文明的变迁,如果说农业文明所对应的是传统政府形态,工业文明所对应的是管制政府形态,那么信息文明则呼唤一种基于信息技术的电子政府形态。与传统技术革命相比,信息技术革命所带来的影响不仅是深远的,而且是广泛的。如同托夫勒所言,第三次浪潮不再是单一的技术问题或者经济问题,其产生的影响是深远的,涉及社会的道德、文化、观念以及国家的体制、政治结构等,直接或者间接作用于政府变革。❷由此可知,电子政府是适应信息社会的新型虚拟政府模式,具有显著的时代性,即其提出与发展和信息社会这一时代背景紧密联系。具体而言,信息社会为电子政府的建设提供了以下几方面的契机:其一,信息社会

---

❶ 例如,《中华人民共和国行政许可法》(以下简称《行政许可法》)第29条规定,行政许可申请可以通过电子数据交换和电子邮件等方式提出。《行政许可法》第33条进一步要求行政机关在行政许可活动中推行电子政务,共享行政许可信息。《中华人民共和国政府信息公开条例》(以下简称《政府信息公开条例》)第8条规定,加强建设政府信息公开平台,推进政府信息公开平台与政务服务平台之间的融合,并提高政府信息公开在线办理水平。同时,地方电子政府法制建设也在发展,例如,《福建省电子政务建设和应用管理办法》对电子政务规划、建设、应用、监督管理以及其他相关活动予以规定,《山东省电子政务和政务数据管理办法》对电子政务和政务数据的规划建设与管理、应用与服务、安全与保障以及其他相关活动予以规定,类似的还有《浙江省公共数据和电子政务管理办法》《天津市电子政务管理办法》《汕头经济特区电子政务建设管理办法》等。

❷ 陶文昭.电子政府研究[M].北京:商务印书馆,2005:8,11.

是一个信息爆炸式增长的社会。在信息流动频繁的基础上加速了主体间交往的频率,从而使得意识交换与共享成为常态,社会生活和经济交往趋于复杂化和风险化,由此使得政府公共管理必须转向信息化模式以适应信息社会。其二,信息社会是一个突破时空限制的网络型社会。人与人之间的交流在信息社会中具有交互性、即时性、虚拟性、远程性和开放性,从而推动电子商务模式的出现。经济信息化下电子商务理念的产生、发展及其实践蔓延至政府改革运动中,与传统政府有着实质差异的"电子政府"由此诞生。其三,信息社会是一个凸显信息价值的社会。如前所述,信息大爆炸是信息社会的增量上的变化,即信息体量的膨胀,然而,增量上的变化所最终导致的结果是信息成为社会发展的基础资源。信息也是政府提供服务和开展治理的基础,是具有公共价值的行政资源。那么,电子政府相应地具有了另一层含义:电子政府不仅应当关注信息技术的可行性和有效性,而且需要关注信息本身的流动性和共享性。在此意义上,电子政府以信息流动和信息利用为基础,基于信息的知识生产与政府职能的恰当组合成为政府治理的权威依据。因此,信息政府是电子政府的概念延伸,将信息作为切入点以分析政府变革的实质以及其与公民的关系[1],旨在说明信息收集、信息管理、信息共享、信息利用和信息安全、隐私等方面是电子政府所应当关注的。

第二,电子政府的政治性。电子政府是工具理性和价值理性的集合,两者的关系是价值理性作为引导,工具理性服务于和归属于价值理性,而价值理性事关政府变革的政治基础和政治动因,电子政府因此具有政治性。需要说明的是,电子政府的核心要旨是政府的"电子化",侧重点在于信息技术对政府变革的政治性而非技术性,即强调在行政治理活动中利用信息资源和信息技术,促进组织结构优化和行政流程再造,形成高度有序的政府治理信息系统,旨在更好地向社会提供信息化服务和实施信息化管理。由此可知,与传统政府体制变革相比,电子政府虽然具有技术基础,但是信息技术推动政府改革更多的是关于政府而不是电子,是会触及整个政府体系的革新。有鉴于此,电子政府的内涵具有政治性,

---

[1] MAYER-SCHÖNBERGER V, LAZER D. Governance and information technology: from electronic government to information government[M]. MA: The MIT Press, 2007: 1-14.

对电子政府其他学说❶的局限性进行纠偏，表现为其内涵界定已经从过往关注信息技术应用本身转变至更多地关注如何利用信息技术推动政府管理和公共治理的体制变革，内涵要素因此更为全面，包括：①电子政府建设的技术基础是信息技术及其网络等服务设施；②电子政府运行的内容是信息、治理和服务职能；③电子政府不仅破除内部的官僚组织边界，而且在一定程度上促进外部的公众参与；④电子政府是为了改变僵硬的政府体制以提供更好的服务和实现更好的治理；⑤电子政府是通过信息技术和信息服务赋权于民，引导网络治理格局的形成，建立精简、高效、透明、廉洁及开放的政府。❷

第三，电子政府的服务性。电子政府与公共服务密切相关，服务构成国家行政的论断意味着电子政府应当具有服务性。电子政府在某种意义上可以视作一种服务型政府，意指通过信息技术改变政府服务供给形式以及提供广泛的信息公共服务。新公共服务理论所倡导的服务行政理念构成电子政府建设与发展的基础理论和价值支撑，这意味着电子政府应当将信息技术应用与服务理念、服务能力、服务行政等予以有机融合。新公共服务理论认为，公共行政的合理性和合法性源自政府对公共精神的追求，这种公共精神不仅仅指的是对行政效能、行政效率以及行政效益的功利性追求，而是指向更为宽广和更为深层的公共服务、民主行政、参与行政、权利保护等。因此，提供公共服务构成电子政府的本质，学者普恩斯认为，电子政府的建设目的是让公众何时何地均能方便获得政府信息以及服务；专家西尔科克同样认为，电子政府通过信息技术以管理公共事务和提供公共服务。❸可见，从广义上来看，电子政府的服务性由传统优化和新兴发展两方面构成：一方面，传统政府服务形式借助信息技术进行优化，推动公共服务电子化、在线化和集成化，如上海于2001年开通运行"中国上海"政府门户网站，推行在线办事、一站式服务；另一方面，自下而上在线公共服务逐渐普及，即通过网站平台在线征集公民意见，与公民形成在线的意见交流关系，从而推动政府部

---

❶ 有关电子政府内涵判断大致有十类典型学说，即工具说、系统说、能力说、机制说、模式说、形态说、服务说、改革说、过程说及政府说。参见张锐昕.电子政府与电子政务[M].北京：中国人民大学出版社，2011：27-28.

❷ 张锐昕.电子政府与电子政务[M].北京：中国人民大学出版社，2011：29-30.

❸ 蔡立辉.当代中国电子政务：反思与走向[J].中山大学学报（社会科学版），2005(3)：12.

门、非政府组织、公民协力改进公共服务,形成以参与、共享、开放、透明为基础的新型在线公共服务,例如英国非政府组织创立的"我的社会"网站,通过征集公众意见以推动政府部门有针对性地提供服务和改善服务。

基于上述,电子政府可以界定为信息时代下政府管理和治理体系基于信息技术应用的现代化发展,推动政府体制结构、行政功能以及行为方式等的信息化和电子化,打破行政机关内部组织边界,以建立一个虚拟政府,从而促进行外部关系的信息、管理和服务移置于网络结构中实施与运行,形成制度完备、结构科学、互联互通的电子政务网络体系。不难发现,在定义中出现了"电子政府"与"电子政务"两个关键词,而两者并非完全内涵一致的概念,因而需要对此进行区分说明,以便于科学厘清电子政府的实质内涵。电子政府和电子政务均意指"电子"是手段,而"政府"和"政务"是目的,即两者虽然相互依存,但是手段最终服务于目的。在基础理念上,两者并无差异;在具体内容上,两者存在差异。进而言之,电子政府是一个实体概念,所关注的是现实政府在网络空间的映射,因而现实政府成为电子政府构建过程的主体和仿真对象,亦即组织实体的虚拟形态;电子政务是一个程序概念,侧重于现实政府管理和服务职能在网络上实现运作,是政府行政活动电子化和信息化的结果,即行为程序的虚拟运作。❶有鉴于此,电子政务发展在量上积累达到一定标准后,才能达成电子政府建设目标,亦即,电子政务历经渐次性发展,包括政府信息网络站点公布、信息交流网络化以及行政事务网上办理等阶段,最终发展目标是建成电子政府。

二、数字时代的政府数字化转型:数字政府

随着智能革命的到来,算法、大数据、云计算、区块链等新型数字技术为政府改革提供了更为宽广的技术基础,这些数字技术能够使得政府管理的体制、结构、职能、程序和方式等发生革命性变革,迈向更为开放、包容且强调合作的政府改革新阶段,"数字政府"由此成为政府数字化转型的新形态。

(一)数字时代下政府数字化转型的必然性

当今人类社会已经从信息时代迈进数字时代,新的一轮技术革命不仅改变

---

❶ 熊小刚,廖少纲.电子政府新论[M].上海:复旦大学出版社,2015:10-12.

了思维方式、社会结构和经济生产，而且对政府的运行机制和治理机制提出了新的时代要求。随着深度学习算法、大数据技术等的突破发展和普及应用，信息时代迈向了以人工智能为核心的数字时代，这些数字技术极大地重塑了社会结构和经济形式，同时，非增量性和指数级的革命性变革，需要政府重新思考其运作机制，而这些亦对传统的电子政府形态提出了新的挑战和机遇。❶在数字时代，数字技术不同于过往信息技术的"移植与应用"的工具作用，而是成为一种经济要素、生产要素和作为一种治理手段，更为重要的是，其能够通过实质嵌入的方式全面变革政府治理方式、内容与效能等，由此促使数字政府这一新形态的形成，呈现出经济性、高效性、智能性和公共性等基本特征。❷鉴于数字技术的迅速发展，数字技术扩展了政府治理的变革范围，政府部门不仅利用技术优化内部管理和塑造组织机构，而且更多地将其应用于改善公共治理、提供公共服务等领域，智慧政务、智慧交通、智慧医疗、智慧教育、智慧环保等成为政府数字空间的领域创新，电子政府逐渐被数字政府所取而代之。于是，在2014年，经合组织（OECD）将信息时代的"电子政府"更新为数字时代的"数字政府"，这意味着政府需要适应数字时代的技术治理、数据治理等新型治理理念和治理方式，推动"电子政府"（E-government）向着"数字政府"（D-government）转型和发展，即从过去利用信息技术实现行政流程的信息化运作以提高行政效率转变为现在利用数字技术实现政府治理的数据驱动化和平台智能化。数字政府建设日益成为普遍的全球化趋势，各个国家政府数字化转型虽然在目标层面具有一致性，但是在法规政策、制度措施等方面却各有侧重，需要基于改革实际情况以探索各国数字政府的实践与发展。

---

❶ AGARWA P K. Public administration challenges in the world of AI and bots[J]. Public Administration Review, 2018, 78(6): 917-921.

❷ 有学者认为，以上四点特性是数字时代政府形态所具有的基本特征。经济性是指智能技术的自动化形式或者人机协作的交互形式能够极大地降低行政时间和成本并提高行政效率；高效性是指智能技术所具备的智慧感知、认识以及思维能力，能够嵌入政府治理中以提高决策的科学性、管理的灵敏性、服务的可及性和需求的回应性；智能性是指具有学习能力的算法能够应对日益复杂化的公共事务，通过自学习、自适应和自发展等形式实现治理的智能化和算法化；公共性是指行政决策建立在海量数据基础之上，从而确保利益诉求全面、实时和精准地体现，同时，智能平台也为各类主体提供了协商互动的共治空间。参见陈潭，陈芸. 面向人工智能时代的政府未来[J]. 中国行政管理，2020(6): 57-58.

(二)数字政府的实践与发展

美国联邦政府在挑战和机遇并存的情况下于2012年颁布了《数字政府:搭建21世纪平台旨在更好地服务于美国人民》,这标志着"数字政府战略"正式取代"电子政府战略",数字政府建设也由此掀开序幕。❶为了规范政府开放数据的问责制和透明度,美国联邦政府于2014年颁布《数字问责和透明度法案》,旨在建立机器可读的通用平台,形成数据转换、共享、开放等的统一标准并对政府的数据活动进行管理和问责。数字时代下政府数字化转型之路未完待续,为推动政府数字化服务向着更为智能的方向发展,美国联邦政府相继颁布《关联政府法案》《21世纪综合数字体验法案》等,旨在建立移动友好型政府和改善政府数字服务体验。❷作为政府数字化转型的先驱者,英国数字政府建设同样卓有成效。"数字政府"正式成为政府及其公共服务数字化发展的战略目标,是基于2012年制定和颁布的《政府数字化战略》。该战略明确了新时代政府转型的核心理念,即"默认数字化",是指公共部门和机构应当首选利用数字技术来重设公共服务的数字化方式,以提高数字公共服务的质量。除此之外,英国数字政府建设的另一个核心理念是"政府即平台",该理念的提出是基于2017年颁布的《政府转型战略(2017—2020)》,是指在平台政府中,公共机构能够共享代码、模式、平台、组件和最佳实践,以解决政府中共同的技术和设计问题,跨政府平台和跨政府服务是数字政府建设的未来。类似地,丹麦启动的《数字化战略(2016—2020)》强调面向公民中心、政府内部、治理方式等数字化变革的重要性。❸澳大利亚颁布的《数字化转型战略2.0》也强调数字技术对政府重塑的重要性,建立"适应数字时

---

❶ Management and Budget Office. Digital government: building a 21st century platform to better serve the American people[A/OL]. (2012-05-23)[2024-01-25]. https://obamawhitehouse.archives.gov/sites/default/files/omb/egov/digital-government/digital-government.html.

❷ 马颜昕,等.数字政府:变革与法治[M].北京:中国人民大学出版社,2021:57.

❸ The Danish government. Digital strategy 2016-2020[A/OL]. [2024-01-25]. chrome-extension://bocbaocobfecmglnmeaeppambideimao/pdf/viewer.html?file=https%3A%2F%2Fdigst.dk%2Fmedia%2F16165%2Fds_singlepage_uk_web.pdf.

代的政府"。❶ 总体观之,域外数字政府建设具有以下共性:其一,颁布和制定政府数字化转型的整体性战略计划;其二,构建与战略计划配套的法规政策体系;其三,数字政府的基础理念革新以及实践举措的创新。

将视野拉回至我国数字政府的实践历程中,数字政府的实践与发展可以追溯至"互联网+政务服务"时期。"互联网+政务服务"突破了旧有的"信息上网"的局限性,显现出政府治理中信息交互和数据利用的"信息惠民"理念❷,是深化"放管服"改革的关键举措。2016—2019年,"互联网+政务服务"被四次写入国务院的《政府工作报告》,而"电子政务"在2016年的《政府工作报告》中只作为上一年的总结内容,"互联网+政务服务"则是作为未来的重点工作内容,在随后的2017年《政府工作报告》中,"电子政务"未被提及。由此可见,"互联网+政务服务"成为电子政务的下一阶段,两者是前后衔接的。❸ 于是在2018年,国务院办公厅印发了《关于〈进一步深化"互联网+政务服务"推进政务服务"一网、一门、一次"改革实施方案〉的通知》,指出"运用互联网、大数据、人工智能等信息技术,通过技术创新和流程再造,增强综合服务能力,进一步提升政务服务效能",并细化出"一网通办""只进一扇门""最多跑一次"等改革思路。此时,以人民为中心和以服务为导向的政府理念,成为政府数字化转型的内核所在,而非过往以政府为导向的管理信息化建设。

在2019年,《中共中央关于坚持和完善中国特色社会主义制度 推进国家治理体系和治理能力现代化若干重大问题的决定》(以下简称《决定》)首次将"数字政府"写入中央文件中,将"推进数字政府建设"列为"优化政府职责体系"的主要任务,由此正式开启数字政府建设。新时期数字政府建设的目的是服务于国家

---

❶ Digital Transformation Agency. Digital transformation strategy 2.0 [A/OL]. [2024-01-25]. chrome-extension://bocbaocobfecmglnmeaeppambideimao/pdf/viewer.html?file=https%3A%2F%2Fwww.dta.gov.au%2Fsites%2Fdefault%2Ffiles%2Fimages%2FStrategy%2FDigital%2520Transformation%2520Strategy%25202.0%2520Dashboard%25202019-20%2520Update.pdf.

❷ 参见《"十二五"国家战略性新兴产业发展规划》(国发〔2012〕28号)、《国家发展和改革委员会、中央机构编制委员会办公室、工业和信息化部等关于加快实施信息惠民工程有关工作的通知》(发改高技〔2014〕46号)、《推进"互联网+政务服务"开展信息惠民试点实施方案》(国办发〔2016〕23号)等。

❸ 黄璜.中国"数字政府"的政策演变——兼论"数字政府"与"电子政务"的关系[J].行政论坛,2020(3):53.

治理体系和治理能力的现代化建设,根据《决定》的内容安排,数字政府建设具有两大目标:一是通过政府数字化转型来构建职责明确和依法行政的政府治理体系;二是通过政府数字化转型来创新行政方式、提高行政效能以建设人民满意的服务型政府。基于此,数字技术不只是作为一种"技术系统"来改善政府行政效率,相反成为引发政府服务变革与流程再造的重要因素,赋予政府"技术采纳—技术融合—技术赋能"的自主性能力,"全面推进数字政府建设"因此充分体现出我国政府在数字技术革命浪潮中主动适应数字时代、积极推动治理数字化发展以及政府服务数字化供给等的发展趋势。❶ 于是在2021年,《中华人民共和国国民经济和社会发展第十四个五年规划和2035年远景目标纲要》将数字政府与数字社会、数字经济共同构成数字中国的战略计划,并用专章形式明确数字政府建设的根本目标,即运用数字技术实现管理和服务数字化、推动治理流程和模式的优化以及提高决策的科学性和服务效率。《国务院关于加强数字政府建设的指导意见》则进一步指出,数字政府建设体系包括履职能力、安全保障、制度规则、数据资源和平台支撑等方面。

综上所述,数字政府是以电子政府建设为基础而形成的政府数字化转型新阶段,算力、算法、数据组成的"智能三螺旋"❷成为驱动政府数字转型和智能发展的关键力量。无论在域外还是在我国,政府数字化转型已是大势所趋,数字政府实践与发展呈现出以下特征:其一,在治理理念上,政府管理职能转变升级为政府治理体系和治理能力现代化,开放政府、创新政府和服务政府、数字政府、法治政府交相呼应;其二,在治理架构上,分散式模式转向平台化模式;其三,在治理主体上,数字政府的实现形态表现为多元主体协同共治,即政府、公众和企业等均是治理主体;其四,在治理内容上,数字政府是由"数字优化治理"和"对数字进行治理"两个方面所组成;其五,在治理机制上,数字政府包括数据收集机制、算

---

❶ 翟云."十四五"时期中国电子政务的基本理论问题:技术变革、价值嬗变及发展逻辑[J].电子政务,2021(1):72.

❷ 张建锋.数字政府2.0:数据智能助力治理现代化[M].北京:中信出版集团,2019:12.

法决策机制、精细治理机制、流程自动化机制等。❶

(三)数字政府的内涵新注解

第一,数字政府是"数据驱动决策"的政府。自人类社会迈进信息社会以来,美国学者阿尔文·托夫勒认为,信息与权力、财富等组成互动系统,信息具有权力提升和财富增值的能力。❷在数字时代,大数据不仅导致数据以几何级速度增长,而且使得万物皆可计算成为现实,共同促使人们的思维和研究方式向着计算方向转变。❸因此,数字政府中的"数字"实质蕴含着数据驱动政府决策,即更为开放地使用溯因、归纳和演绎方法以及组合形式来促使对现象的理解。❹客观的数据从作为事物及其关系的表征转变成为政府治理的基础质料,实质是"构成国家治理、社会治理的基础环境和重要工具"❺,"数据驱动决策"由此成为数字政府的重要内容。该模式促使政府利用大数据技术将结构化、非结构化、半结构化的数据进行关联性分析以形成清晰的数据关系链条,使得制度逻辑与技术逻辑相适应融合,数据能力由此转变成为一种高效且精准的治理能力。建设数字政府也就是要实现习近平总书记提出的"运用大数据技术提升国家治理能力现代化"要求。大数据技术在行政领域的广泛应用,数字政府因此被定义为"循数决策"的政府,政府通过对海量数据的收集、储存、分析、研判等以强化其对不同主体间和不同事物间的关联程度的把握能力,"常规性地利用实时的、有力的、交互式的数据可视工具,提出更好的问题并最终据此制定更好的决策"❻。同时,政府通过

---

❶ 鲍静,范梓腾,贾开.数字政府治理形态研究:概念辨析与层次框架[J].电子政务,2020(11):5-10;黄璜.数字政府:政策、特征与概念[J].治理研究,2020(3):10-14;曹鎏.法治政府建设的多维面向[J].人民论坛,2020(5):120.

❷ 阿尔文·托夫勒.权力的转移[M].吴迎春,傅凌,译.北京:中信出版社,2006:4.

❸ BOYD D, CRAWFORD K. Critical questions for Big data[J]. Information Communication & Society, 2012,15(5):662-679.

❹ KITCHIN R. Big data,new epistemologies and paradigm shifts[J]. Big Data & Society,2014,1(1):1-12. 转引自董春雨,薛永红.大数据哲学:从机器崛起到认识方法的变革[M].北京:中国社会科学出版社,2021:73.

❺ 杨国栋,吴江.电子治理的概念特征、价值定位与发展趋向[J].上海行政学院学报,2017(3):68.

❻ Phil Simon.大数据可视化:重构智慧社会[M].漆晨曦,译.北京:人民邮电出版社,2015:20.

算法决策系统的建模计算和数理逻辑实现对全样本数据的相关性分析,以提高对复杂行政任务的数字理性感知能力,从而推动数字政府的"数据驱动决策"遵循着以公共价值为基础、以数据分析和算法决策为支撑和以数字善治为目标的治理流程。故此,"数据驱动决策"成为数字政府的核心内涵之一,是数字政府的一种表现形态,亦即,政府在大数据、算法等数字技术的加持下而具备挖掘数据、分析数据和利用数据的能力,能够敏锐识别公共治理中公众需求、公共风险、主体行为等,从而形成以数据为治理要素、以数字处理技术和数字重构平台为工具、以数字化治理为目标❶所构造而成的政府形态。"数据驱动决策"同时也应当显现出行政的公共性,也就是说数据不仅是发现治理路径的客观数理逻辑,而且是将公共精神和实践价值融入数据中,并发挥行政主体的主观能动性,赋予数理逻辑人文关怀,以避免陷入数据崇拜的窠臼。可见,"数据驱动决策"的数字政府是"以人民为中心"治理理念和"以数据为基础"治理思维的有机融合。

第二,数字政府是"平台驱动"的政府。随着大数据、算法、区块链等数字技术的革命性发展,数字技术正在改变着社会的结构和内容,推动人类社会向着数字社会发展。技术革命使得经济社会的生产组织结构发生变化,平台经济应运而生。平台是一个集数据生成、提取、标记和分析的无限增长的基础设施,不仅能够连接参与经济活动的市场主体,还能够利用数字技术改变信息生态环境,使得经济生产活动的效益增长。❷如同电子政府源自电子商务一样,平台经济使得传统经济交往中的人财物要素突破了物理时空的限制从而进行全景融合、高量赋能且成效获得指数级放大❸,典型即淘宝、京东、美团等购物平台的兴起。数字政府是数字社会下政府形态数字化动态发展的结果,同时,数字技术创新的平台型组织结构促使"平台驱动的数字政府"成为整体政府的迭代升级。

总体而言,数字时代下数据和算法成为全新的驱动要素,技术牵引切实推动了政府形态的系统性变革。❹是故,从政府与技术的关系来看,电子政府事实上

---

❶ 陈潭,陈芸.面向人工智能时代的政府未来[J].中国行政管理,2020(6):58.

❷ 尼克·斯尔尼塞克.平台资本主义[M].程水英,译.广州:广东人民出版社,2018:49-50.

❸ 马长山.数字社会的治理逻辑及其法治化展开[J].法律科学(西北政法大学学报),2020(5):5.

❹ 卢江."施瓦布景象"真的存在吗?——技术牵引条件下系统性变革的政治经济学分析[J].天津社会科学,2017(2):19.

强调信息技术作为外部工具对政府形态的外在改造,随着后新公共服务理念的兴起和数字技术革命性发展,数字技术与政府治理体系形成双向嵌入与深度互动的关系❶,数字政府是学者邓利维眼中"基于协同、整体价值观念"❷的政府数字化转型,具有系统性、整体性和协同性的改革内涵。

三、从"电子政府"到"数字政府"的时代解读

（一）"电子政府"与"数字政府"的关系厘清

算法和大数据的广泛应用为政府开展行政管理和提供公共服务带来了巨大效益。政府通过"数据集群效应"和"高效计算能力"的作用叠加来对旧有的电子政府形态进行革新,旨在提高政府的效率、改善公民体验、促进商业和经济的广泛发展。❸可见,算法技术和大数据是公共行政变革的核心力量,将传统的公共行政面向国家治理体系和治理能力现代化的发展进一步延伸至"数字时代的政府治理"的范畴内。

不同于电子政府以自身为主导而进行内部横纵层面组织结构的整合,数字政府不仅是内部协作意义上的组织共同体,而更多的是内外部互动协调、多元主体协同共治的治理平台。数字政府正是技术赋能下的政府形态转变之趋势,通过治理数字化以满足"有效的组织、信息的广泛和深入的网格化"❹,这也意味着数字政府不只是关注于技术移植应用的工具属性,而是立足于治理语境下平台技术对政府运行的理念、架构以及模式的重塑和再造,推动政府形态的性质从电子政府的"信息化"到数字政府的"数智化"的显著跨越。❺由此,数字政府是数字

---

❶ 鲍静,范梓腾,贾开.数字政府治理形态研究:概念辨析与层次框架[J].电子政务,2020(11):9.

❷ DUNLEAVY P. Digital era governance: IT corporations, the state, and e-government[M]. Oxford: Oxford University Press, 2006:48.

❸ MANZONI J. Big data in government: the challenges and opportunities[EB/OL].(2017-02-21)[2024-01-25]. https://www.gov.uk/government/speeches/big-data-in-government-the-challenges-and-opportunities.

❹ 汉斯·J.沃尔夫,奥托·巴霍夫,罗尔夫·施托贝尔.行政法(第一卷)[M].高家伟,译.北京:商务印书馆,2007:40.

❺ 韩万渠,柴琳琳,韩一.平台型政府:作为一种政府形态的理论构建[J].上海行政学院学报,2021(5):60-64.

时代国家治理体系和治理能力现代化的综合体现。数字时代下的国家治理体系和治理能力现代化,是指国家治理跟上数字技术发展的步伐,不断制度化、科学化、规范化和程序化国家治理体系和创新治理方式,以回应公民的现实需求和实现最佳的治理效果。❶同时,国家治理体系和治理能力现代化是一项系统性和开放性的工程,需要在现代化建设中融入新型的数字技术,通过数字引领治理体系和治理能力现代化发展。因而,在数字技术发展与国家治理体系和治理能力现代化建设相互叠加的语境下,数字政府亦即"数字技术运用"与"制度建设和治理能力建设"有机结合的新政府形态。

进而言之,"不同的时代,政府有不同的管理职能。行政的范围是变化着的和发展着的"❷。数字政府不同于传统的电子政府"改变政府职能"的单一工具论,效率提升和成本控制仅作为数字政府工具理性的一个侧面,而关于公共价值创造的民主性、参与性、法治性等价值理性则构成数字政府的核心意涵,即工具理性和价值理性共同成为数字政府的基本取向。由此可见,数字政府建设不只是指政府利用数字技术以工具形态赋能政府从而驱动治理效能的提升,更为重要的制度价值是运用数字技术对数字社会中的动态治理需求予以敏捷回应,最终目的是推动政府治理数字化转型。那么,从这个角度出发,数字政府不是简单的电子政府升级的2.0版本,而是政府在数字时代将数字技术应用于政府治理活动中的全新表现形态❸,主要表现为:在内涵上,数字政府不仅属于数字技术嵌入与应用的范畴,而且涉及政府治理体制机制、行政理念、行政法制等多方面的变革;在外延上,数字政府的覆盖面是极其广泛的,政务服务、社会治理、城市管理、行政监管等均向着基于数据驱动和算法决策的智能化和数字化模式发展,即政府数字治理能力和水平的全面提升。❹不难发现,"数字化"不同于"信息化",数字化转型包括了三个关键内容:一是技术应用的转换。以互联网为核心表征的信息技术转变为以大数据、云计算、人工智能等为智能体现的数字技术,实现政府改革与在技术应用层面上的全面升级。二是数据代码的融合。数据成为政府

---

❶ 江必新.国家治理现代化基本问题研究[J].中南大学学报(社会科学版),2014(3):139.
❷ 姜明安.行政的"疆域"与行政法的功能[J].求是学刊,2002(2):66.
❸ 杨解君.政府治理体系的构建:特色、过程与角色[J].现代法学,2020(1):28.
❹ 刘学涛.行政法典编纂进路中数字政府的形塑[J].法治社会,2022(1):27.

治理的基本质料，从文字承载的政府信息转变为虚实交融的代码数据，"万物皆可计算"实现数据全方位、全过程和全领域的共享和流动。三是组织结构的重塑。技术超越了手段的工具性意义并以"隐形权力"渗透至政府组织流程、结构与机制等多方面的治理变革。❶正因如此，面向数字时代的数字政府需要将技术与政府的融合放置于更为广泛的理论视角下，不仅在复杂行政环境下实现技术与行政方式的外观融合，推动数字技术作为行政治理术的工具性嵌入，而且以解构力量之势不断推动横跨"物理空间"和"数字空间"的政府在治理思维、组织结构、行政关系等方面的重塑和再造。

综合而言，在时间维度上，"数字政府"和"电子政府"是不同时代政府转型和发展的不同形态，"数字政府"是数字时代政府治理模式的进阶形态，两者具有时间维度上的衔接性；在规范概念上，"电子政府"是"数字政府"的初期形态，是政府管理形态和模式早期信息化的政策目标，为"数字政府"的延伸发展奠定规范指引，两者具有规范概念上的延续性。在某种程度上，从"电子政府"到"数字政府"实质是数字技术及数据要素持续深化影响政府治理的过程，可以被描述为"组织对社会环境作出响应的过程，并利用数字技术改变组织的价值创造"❷。有鉴于此，从"电子政府"到"数字政府"显现出数字技术对公共行政革新能力的提升，亦表明数字技术能够对政府治理模式的自我定位予以调适甚至重塑。

（二）数字政府建设中的法治意蕴

党的十八届三中全会明确提出："推进国家治理体系和治理能力现代化。"在数字时代，治理现代化的一个层面表现为政府数字化转型。数字治理是国家治理中尤为重要的全新内容和结构形态❸，数字治理与公共行政的深层次融合则表现为数字政府，由此成为国家治理体系和治理能力现代化中的核心一环。数字政府（D-government）是政府数字化转型的形态，是政府运用数字技术对政府治

---

❶ 郑跃平,杨学敏,甘泉,刘佳怡.我国数字政府建设的主要模式:基于公私合作视角的对比研究[J].治理研究,2021(4):40.

❷ VIAL G. Understanding digital transformation: a review and a research agenda[J]. The Journal of Strategic Information Systems, 2019, 28(2):118-144.

❸ 何哲.国家数字治理的宏观架构[J].电子政务,2019(1):32.

理的体制机制、组织架构、方式流程、手段工具等进行全方位、系统性重塑的过程,在整体上推动政府治理能力的质量变革、效率变革、动力变革,从而根本上实现政府整体智治、高效协同。❶由此可见,"数字政府"是基于数字技术的线上虚拟政府,"D"准确地阐明了其特殊之处在于"政府部门使用数字技术来提供公共服务、公开政府信息和保障行政民主"。❷与此同时,治理现代化的另一个层面表现为政府法治化建设。法治政府同样是"国家治理体系和治理能力现代化"的核心表征之一,法治不仅是国家治理的一种基本方式,而且是国家治理现代化的重要标志,国家治理法治化因此成为国家治理现代化的必由之路。❸从行政法治角度出发,政府利用大数据、算法、区块链等技术以提升履职效率、优化服务模式、推动共享共治以及重塑政府信任等的数字化改革过程,日益需要配套的法律规范予以制度保障;同时,数字技术革命发展以及普及应用催生了一系列新的治理需求,迫切需要对此进行及时回应,针对数据、算法、平台所引发的治理问题的规则完善已成为必然,即学者所言:"数字政府建设必然涉及组织、行政规则的变化与革新,同样也必然涉及针对新技术新业态进行治理的新规则的创立与完善。"❹因此,2021年颁布的《法治政府建设实施纲要(2021—2025年)》第9条将"数字政府"与"法治政府"予以系统表述,提出"全面建设数字法治政府"的目标要求,不仅要"坚持运用互联网、大数据、人工智能等技术手段促进依法行政",而且要"着力实现政府治理信息化与法治化深度融合",旨在大力提升法治政府的数字化建设水平。可以说,数字政府与法治政府相辅相成,共同构成数字时代政府现代化改革的重要内容。

在数字时代,数字技术已经在政府治理实践中表现为强劲的行为方式、组织变革和运行机制的重塑力量,数字技术与行政治理的全新融合,已经实现了从传统"电子政府"到当下"数字政府"的阶段跨越,由此导致数字时代的行政法治面临着不确定性风险,而数字政府的建设和发展同样要求规则体系有足够面向技

---

❶ 参见《浙江省数字化改革总体方案》(浙委改发〔2021〕2号)。

❷ WEST D M. Digital government: technology and public sector performance [M]. New Jersey: Princeton University Press, 2005: 1.

❸ 张文显. 法治与国家治理现代化[J]. 中国法学, 2014(4): 5.

❹ 鲍静. 全面建设数字法治政府面临的挑战及应对[J]. 中国行政管理, 2021(11): 10.

术风险和治理转型的能力,这意味着需要通过"正当性证成的理论架构为数字化行政划定正当边界,防止因盲目技术崇拜致使现有法律基础陷入结构失灵风险,同时也避免过度保守僵化阻碍技术对行政效能的提升"❶。有鉴于此,数字政府需要以"法治数字化"和"数字法治化"作为其正当性基础,亦即学者所言的"数字行政法"❷,是对数字政府建设中数字化行政改革、个人信息保护、行政法结构再造等问题的制度性回应。

第二节 算法行政:一种新的技术治理

进入21世纪以来,算法技术在公共行政领域得到了前所未有的广泛应用,例如,我国"智慧审批""智慧城管""平安工程""天网工程"等行政智能作业的兴起。在域外,政府利用算法决策进行治理的任务类型包括了执行监管任务和提供公共福利。对于前者,在美国,证券交易委员会(SEC)使用算法工具来识别违反证券法的行为,国税局(IRS)、医疗保险和医疗补助中心(CMS)以及环境保护署(EPA)也开发和部署了类似的工具。对于后者,在瑞典,国家学生资助委员会(CSN)通过自动化系统管理学生贷款和助学金。从实践效果观之,算法不仅降低了行政治理的成本,而且提高了决策的质量和释放了数据的力量,从而使得行政治理更加有效。算法深度嵌入行政治理,这重塑了行政治理的方式和过程,促使传统行政向算法行政转变。算法的技术力量为公共行政开创了一个变革空间,算法业已从纯粹的技术立场转入更为广泛的行政场域,以技术逻辑实质影响着政府决策、行政治理以及公共服务等。从这一角度观之,算法行政作为数字政府视域下的关键概念,体现出技术进步与行政发展本质上是互构互塑的关系,同时强调算法技术通过特定形式以产生全新的行政治理秩序和模式,而"智能驱动"的行政也正赋予算法作为治理术的规范地位。进而言之,算法行政以技术与行政互构互塑关系为核心,个人转变为可以被代码处置的数据内容,通过数据组建、数据处理、知识生成的算法决策程序,建立行政治理的"人机共治"关系,形成

---

❶ 展鹏贺.数字化行政方式的权力正当性检视[J].中国法学,2021(3):115、118.
❷ 于安.论数字行政法——比较法视角的探讨[J].华东政法大学学报,2022(1):12-13;刘学涛.行政法典编纂进路中数字政府的形塑[J].法治社会,2022(1):26.

行政权力的算法化和自动化的运行机制。

一、算法行政的形成逻辑：从压制型行政到回应型行政的技术治理

从历史唯物主义的视角观之，行政变革与技术革命是具有一致性的，技术是生产力中的活跃因素，其革命性发展提升了生产力和改变了生产关系，"一切不适应该生产力的生产关系和上层建筑将随之改变"❶。那么，在技术革命中，技术驱动生产力发生质的飞跃，同时，"生产力的发展状况决定着行政活动的产生、发展、性质"❷，从而推动公共行政体系结构的变革和发展。马克思、恩格斯指出，应当把"科学首先看成是历史的有力的杠杆，看成是最高意义上的革命力量"❸。由此可知，"技术革命发展已被视作公共行政变革的最深刻动因"❹，行政因此是镶嵌在技术发展中的行政，技术的发展定然会导致行政模式的演变。

技术革命作为人类认识世界、解释世界和改变世界的自身力量的强化路径，从而在系统结构的作用与反馈中，对以自然人为基础而组构形成的政府的行政意志和行政体系产生技术性的效用。遵循着这一论断，行政法学者对"技术与行政"的关系进行了阐释：德国行政法学家哈特穆特·毛雷尔清晰勾勒出了德国行政发展的脉络，即绝对国家时期的消极行政，自由国家时期的积极行政，再到社会法治国家时期的给付行政。他指出，随着工业化和技术化日益发展，国家在社会中更加活跃，面向公众需求和公平正义的国家行政需要塑造出与工业化和技术化社会所匹配的行政模式。❺同样地，英国行政法学家韦德认为，行政模式的变迁是特定历史时期下社会经济发展的结果，"现代行政国家正在形成，纠正社

---

❶ 周佑勇.行政法专论[M].北京：中国人民大学出版社,2013：364.

❷ 颜佳华.行政哲学研究[M].湘潭：湘潭大学出版社,2009：154.

❸ 中共中央马克思恩格斯列宁斯大林著作编译局.马克思恩格斯全集（第19卷）[M].北京：人民出版社,1963：372.

❹ 陈振明.政府治理变革的技术基础——大数据与智能化时代的政府改革述评[J].行政论坛,2015(6)：4.

❺ 哈特穆特·毛雷尔.行政法学总论[M].高家伟,译.北京：法律出版社,2000：14-17.

会和经济的弊病是政府的职责"❶。美国行政法学者欧内斯特·盖尔霍恩和罗纳德·M·利文同样认为,新兴技术的发展必然导致新的行政部门的创立,新时期的公共风险促成行政机关和调整项目的设立,新的行政规制由此创立。❷

根据法律与社会秩序的关系而形成的"法律三类型论",即压制型法、自治型法和回应型法,运用"发展模型"的方法论以阐释公共行政与技术治理的相互关系,"极力探寻一种明确的变化方向,以致在运动的一个阶段所设置的那些有系统推动力被认为在运动的另一个阶段产生各种独特的结果"❸,从而有次序地阐述适应技术变革引发社会转型的行政模式,以探寻算法行政形成的理论逻辑。

(一)压制型行政中的技术治理

一般而言,压制型行政是以抽象国家利益为基础,强调公权主体的单方意志而压制个人自由和泯灭个人主体性地位。在压制型行政中,立足于既定法律秩序的社会状态都可能是"凝固的非正义"❹,那么,政府将国家利益代替更为广泛的公众利益以实施的专断管制,便具有了合理性。基于统治精英的公共利益融合着官方观点,显现出行政权力的强制性特征,亦即应对不同类型的公共事务,行政主体可以基于维护权威而无限制地使用强制。需要指出的是,此处的行政权力强制性并非强调"权力与人的结合"的主体色彩,而是强调作为强制机器的行政权力是如何强化社会服从和巩固统治阶级的利益的。因此,所谓的公共利益只不过是行政主体的统治利益,亦即"虚假共同体"的利益,追求社会的同构化而排斥多元利益。❺由此导致一种技术作为压制工具的行政状态的形成,行政权力高度集中于国家机关,而"压制的共同根源是统治精英可以利用的资源贫

---

❶ 威廉·韦德.行政法[M].徐炳,等译.北京:中国大百科全书出版社,1997:1-13.

❷ 欧内斯特·盖尔霍恩,罗纳德·M.利文.行政法和行政程序概要[M].黄列,译.北京:中国社会科学出版社,1996:1.

❸ 诺内特,塞尔兹尼克.转变中的法律与社会:迈向回应型法[M].张志铭,译.北京:中国政法大学出版社,1994:22.

❹ 诺内特,塞尔兹尼克.转变中的法律与社会:迈向回应型法[M].张志铭,译.北京:中国政法大学出版社,1994:29.

❺ 崔卓兰,蔡立东.从压制型行政模式到回应型行政模式[J].法学研究,2002(4):65.

乏"[1]，掌握关键技术的国家机关能够实现对公共资源的总体性支配，即重要且核心的资源为国家所垄断，"历史唯物主义把传统国家和现代国家的诞生都与物质生产联系起来，为了协调臣民而展开的信息收集和存储却与物质生产同等重要"[2]。据此可知，信息是贫乏且可以利用的资源的其中一种，同时，"国家的简单化，包括制作地图、人口普查、地籍册和标准度量单位，都代表了国家掌握大型复杂现实的技术"[3]。国家机关通过这些技术对信息资源进行独占继而实现权威统治的压制型监控，即"对信息的控制以及一些群体对另一些群体的活动所进行的监督，反过来又成为权威性资源得以扩充的关键性要素"[4]。

可以看到，在压制型行政中，行政结构和形态是一种"机械团结"，国家机关通过对技术的垄断建立起强制权力机器，而且法律工具主义更是表明法律对强制性权力控制的软弱无力，"法律被认同于国家，并服从于以国家利益为名的理由"[5]。所以，此时的技术治理是服务于国家的压制型统治，技术"表现为异己的、敌对的和统治的权力"[6]，机器也就成为"资本的形式，成了资本驾驭劳动的权力，成了资本镇压劳动追求独立的一切要求的手段"[7]，国家机关通过技术实现强制行为的自我强化从而垄断政治资源形成支配性控制，抑制了公共行政的自主创新的空间。

---

[1] 诺内特，塞尔兹尼克. 转变中的法律与社会：迈向回应型法[M]. 张志铭，译. 北京：中国政法大学出版社，1994：36.

[2] 安东尼·吉登斯. 民族—国家与暴力[M]. 胡宗泽，赵力涛，译. 北京：生活·读书·新知三联书店，1998：2.

[3] 詹姆斯·C. 斯科特. 国家的视角——那些试图改善人类状况的项目是如何失败的[M]. 王晓毅，译. 北京：社会科学文献出版社，2012：95.

[4] 安东尼·吉登斯. 民族—国家与暴力[M]. 胡宗泽，赵力涛，译. 北京：生活·读书·新知三联书店，1998：2.

[5] 诺内特，塞尔兹尼克. 转变中的法律与社会：迈向回应型法[M]. 张志铭，译. 北京：中国政法大学出版社，1994：35.

[6] 中共中央马克思恩格斯列宁斯大林著作编译局. 马克思恩格斯全集（第47卷）[M]. 北京：人民出版社，1979：571-572.

[7] 中共中央马克思恩格斯列宁斯大林著作编译局. 马克思恩格斯全集（第47卷）[M]. 北京：人民出版社，1979：372.

(二)自治型行政中的技术治理

不同于压制型行政,基于规则模型的自治型行政以服从实在法的规则为目的,要求政府权力受到法律的规范约束,即服从于法律形式主义的行政。与压制型行政相比,自治型行政强调"法律秩序成了控制压制与专横的一种方法"❶,专门且自治的法律机构则意图塑造法律与政治的二元分离,形成以接受法律约束为合法性来源的公共行政。不难发现,自治型行政是一种巩固和捍卫法律机构自治能力以及规范约束行政权力的法律行政。在此行政模式下,政府需要在法律构建的规则模型中实现合法性建构。行政权力的边界在收缩的同时赋予了个人更多的自治空间和参与机会,但也不得不应对更为复杂的公共事务。然而,仅立足于合法性考量的形式法治限制了公共行政积极作为的空间范围,为避免行政从压制走向低效的另一极端,行政机关尝试着通过吸纳技术来促成结构调整、利益传递和合法性建构的三位一体实现。技术进入国家行政的视野中,形成了行政与技术之间的"吸纳"关系❷,不仅通过调整行政自身的组织结构来适应规范要求和应用技术,而且通过技术来进行有效管理和调控资源。

在结构调整方面,政府在接受法律约束的同时,通过吸纳技术治理来实现组织内部的有效控制。为避免行政权力的人格化,韦伯强调官僚制是一种以技术理性为基础的非人格化组织制度,表现为精密性、自主性、明确性等纯粹技术特征的组织形式。❸同时,强化责任机制和绩效考核,以及形成上级对下级的监督控制,并通过程序路径建立起与公众的沟通渠道,尤其是吸取专家意见以形成政府的专业判断,确保行政的公共性、专业性和科学性。在这种意义上,技术治理涵盖了作为社会工程师的专家群体,借助"专家来自社会"以确保行政合法性。然而,在哈耶克看来,这种基于专家的社会工程难以实现社会秩序的构造,因为

---

❶ 诺内特,塞尔兹尼克.转变中的法律与社会:迈向回应型法[M].张志铭,译.北京:中国政法大学出版社,1994:59.

❷ 陈天祥,徐雅倩.技术自主性与国家形塑:国家与技术治理关系研究的政治脉络及其想象[J].社会,2020(5):144.

❸ 马克斯·韦伯.经济与社会(下)[M].林荣远,译.北京:商务印书馆,1997:279-280.

社会形态虽然是"人类行为的结果,但不是人类设计的结果"❶。故此,在利益传递方面,"国家通过技术之眼观察社会时,看到的往往是自己的影子"❷,利益的传递因此呈现出信息不均衡的单一流动局面,即国家生产信息而社会接受信息。正是信息传递的两极化,导致行政机关与相对人之间的利益传递容易出现断裂。在合法性建构方面,政府遵循科学管理理论以利用新技术来确保工作的精确、高效和合理,强调政府管理是一项技术性活动,那么,基于科学理性的管理原则从程序层面上实现了权力的自我约束和参与的互动可能。

(三)回应型行政中的技术治理

考虑社会需要和社会现实的回应型行政,掌握和容纳新兴技术力量以激活法律的内生动力。如前所述,行政是根植于社会环境的政府活动,这就意味着行政不应当是置于法律形式主义下的封闭系统,而是坚守法治主义并考虑各种新力量的开放系统。传统基于自由法治下的行政以执行法律来充当"守夜人"的角色,面对自由放任主义经济理论破产而打破了"供给自行创造需求"萨伊定律的神话,国家在法律内在目的中期许推动行政活动从单一的管制功能走向灵活的形成功能,即"行政之运作并非单纯执行法律,负有形成符合社会正义之生活关系、规划及推动基本建设、特色及维持合于公意之政治发展等任务"❸。尤其是,科学技术的突破性发展,国家不得不面对的技术现代化带来的治理发展以及技术现代化过程中所释放出的风险,"技术治理"(Technocracy)抑或"技治主义"得以成为回应技术发展的行政理念。

回应型行政中的技术治理具有两层含义,具体来说:其一,"装置"意义上的技术治理是指通过技术工具性应用以促进行政治理的现代化❹,即作为治理手段的技术治理。"现在技术正被看作公共部门改善其管理水平和为公民提供服务方

---

❶ 哈耶克.经济、科学与政治——哈耶克思想精粹[M].冯克利,译.南京:江苏人民出版社,2000:521.

❷ 邱泽奇.智慧生活的个体代价与技术治理的社会选择[J].探索与争鸣,2018(5):26.

❸ 吴庚.行政法之理论与实用[M].增订八版.北京:中国人民大学出版社,2005:8.

❹ 徐雅倩.技术、国家与社会:技术治理的现代面向及其反思[J].自然辩证法研究,2021(6):39.

式的关键因素"❶,以互联网技术为治理手段,不仅拉近了政府与公民信息交流的距离,而且使得知识的思辨等级制被一种内在的且几乎平面的研究网络所取代,置于交错关系中的每个人都是交流线路上的某个节点,促使政府与公众之间的相互依赖与权力共享,一种动态、去中心、交流、互动的伙伴关系得以形成。其二,"技法"意义上的技术治理是指技术权力的运用和治理中的策略行为❷,即作为治理机制的技术治理。随着人工智能时代的到来,算法技术被广泛运用于政府治理中,算法由此从数字意义上的算法转变至治理意义上的算法,算法也从对人类"外在能力"的模仿扩展至对"内在能力"的模仿,算法不仅实现了对行政中烦琐人力的取代,还实现了对行政中决策表达的替代。此时的技术治理经历着"装置"意义到"技法"意义的转变,机器学习型算法因其自主能力而具有越来越强的支配性,治理目标逐渐被算法的技术规则所取代,意味着基于算法的技术治理产生了替代效应,而行政主体和相对人逐渐失去"问题识别、议程设置、方案选择、政策执行与政策评估的自主性"❸,也就是说,算法逐渐成为国家治理体系中的治理主体之一❹,不仅重塑了主体间"权力—权利"的关系模式,同时也消弭了主体行为的公共价值。面对算法技术带来的替代风险,回应型行政强调对人的主体性的尊重和对行政民主的追求,"技法"意义上的技术治理通过制度规则的设定来实现对算法行为的规范和约束并实现人文精神的回归,例如,欧盟发布的《人工智能法案》对不同风险程度的算法行为进行规范和约束。❺

(四)作为新型技术治理的算法行政

在数字化和智能化社会形成之际,无论是秩序维护、福利供给还是风险预

---

❶ 欧文·E.休斯.公共管理导论[M].四版.张成福,等译.北京:中国人民大学出版社,2015:206.

❷ 徐雅倩.技术、国家与社会:技术治理的现代面向及其反思[J].自然辩证法研究,2021(6):39.

❸ 郑崇明.警惕公共治理中算法影子官僚的风险[J].探索与争鸣,2021(1):108.

❹ 孙莹.人工智能算法规制的原理与方法[J].西南政法大学学报,2020(1):90.

❺ 该法案对算法行为予以风险等级划分,包括了"不可接受风险""高风险""有限风险""最小风险",并对不同类型的风险实施不同强度的分类规制,例如,算法"超越人的认知并扭曲人的意识行为"是不可接受的风险,应当禁止使用。参见崔亚东.世界人工智能法治蓝皮书(2021)[M].上海:上海人民出版社,2021:84.

防,政府都需要运用技术来积极行政❶,政府公共行政正从依靠官僚知识的"技能行政"转向基于算法技术的"算法行政"。算法行政之于传统的技术治理,关键在于其改变了技术的中介性,即算法作为治理术(亦即上述论及的"技法"意义上的技术治理)的存在,其本身不再止步于技术化的工具而是逐渐成为不透明且复杂的自主系统,"技术独立于人类而追求自身轨迹,人类参与其中的空间也就越来越少"❷。进而言之,回应型行政是算法行政得以形成的基础,这意味着行政是结构开放而内在闭合的系统,对于算法的嵌入,行政维持着"法律内在规范性—技术外在规范性"的持续建构过程。一方面,通过对数据的输入、处理和输出和对代码逻辑的优化学习,算法演化成为建构社会的力量❸,一种基于算法产生的全新权力机制而形成的算法行政由此产生❹,算法事实具有了行为规范的作用。另一方面,算法体现出一种控制力和支配力,是行政权力的数字化延伸,法律内在目的性为规范算法提供了可能性,避免社会和个人被过度简化和行政价值被过度限缩而导致算法行政的异化。

回顾从压制型行政发展到回应型行政中技术治理的演变关系,这为厘清算法行政的建构与形成提供了思路。算法行政是公共行政发展的新面向,它强调行政机关在履行职责时越来越依赖于算法技术,以消除事务治理中的"残遗部分"(Remnants)❺,真正地实现全面性治理。那么,政府利用算法技术对不同的治理场景予以数据关联,整合社会、经济、环境等领域的治理要素,构建起"场景关联"的智能决策体系❻,形成治理的"算法化"和"去政治化"。❼与传统行政相比,

---

❶《中华人民共和国国民经济和社会发展第十四个五年规划和2035年远景目标纲要》强调,"推进政府运行方式、业务流程和服务模式数字化智能化"和"构建数字技术辅助政府决策机制"。

❷ ELLUL J. The technological society[M]. New York:Alfred A. Knopf,Inc,1964:134.

❸ BRAMAN S. Change of state:information,policy,and power[M]. MA:The MIT Press,2006:11-12.

❹ ROUVROY A. Privacy,due process and the computational turn:the philosophers of law meets the philosophers of technology[M]. London:Routledge,2012:163-196.

❺ ROUVROY A,STIEGLER B. The digital regime of truth:from the algorithmic governmentality to a new rule of law[J]. La Deleuziana,2016(3):6-29.

❻ 徐梦周,吕铁. 赋能数字经济发展的数字政府建设:内在逻辑与创新路径[J]. 学习与探索,2020(3):84.

❼ 周辉. 算法权力及其规制[J]. 法制与社会发展,2019(6):118.

算法行政实际是将算法作为公共行政的治理术,是政府的算法治理❶,其内核是自发式的问责制治理。❷在此背景下,政府通过算法进行治理,使得公共行政中的结构性、制度性和程序性问题简化为纯粹的技术问题,以算法技术辐射甚至替代价值关怀的制度设计,会让技术逻辑转变为"支配性逻辑"。❸此时,算法行政带来了公共性隐忧,即"算法治理"异化转变为"算法支配"。❹换言之,算法行政的技术异化会导致政府治理的失效,政府与公众必须遵循算法所预设的规则,算法行政的"负效应"也就日益凸显,因而需要从规范视角出发对算法行政进行法治化建设。

二、数字政府视域下算法行政的兴起及应用

(一)数字政府视域下算法行政的兴起

技术发展与应用对公共行政变革的牵引作用是显著的,而纵观行政法的发展历程,数字技术对公共行政变革作用相较于工业技术、电力技术、信息技术等更为显著和深刻。立基于智能革命的数字政府正阔步走来,算法技术所引发的公共行政制度变迁是更为深刻和广泛的:算法技术并不局限于工具性提供强大的系统功能以单向提升行政效率,更为重要的是通过行政组织变革和运行机制创新,极大程度推动公共行政体制和制度的革命性变革。❺进一步深入地探讨算法行政的本质,可以发现其建设与发展是新兴数字技术与行政治理所融合而塑造出的全新行政模式,而这个全新的行政模式的形成将会引发传统行政法的发展与变革,即政府革命性发展及其所形成的全新行政模式必然会对行政法形成挑战并促使其创新发展。❻于是,数字化、智能化、网络化、算法化是当下以及未来政府变革的发展趋势,数字政府是一个动态发展的过程,这意味着其内涵、特

---

❶ 陈禹衡,陈洪兵.反思与完善:算法行政背景下健康码的适用风险探析[J].电子政务,2020(8):93.
❷ 虞青松.算法行政:社会信用体系治理范式及其法治化[J].法学论坛,2020(2):47.
❸ 韩志明.技术治理的四重幻象——城市治理中的信息技术及其反思[J].探索与争鸣,2019(6):53.
❹ 郑崇明.警惕公共治理中算法影子官僚的风险[J].探索与争鸣,2021(1):105-106.
❺ 于安.论数字行政法——比较法视角的探讨[J].华东政法大学学报,2022(1):7.
❻ 于安.论数字行政法——比较法视角的探讨[J].华东政法大学学报,2022(1):8.

征、外延等是处于持久发展、不断丰富和持续创新的情景之中,而在这个发展过程中,算法成为行政模式变革的重要推动力量,并展现出行政权力运行算法化和政府利用算法决策履职的全新模式,即算法行政。算法行政作为算法技术与公共行政有机融合的新行政模式,其变革是符合模式生成的条件和逻辑[1],亦即数字政府中存在着行政智能化的环境因素和实践形式而导致传统行政模式的规则遭遇冲击和挑战,旧有的行政模式难以解释新社会中的新现象和新问题,在新与旧不断交互的过程中形成共识的革新,继而推动行政模式的转变和发展。

总而言之,算法行政对数字政府表现出极高的依存度:鉴于数字政府的扩散水平以及倡导数字化议程的成功,政府数字化建设达到相当的规模和时空从而提供行政模式转变的基础条件[2],算法行政的兴起和发展被看作是公共行政在虚拟空间的集中重塑。那么,在数字政府视域下,公共行政正从依靠知识经验的"技能行政"转向以数据为资料基础、以算力为计算支撑和以算法为核心驱动[3]的"算法行政",同时,不同于过往的技术革命给公共行政带来结构上或者行动上的优化路径,数字革命对公共行政带来的变革冲击更为彻底和关键,即形成整合化、数据化、精细化、算法化的算法行政。具体而言,整合化是指算法技术与行政治理的有机融合,一是行政职能体系的智能化整合,二是算法、云计算、区块链等智能技术之间的相互融合。基于上述两方面的融合,从而构建算法行政中的"智能体"。数据化是指政府越来越"用数据说话、用数据决策、用数据管理",基于大数据技术的广泛应用,保障算法决策过程中数据和信息的有效供给。精细化是指政府借助算法技术继而在海量数据与行政目标之间建立起计算关系,使得传统粗放、模糊治理向着精准、清晰治理发展,实现服务与管理的精准匹配和高效

---

[1] 托马斯·库恩.必要的张力——科学的传统和变革论文选[M].范岱年,纪树立,等译.北京:北京大学出版社,2004:5.

[2] MATTEUCCI S C. The rise of technological administration and the ragged route towards a digital administrative law[M]//SORACE D, FERRARA L, PIAZZA I. The changing Administrative Law of an EU member of state:the Italian case. Switzerland:Springer Cham,2021:133-134.转引自于安.论数字行政法——比较法视角的探讨[J].华东政法大学学报,2022(1):9.

[3] 凯伦·杨,马丁·洛奇.驯服算法:数字歧视与算法规制[M].林少伟,唐林垚,译.上海:上海人民出版社,2020:序4.

供给。算法化是指通过机器学习的算法模型,从而改变公共行政中的关系、程序、流程、方式和结果等运行方式和表现内容,促成自动化和自主性的程式运行。

(二)数字政府视域下算法行政的应用

2017年7月,国务院印发的《新一代人工智能发展规划》明确指出,人工智能应当与政府行政进行深度融合,促进人工智能在公共行政领域中的应用,以推动政府治理的智能化发展,并进一步指出:"开发适于政府服务与决策的人工智能平台,研制面向开放环境的决策引擎,在复杂社会问题研判、政策评估、风险预警、应急处置等重大战略决策方面推广应用。加强政务信息资源整合和公共需求精准预测,畅通政府与公众的交互渠道。"基于政策文件的支持,算法行政成为公共行政的智能化发展的形态结果,其中,算法决策是算法行政的核心应用场景。

作为前提,需要对算法决策进行界定和分类。随着算法学习能力呈指数倍增长,导致算法决策在公共行政领域中的应用场景表现出由点到线、由线到面及由面到体的全方位渗透,继而重新定义行政决策的形式与方式。不同于过往的自动化(Automation)决策强调"信息技术可以机械地且不受人干预地进行重复简易性的决策",算法决策突出算法的自主性(Autonomy),即算法可以在复杂情形中自主学习并自主决策。由此,算法决策(Algorithmic decision-making)实质是基于代码公式、程序和指令所组建起的决策系统。其特征在于,通过机器学习从数据中发现规律和预测未来,并进行相对独立的自主性判断。❶算法决策因其技术优势而对传统政府治理具有显著的提升作用,一是解决行政治理中人力成本的问题和缓解信息资源匮乏的问题;二是解决行政流程繁琐和漫长的问题;三是提高行政决策的效率性、科学性和合理性;四是提供更为精准化的和个性化的公共服务。算法决策的技术优势源自其决策模型,包括三个方面:①收集数据,算法决策能够自动收集、标记、分类、处理和储存海量数据,以不断丰富作为决策基础的数据质料,"大量的标记数据能够引导学习算法进行最佳的参数设置,最大化

---

❶ SOLOW-NIEDERMAN A. Administering artificial intelligence [J]. Southern California Law Review, 2020, 93(4):633-695.

某些性能指标"❶;②匹配规则,算法在设计之时所预先设计的代码规则和数理逻辑,通常是对立法规定、政策文件、行政知识、程序规则等予以代码化转译;③决策作出,算法对输入数据与匹配规则进行相关性分析后而自主输出决策方案,以供行政机关参考或者直接作为最终决策。在厘清算法决策基本模型的基础上,算法决策可以划分为反应型算法决策和预测型算法决策,不同类型的算法决策所对应的应用实践也是不同的。

第一,反应型算法决策的应用实践。反应型算法决策是指,对输入系统的条件和数据进行相关规则的比对和分析,最终作出与之匹配的决策结果。从实践来看,反应型算法决策已经在行政审批、交通执法、食品安全等领域得到广泛的部署与应用。具体而言:在行政审批领域中,"无人干预秒批"成为行政审批智能化的实践形式。深圳市于2018年制定《深圳市普通高校应届毕业生引进和落户"秒批"工作方案》,推动人才落户的"无人干预秒批",同年11月印发的《深圳市推广"秒批"模式工作方案》,将"无人干预秒批"的应用范围扩大至企业投资备案、网约车许可申请等多个事项。究其本质,"无人干预秒批"是典型的反应型算法决策,通过自动识别申请材料,按照既定的匹配规则自动地对申请材料进行内容核验和数据比对,全程实现自动办理。❷在食品安全领域,上海市静安区在重点餐饮行业部署与使用"天鹰系统"以智能识别和监管食品安全,"天鹰系统"能够自动识别违规的行为,对违规行为进行数据与规则的交叉比对分析以及时精准地向涉嫌违规的经营者和主管的行政机关推送报警信息,经营者在收到报警推送后进行整改的情况先通过系统进行初步核对,再交由行政机关进行复核。❸

第二,预测型算法决策的应用实践。预测型算法决策是面向未来的一种决

---

❶ 特里萨·施根达贝路,安德鲁·查尔斯沃思,尼洛·克里斯蒂亚尼尼.自动化决策对人类的影响[M]//凯伦·杨,马丁·洛奇.驯服算法:数字歧视与算法规制.林少伟,唐林垚,译.上海:上海人民出版社,2020:56.

❷ "无人干预秒批"是申请材料结构化、业务流程标准化、审批要素指标化的反应型算法决策。参见姚龙华.企业登记"秒批"背后,是改革快进与技术升级[N].深圳特区报,2019-10-08(A02).

❸ 该系统实现了食品安全智能执法"全程留痕,全程可控",实现了执法监管的智能化、精准化、简约化。参见:静安推食品安全智能远程监管系统 覆盖高风险生产企业[EB/OL].(2019-02-18)[2022-03-13]. http://sh.sina.com.cn/news/m/2019-02-18-detail-ihqfskcp6132079.shtml.

策程序，是通过对历史数据、实时数据、历史经验和学习知识进行统计分析以预测发展趋势和评价未来行为。从实践来看，典型的预测型算法决策主要包括预测警务和行政评级等，具体来说：在预测警务中，算法学习能力和自主预测已经改变了传统警务活动中的运行逻辑。传统警务活动依赖于长期积累形成的警务经验和警务思维，是一种经验型警务，警务活动对违法和犯罪行为的追惩需要遵循法律论证中的因果关系推演，同时，警服着装和警械佩戴等被视作是警察权符号外显化的具体表现。相较之下，预测警务的运行逻辑发生了转变，即对数据计算的依赖、对相关关系的预判和警察权技术化内置。❶由此，预测警务可以定义为：通过算法的分析技术和学习技术，对海量数据进行量化挖掘以实现对犯罪风险的研判和预测，为警察干预和预防犯罪风险提供可能的方案或者目标。从预测功能上看，包括了预测映射、预测评估和预测动机三种：预测映射是指通过识别历史犯罪数据的相关性和行为性，以预测可能发生犯罪的时间和地点，并有针对性地部署警力资源，典型如美国警察部门使用的PredPol预测软件；预测评估则是预测个人犯罪的可能性，即个人犯罪风险评估，如英国达勒姆警察部队使用的HART风险评估系统；预测动机则是预测警务一种新的发展趋势，通过数据分析和算法学习来预测可能存在的犯罪动机，以避免安全风险为由对个人采取预防性的强制措施，典型如欧盟的PNR系统。❷

在行政评级中，信用评级是典型的预测型算法决策。我国正在建设社会信用体系，其中对个人的信用评级实质是对个人信用数据、行为特征、经济水平等进行分析和研判，并根据赋值规则生成相应的信用等级，因此，形成的个人信用画像具有风险预测功能。也就是说，信息评级事实上通过算法决策描摹勾画出特定主体的数字化和量化的信用画像，例如我国浙江省税务机关启用的算法信用画像模型，将相关法律规则和评估标准予以代码转译和参量设置，从而通过对个人或者企业相关数据特征、纳税行为、风险偏好等进行汇总、研判和预测，最终形成个人或者企业的税务信用发展趋势分析图。❸由此可知，

---

❶ 沈国琴,齐小力.人工智能嵌入预测警务的法律风险及其预防[J].广西社会科学,2021(5):11-12.

❷ 魏怡然.预测性警务与欧盟数据保护法律框架：挑战、规制和局限[J].欧洲研究,2019(5):88-89.

❸ 浙江省地税局深耕细作大数据为80万纳税人"画像"[EB/OL].[2022-03-14]. http://www.chinatax.gov.cn/n810219/n810739/c1535072/content.html.

信用评级是算法决策对相对人历史性的经济行为、社会行为等进行统计分析来预测其未来履信和失信的可能性,并一定程度上成为行政监管资源配置和风险预防的"准依据",是在既定的失信行为的基础上产生了对未来行为预测和管理的"增量规则"。❶

三、算法行政的关系模式:人机共治

诚如学者所言:"人工智能技术的飞速进步,开启了人机共处的新时代,从而不断冲击我们赖以建立传统世界的那些确定性。"❷由此可见,算法行政不仅表现在治理方式上的智能化,而且体现在治理过程中"人机共治"关系的出现。通过对算法的设计和编译,极大程度上实现机器如同人类一样进行思考、作出决策以及采取行动,逐步在公共行政中形成人与智能算法或者智能机器有机互动、合作对话、协调行动的"人机共治"关系,从而对行政的主体性进行重构。"人机共治"是算法行政的关系模式,其生成机制是过程性和连贯性的。❸进而言之,算法作为智能革命中的创新发展和重大突破,其并不能直接导致公共行政的关系模式发生变革,相反,算法行政中"人机共治"关系遵循着"技术吸纳—技术自主"的演变脉络。

(一)作为前提的"技术吸纳"

技术吸纳表现为政府基于行政现实考量和行政效能实现的需要,对算法技术进行引入、部署和应用,亦即规划设计和法规政策是算法行政中"人机共治"关系形成的前提。在公共部门中,一项新兴技术能否被接纳是需要经历行政内部的争论和博弈的,这意味着算法技术对于公共行政革命性转型的作用发挥受制于政治动因,即韦斯特所言:"无论政治家在立法机构还是在执行机构

---

❶ 王锡锌,黄智杰.论失信约束制度的法治约束[J].中国法律评论,2021(1):101.

❷ 马长山.迈向数字社会的法律[M].北京:法律出版社,2021:57.

❸ 颜佳华,周万春.技术进步推动行政发展的作用机理研究[J].湘潭大学学报(哲学社会科学版),2014(5):14-16;王张华,颜佳华.人工智能驱动政府治理变革:内在机理与实践样态[J].学习论坛,2020(11):56-58;阙天舒,吕俊延.智能时代下技术革新与政府治理的范式变革——计算式治理的效度与限度[J].中国行政管理,2021(2):23.

中工作,集团的需求和资源在决定一项发明是否可以被政府机构采纳时都是重要的。一项好的技术凭借自身优势发展起来的过程并不仅仅是中立或者技术性的。利益集团决定何种技术被接纳以及整合的速度。"❶那么,纵观全球,美国联邦政府在2020年制定出台的《在联邦政府中促进使用值得信赖的人工智能的行政命令》在第一节"目的"中指出,公共行政部门已经认识到人工智能的作用,包括改善行政的运行、流程和程序,促进实现战略目标,降低行政成本,加强对纳税人资金使用的监督,提高行政效率、服务质量和公共安全等。可见,在人工智能的广泛应用过程中,公共行政部门能够从人工智能的合理使用中受益。在目的指引下,该行政命令进一步明确人工智能应用的政策指南、基本原则、规则实施等。❷类似的法规政策还有德国制定的《联邦政府数据战略》提出的"数字德国"目标、英国政府提出的"政府即平台计划"并制定《数字服务标准》等。反观我国,2017年国务院印发的《新一代人工智能发展规划》将人工智能发展作为国家战略发展的一部分,并指出人工智能对社会治理的提升作用和发展作用。在此基础上,习近平总书记指出:"要加强人工智能同社会治理的结合,开发适用于政府服务和决策的人工智能系统,加强政务信息资源整合和公共需求精准预测,推进智慧城市建设,促进人工智能在公共安全领域的深度应用,加强生态领域人工智能运用,运用人工智能提高公共服务和社会治理水平。"2019年10月,党的十九届四中全会审议通过的《决定》,进一步指出应当建立健全运用人工智能技术进行行政管理的制度规则。2021年3月,在《中华人民共和国国民经济和社会发展第十四个五年规划和2035年远景目标纲要》中,又明确了政府利用数字技术,推动政府治理流程和治理模式的再造,即以数字化和智能化转型驱动行政模式的变革。

由此发现,政府将算法技术引入公共行政并使其成为政府治理中的关键要素,是源自国家治理体系和治理能力现代化的需要,亦表明算法技术介入并被吸纳成为公共行政中的治理要素,更多的是由政治逻辑决定而非技术逻辑。总而

---

❶ 达雷尔·韦斯特.数字政府:技术与公共领域绩效[M].郑钟扬,译.北京:科学出版社,2011:17.

❷ Executive Office of the President. Promoting the use of trustworthy artificial intelligence in the Federal government [A/OL]. (2020-12-03) [2024-01-25]. https://www.federalregister.gov/documents/2020/12/08/2020-27065/promoting-the-use-of-trustworthy-artificial-intelligence-in-the-federal-government.

言之,随着数字革命的不断发展,万物互联产生海量、多样和实时的数据成为政府开展治理的核心资源,通过算法技术使得大数据能够清晰呈现出事实与行政之间的相关性,使得政府行为被量化记录,算法系统不仅是智能治理参与者、更是治理主体,算法行政的"人机共治"关系由此得以生成。

(二)作为关键的"技术自主"

技术自主是指算法技术从工具的客体性走向主体的自主性,使其具有某种类主体地位[1],从而成为公共行政中多元关系的主体之一,这是算法行政中"人机共治"关系形成的关键。在机器学习的支持下,算法的典型特征即表现为其自主行为能力,通过数据信息和算法规则的融合运算继而自主生成解决给定任务的方案。由此可知,算法的技术自主性体现为其能够像人类一样地思考,能够自动感知、智能思考和自主决策,其在理论上便具有行政关系中的类主体地位,由此形成的"人机共治"关系也并非假想。换言之,"人机共治"得以产生的关键是机器学习型算法的普及和应用。

需要说明的是,在"技术自主"的逻辑维度下,行政与技术结合而形成的技术治理是具有层次性的,以"人机关系"中的技术工具性、自主性和主体性作为判断标准,可以将技术治理划分为自动化行政、算法行政和智慧行政。人机关系的初期阶段表现为政府对自动化行政(Automated administration)的愿景追求。在自动化行政中,政府机关利用机器或者计算机系统替代人类从事不涉及价值识别和裁量判断的行政活动,例如电子申请、信息采集、文书制作、电子送达等。某种意义上,"自动"并不等同于"自主",自动化行政中的算法技术尚不具备意识层面上的自主能力,其替代处理的行政事项通常是重复性、技术性和标准化的。自动化行政典型特征即去人格化,其适用于设计严密且不依赖于主观能动性的行政行为,这也就意味着自动化行政中的机器行为是一种规范性和客观化的法律执行"传送带"。通过自动化系统实施行政行为,亦即对法律的自动化实施,卢曼在其论文《公共行政中的法律和自动化:行政研究》[2]对公共行政中的自动化执法进行

---

[1] 高奇琦.智能革命与国家治理现代化初探[J].中国社会科学,2020(7):82.

[2] LUHMANN N. Recht und automation in der öffentlichen verwaltung: eine verwaltungswissenschaftliche untersuchung[M]. Berlin: Duncker & Humblot, 1997: 166.

系统研究，尤其是对"法律和自动决策过程的有条件编程"进行规范分析，围绕"计算机作出的决策是否可以被视为具有法律效力的行政行为"而展开对自动化行政的有效性、合理性和合法性的分析。在自主受限的自动化行政中，"人机关系"仍旧是以人为主体的行政关系，自动化系统处于辅助工具地位，算法变量和结果系数均能够通过人类解释而获得理解力。

然而，机器学习使得算法具有相当程度的自主能力，这一点与传统的自动化系统形成差异，即具有学习能力的算法系统所作出的行为并不一定完全受制于程序员设计的代码规则。算法行政（Algorithmic administration）是自动化行政智能化发展的一种崭新的行政模式，算法决策遵循着"数据收集—算法分析—结果得出"的机制，是一个相对自主的决策模式。在算法行政中，算法系统也就从隶属于人的工具变成了协助和参与人的行动的可靠助手[1]，算法决策也从自动化转向自主化，人机关系因此表现为"人机共治"形态。可见，算法行政中的"算法"更多地被解释为一种行为关系而非传统意义上的工具方式，算法在人机关系中的定位越来越被看作是一种"新的社会机体"，人与算法之间的不断交互和影响的"共治"形态相应地被认为是正在形成的"人与机器间的共生合成体"。[2]进一步对算法行政中"人机共治"关系模式予以深入分析，预先设计的算法系统会将法律规范予以代码程式化，法律规范的代码化使人们对行政合法性和合理性的判断会陷入到"难质疑和难修正"的情景中，此时的算法与治理主体、行政关系、行政方式、行政过程等的融合与嵌入使得"它们几乎完全消失在背景中，令人感觉浑然一体"[3]，算法行政的"人机共治"便具有了另一层面的含义，即通过法律的技术化将法律规范嵌入代码之中以解决行政选择的复杂难题。此时，算法行政成为公共行政的一种新型"背景框架"，法律规范和公共政策经过代码化正在重塑着行政运行的制度空间，并改变着技术主体（行政机关、科技公司）与相对人之间

---

[1] 张陶，王锋.大数据时代智慧社会治理中的人机合作[J].学海，2019(3)：30.
[2] 马克·波斯特.信息方式——后结构主义与社会语境[M].范静哗，译.北京：商务印书馆，2014：7.
[3] 叶夫根尼·莫罗佐夫.技术至死——数字化生存的阴暗面[M].张行舟，闫佳，译.北京：电子工业出版社，2014：210.

的权力关系❶,从而构筑一种"能够实现最佳控制并使高效规制成为可能的架构"。❷人与机器的"共治"逐渐体现出人对算法系统的高度依赖,导致行政中人的主体性地位发生异化,甚至可能将选择的权力(利)交给算法系统,亦即算法系统"限制、简化且大体上塑造了人类行为"❸。如果说自动化行政是立基于技术工具性的"人治主导",算法行政是立基于技术自主性的"人机共治",那么,智慧行政(Smart administration)❹则可能是立基于技术主体性的"机器管理"。从实践来看,智慧行政尚处于一种假象之中,主要是由于当下算法具有的是一种有限自主性,即在规则确定、信息完备和数据丰富的程式系统中能够发挥其强大的预测作用和决策作用,而一旦超出既有编程的问题预设和环境设定,算法的自主性便不再"自主","必须依靠人类的敏锐洞察力、道德分辨力和临机应变能力等智力与非智力因素才能解决问题"。❺然而,可以预见的是,算法未来发展存在的两种可能局面:一是算法自我进化、拓展与修复的过程中单独进化成为具有高度智慧的"智能体",那么机器在能力层面上具有超越人类的可能性,"机器管理"因此具有现实性;二是通过广泛的人机接口实现生物智慧与机器智慧的嵌入性耦合,自此人与机器的边界不复存在,智慧行政在这种层面上被定义为生物智慧与机器智

---

❶ 网络技术、算法技术等的产生与发展所改变的核心问题是权力发生了转移。因此,算法行政的兴起意味着算法权力的形成:一是算法的权力化。算法在公共领域的部署与应用使得技术权力转化为可以直接影响个人与社会的制度性权力,具有自主决策能力的算法逐渐从公权力运行的辅助者、参与者转变为权力行使主体;二是决策的算法化。公共机关的行政决策权的运行不再依赖于传统"组织—人员"的授权形式,而是与算法运行愈发变得密不可分,从而导致决策权的运行方式、过程和结果均受制于算法应用方式和代码运行逻辑,公权力逐渐算法化。参见蔡星月.算法决策权的异化及其矫正[J].政法论坛,2021(5):26.

❷ 劳伦斯·莱斯格.代码2.0:网络空间中的法律[M].李旭,等译.北京:清华大学出版社,2009:5.

❸ 尤瑞恩·范登·霍文,约翰·维克特.信息技术与道德哲学[M].赵迎欢,等译.北京:科学出版社,2014:221.

❹ KORCZAK J. Smart administration—Really? Why Not? Introduction[J]. Wroclaw Review of Law, Administration & Economics, 2019, 9(2):1-8.

❺ 保罗·沙瑞尔.无人军队——自主武器与未来战争[M].朱启超,等译.北京:世界知识出版社,2019:序10.

慧的共生态。❶

综合而言,传统意义上政府依赖于权威暴力和合法授权的统治结构以管理和控制公共资源和以强化政府的主体地位和自主能力❷,这一认知在数字政府中被算法行政所解构。算法行政作为一种全新的行政模式,其实质是基于技术治理发展与演变而形成的一种行为关系,即"算法系统与人类融合式"的人机共治关系。在某种意义上,算法系统不能仅被视作是解决特定问题和执行特定任务的辅助工具,相反,新时代背景下的行政治理理念、方式、规则等愈来愈多为算法所驱动,算法本身构成行政治理中的关系主体:人工决策与算法决策高度融合,甚至算法决策占据主导地位;技术指标与价值目标紧密相关,算法规制与社会规范合为一体。❸具体到行政实践中,在餐饮安全监管领域,"人机共治"成了一种新的监管模式,通过人工智能这一标准尺子,客观地衡量餐饮企业食品安全是否符合法律标准。❹在技术赋能长江生态治理方面,湖北省武汉市构建"人机共治"智慧治水模式。❺在技术赋能应用于交通治理中,算法能够基于对历史数据、实时数据、专家经验等的不断学习而进行场景治理,"人机共治"因此构成数据化、算法化的人在圈内的良性闭环。❻然而对传统基于国家权威的公权力而言,算法

---

❶ 何哲.人工智能时代的治理转型——挑战、变革与未来[M].北京:知识产权出版社,2021:157-158.

❷ 陈天祥,徐雅倩.技术自主性与国家形塑 国家与技术治理关系研究的政治脉络及其想象[J].社会,2020(5):139.

❸ 王芳,郭雷.积极应对人机融合社会系统治理挑战[J].科学与社会,2021(4):17.

❹ 业界:"人机共治"将成餐饮安全监管新模式[EB/OL].(2019-07-31)[2024-04-08].https://life.gmw.cn/2019-07/31/content_33043660.htm.

❺ 国家发展改革委召开专题发布会介绍"十四五"长江经济带发展"1+N"规划政策体系有关情况[EB/OL].(2021-11-08)[2024-04-08].https://www.ndrc.gov.cn/fzggw/jgsj/zys/sjdt/202111/t20211105_1303217_ext.html.

❻ 主动交通管控过程是典型的"人机共治"过程,平台应用大数据按照行政主体的目的来抽象和描述交通需求演化规律,行政主体根据发现的规律和管理理念提出管控策略和方案,平台再对策略和方案进行仿真和评价,最后形成决策。因此,从过程上来看,这是一个"人机共治"过程。王殿海.数智交通之"智"——以城市交通管控为例[EB/OL].(2021-04-08)[2024-04-08].https://baijiahao.baidu.com/s?id=1696452020909902321&wfr=spider&for=pc.

可能是行政权力扩张型的自主创新[1]，算法系统提供了权力行使的虚拟代码空间，公权力能够通过算法的代码逻辑而逃逸出法律的边界和失去来自人的监督控制；甚至，算法学习能力让其能够自主对数据予以处理、标记并施加控制力，形成一种"准公权力"。面对算法行政"人机共治"中的权力异化风险，需要将技术层面的算法规则和法律层面的行政规范予以有机融合，以技术调控和法治规范相融的综合手段来划定"人机共治"的作用范围、设定相应的算法行政的规则要求并科学配置关系主体之间的权责义务。

四、算法行政的核心特征：代码规则、算法决策和风险规制

（一）以代码规则为动力的算法行政

代码规则构成算法行政的运行动力，即代码识别、代码表达和代码执行的算法行政。国家如同机器运作的理念其实并不鲜见，而在行政法视野中，福斯特霍夫早在1958年就提出论断：在法律实施和实行层面，内容重复和方式简单的行政行为能够被机器设备所替代执行，但是局限于当时的技术条件，机器设备一般意义上被视作是辅助工具而未触及人力实施行政过程的实质内容，即尚未撼动行政的基本结构。[2]然而，在新一轮技术革命的驱动下，通过算法对社会结构进行重组，使得人类社会逐渐形成大规模的"代码精英"（Coding elite）阶层。在数字政府视域下，算法技术已经从工具意义上的辅助手段跃升至具有独立法律效果的行政程序或者行为机制。[3]由此，代码精英认为算法与行政治理的融合实质形成一种技术性的行政程序或者行政行为，代码规制成为这种新程序或者新行为的基础内容。在狭义上，社会规范和法律规则需要通过代码编译的形式实现人类语言向算法语言的转化，拥有技术能力的个体或者组织在代码编译过程中不可避免地植入自身的意志，从而可能扭曲规范和规则本身的目的要义。在广义上，编译后的代码在公共行政中具有规制功能，"代码即法律"包括两层含义：

---

[1] 周汉华，刘灿华.社会治理智能化的法治路径[J].法学杂志，2020(9)：11.

[2] 展鹏贺.数字化行政方式的权力正当性检视[J].中国法学，2021(3)：116.

[3] 展鹏贺.数字化行政方式的权力正当性检视[J].中国法学，2021(3)：116.

一是代码使得世界皆可计算和可读,人和物均可转变为机器可读的数理逻辑,从而构造虚拟空间的现实镜像;二是代码的执行即算法决策便具有规范意义上的"执法"隐喻,但是不同于传统依赖于机构组织、人力财力等的模式,算法决策则是作为规则的代码自动化运行的过程和结果。❶传统基于专业知识和行政规则的人工行政逐渐转向代码识别、代码表达和代码执行的算法行政。进而言之,法律规则通过代码进行识别、表达和分析,使得算法成为行政治理中的重要规则。传统行政治理的规制对象是现实物理世界中的人、财、物,所采取的规则策略是"关系—行为—后果"的法治逻辑。❷两者组构形成的法律规则为依法行政提供了基础性的叙事结构,而其本身是一个总称概念,不是指单一的法规或者法典❸,通过采用惩罚、预防、特定救济和代替救济等措施来保障各种利益。❹

法律规则本质上是一种技术性语言,与算法的代码语言具有结构上的耦合关系,通过代码识别、表达和执行传统的法律规则因此具有可行性:首先,在代码识别环节,针对行政具体问题和任务(如监管、环保、福利等)进行数字建模,形成环环相扣的代码公式和程式集合;其次,在代码表达环节,对解决特定问题进行流程设计,形成运行步骤、任务模块和过程控制;最后,在代码执行环节,实现建模公式与流程设计的自动化执行,即逻辑推理的代码规则和代码实现。需要注意的是,法律存在的滞后性和模糊性与代码的即时性和明确性之间存在着显著差异,将法律规则(Wet code)编译为技术规则(Dry code)并不简单,"是一个微妙的过程,不仅可能会对法律制度产生重要影响,而且可能实际影响我们对法律的看法"❺,因此,应当避免技术理性吞噬法律理性,法律的规范性和道德性应当成为代码识别、表达和执行的价值理念,在技术自主性和行政自主性之间寻求一种

---

❶ BURRELL J, FOURCADE M. The society of algorithms [J]. Annual Review of Sociology, 2021, 47: 213-237.

❷ 马长山.智慧社会治理的五大挑战[N].学习时报,2019-07-19(A8).

❸ 应松年.应松年文集[M].北京:中国法制出版社,2006:162.

❹ 罗斯科·庞德.通过法律的社会控制——法律的任务[M].沈宗灵,董世忠,译.北京:商务印书馆,1984:31-32.

❺ 赵蕾,曹建峰.从"代码即法律"到"法律即代码"——以区块链作为一种互联网监管技术为切入点[J].科技与法律,2018(5):12.

平衡,即算法行政应当是"人们强化技术,也就强化了现实,因此就强化了公正和有理的可能性"❶的智慧治理模式。

(二)以算法决策为表征的算法行政

算法行政的兴起,标志着算法成为当下及未来行政演变的推动力量,"人类正在进入一切皆可计算的时代"❷,同时也意味着算法决策构成塑造秩序的重要力量❸,以"高效地组织各方行动"❹。由此可知,算法决策是算法行政的运行表征,即基于算法决策的算法行政。从本质上看,算法行政涉及行政主体和设计者的价值判断,构成虚拟规则的代码承载着现实主体的偏好认知并能够取代法律的执行,从而通过算法决策实现行政目的或者实施行为控制。例如,英国金融行为监管局使用名为"模型驱动机器可执行监管"(Model driven machine executable regulatory)的算法系统,能够将监管规则予以代码转译,继而通过机器实现监管目的,具有灵活、精准、即时、实时等优势。❺在这一维度观之,算法决策是算法行政实践的具体形式,其中的算法运行不能单一地看作是代码指令的运算,而是扮演着决策角色对公共资源进行分配、对风险行为进行实时监控、对行政正义进行指导牵引等,事实上形成公法领域内的算法秩序。公共性的算法决策在一定程度上为行政监管和福利分配提供了一种客观性的量化治理逻辑,但是作为关键的算法决策并不是纯粹中立的机械思维,而是可以建造、构筑和编制一个维护基本价值理念的虚拟空间,也可以建造、构筑和编制一个基本价值理念丧失殆尽的虚拟空间,亦即并不存在中间立场。❻例如,在美国新冠疫苗分配中,卫生部门和

---

❶ 让-弗朗索瓦·利奥塔尔.后现代状态:关于知识的报告[M].车槿山,译.南京:南京大学出版社,2011:160.

❷ 徐恪,李沁.算法统治世界——智能经济的隐形秩序[M].北京:清华大学出版社,2017:323.

❸ 马长山.迈向数字社会的法律[M].北京:法律出版社,2021:283.

❹ 伊森·凯什,奥娜·拉比诺维奇·艾尼.数字正义——当纠纷解决遇见互联网科技[M].赵蕾,等译.北京:法律出版社,2019:24.

❺ FCA. Model driven machine executable regulatory reporting—TechSprint[R/OL].(2017-12-21)[2024-01-25]. https://www.fca.org.uk/events/techsprints/model-driven-machine-executable-regulatory-reporting-techsprint.

❻ 劳伦斯·莱斯格.代码2.0:网络空间中的法律[M].李旭,等译.北京:清华大学出版社,2009:6.

软件公司Palantir共同开发了名为"提比略"(Tiberius)的疫苗分配系统,但在实践中却受制于嵌入价值的影响,导致早期大部分疫苗都流向医护人员和疗养院,从而引发公平争议。❶可见,在算法行政中,算法决策形成的行政秩序并不是解决特定行政任务而形成的客观法秩序,而是涉及价值选择和分配正义的主观法秩序,而且,"以前,人类是所有重要问题的决策者;而今,算法与人类共同扮演这一角色"❷,甚至是算法成为独立的决策者。

有鉴于此,算法决策的过程事实上映射出行政主体和设计者对治理规则的选择和转化,算法决策的结果所指涉的是代码规则运算和执行过程产生的外部效应,算法决策形成的算法秩序不仅仅内在地嵌入着行政主体和设计者的正面或负面价值观,更为关键的是通过算法自主学习来调整规则体系。与此同时,具有学习能力的算法决策已经从传统的行政管理工具转变为行政治理中的主要决策者,其形成的千人千面的个体化方案,并不真正地针对个人服务,算法模型在我们看不到的地方把我们归类成为各种各样的群体,以各种行为模式为指标。❸在这层意义上,在算法行政中,权力运行逐渐摆脱以法律关系和法律行为为基础的规制框架,权力运作基于个体的数据形象和自动化的算法逻辑,自主且自动的算法决策将个体对象化,使之成为可以进一步操作和训练的二进制数据,并规避传统反思性和主体性而形成数字人格,在对个体数字人格持续进行评测、预估、赋值的过程中❹,实现社会的分层治理和标签锁定。但是,算法决策通过机器学习或者深度学习将训练数据转变为全新分类方案之时,并没有明显地反映出人类所熟悉的意志与形式❺,个体只是算法决策的数据碎片,其过程是自我的程式化。

---

❶ BAJAK A, HEATH D. A national system to prioritize COVID-19 vaccines has largely failed as states rely on their own systems [EB/OL]. (2021-03-03) [2024-01-25]. https://www.usatoday.com/story/news/investigations/2021/03/03/covid-19-vaccine-distribution-system-fails-live-up-promise/6878303002/.

❷ 克里斯托弗·斯坦纳. 算法帝国[M]. 李筱莹, 译. 北京:人民邮电出版社, 2014:197.

❸ 凯西·奥尼尔. 算法霸权:数学杀伤性武器的威胁[M]. 马青玲, 译. 北京:中信出版社, 2018:9.

❹ 关于算法行政中的"数字人格"的功能讨论,有学者从社会信用体系出发,认为数字人格是规训权力的载体,第一,数字人格是成本低廉而效益显著的可靠工具;第二,数字人格具有客观性和公正性,基于数字人格可以形成客观公正的利益均衡体系;第三,数字人格可以通过算法评价成为具有奖惩性的资格管制。参见虞青松. 算法行政:社会信用体系治理范式及其法治化[J]. 法学论坛, 2020(2):45.

❺ HUQ A Z. Racial equity in algorithmic criminal justice[J]. Duke Law Journal, 2019, 68(6):1043-1134.

面对公正失真的可能性,以算法决策为运行表征的算法行政因此需要将人文价值予以贯彻,用人性的洞察来设计更为符合程序主义的算法决策程序,"需要平台与用户进行持续的沟通与交流"❶,行政机关以及相对人是算法决策的参与者和控制者而不是算法决策的处理对象,亦即,算法行政是一个以人为本和科技向善的新型行政模式,迎接我们的算法秩序不是"人性的丧失和机器的人化"而是"对人类更精确的认识"。❷那么,以算法决策为运行表征的算法行政应当满足行政正当性要求:其一,基于形式法治(规则代码化和代码规则化)的规则之治;其二,"大众—专家—政府"三方主体互动交涉的算法决策过程;其三,价值理性、技术理性和管制理性相结合以实现民主、科学和法治之间的有机统一。❸

(三)以风险规制为基点的算法行政

风险规制是算法行政的运行基点,即面向风险治理的算法行政。"风险"是对当下社会的最佳注解,现代社会中的风险产生与科学技术发展是相互关联的。与其他行政模式相比,算法行政中的技术风险更为凸显,原因在于算法技术的发展,特别是其自主学习能力不断取得突破性进步,导致行政决策中的"困难选择"不再那么困难,让我们道德生活中无法被量化的部分变得可量化和可计算;然而,"不需要质疑道德窘境以及安全地知道我们不会犯错"的技术崇拜正使我们处于危险之中,失去作为人类最为珍视的部分,即人性。❹由此可见,算法行政与传统行政的风险差异是对行为者的主体性的忽视,从而对个人尊严产生威胁。传统以人为核心的行政治理强调参与者的思想交涉,行政决策或者行政方案并不是某一参与者的单方面意思表示,是一种基于共识的妥协、谅解和协调的商谈机制,即行政的合法性"依赖于一种交往安排:作为合理商谈的参与者,法律同伴

---

❶ 伊森·凯什,奥娜·拉比诺维奇·艾尼.数字正义——当纠纷解决遇见互联网科技[M].赵蕾,等译.北京:法律出版社,2019:101.

❷ 克里斯多夫·库克里克.微粒社会:数字化时代的社会模式[M].黄昆,夏柯,译.北京:中信出版社,2018:前言第XV页.

❸ 王锡锌.行政正当性需求的回归——中国新行政法概念的提出、逻辑与制度框架[J].清华法学,2009(2):102.

❹ 乔治·扎卡达基斯.人类的终极命运:从旧石器时代到人工智能的未来[M].陈朝,译.北京:中信出版社,2017:298.

必须有可能考察有争议的规范是否得到或无可能得到所有可能相关者的同意"❶。但是,算法行政作为后现代行政模式,风险性表现为算法系统能以抽象串联的方式来替代治理中有意识的阐述、社会谈判和民主决策,并通过自动连接的形式替代命令的对话阐述,用机器的适应能力取代行政交流的共识达成。❷由此可见,算法行政本身即构成风险,如同吉登斯所言那样,算法作为相当自主性的技术,愈发不受到我们控制,趋向形成"失控的世界"❸,算法极权、算法专制、算法失控等是算法行政所可能面临的风险。

对此,基于风险侵益的现实性和紧迫性,风险规制构成算法行政的一种型构要素,而算法行政中的风险规制应当寻求负责任的行政法机制。"对责任行政的追求,若不立基于对风险规制复杂现实的正确理解,不仅无法真正达成所欲追求的目标,还会妨碍风险规制活动的成效。"❹学者据此认为,算法风险类似于一种公共妨害,是其应用过程中所产生的负面效果具有外部扩散和转移的特征,将侵益风险不合理转嫁至社会和个人,并导致公共数据体系和算法决策程序遭受"污染";对算法风险的规制就是将产生的公共性妨害进行法治化解以保护公共利益和社会福祉,尽可能在使用者和设计者之间内部化解以避免风险外溢后的积重难返。❺

第三节　算法行政的法治命题

一、算法行政的治理之维:治理方式和治理对象

在公共行政范畴内,算法超脱于作为技术突破性发展的智能产物,通常被定义为作为治理术的权力机制。一方面,以狭义视角理解算法,其是政府运用于行

---

❶ 哈贝马斯.在事实与规范之间:关于法律和民主法治国的商谈理论[M].童世骏,译.北京:生活·读书·新知三联书店,2003:127.

❷ 虞青松.算法行政:社会信用体系治理范式及其法治化[J].法学论坛,2020(2):40.

❸ 安东尼·吉登斯.现代性的后果[M].周红云,译.南昌:江西人民出版社,2001:2-3.

❹ 金自宁.风险中的行政法[M].北京:法律出版社,2014:196.

❺ 唐林垚.算法应用的公共妨害及其治理路径[J].北方法学,2020(3):53.

政的决策技术,即行政决策作出的特定形式;另一方面,以广义视角理解算法,其是塑造行政秩序的理性模型,即关注"与公共利益关联的算法"。❶可见,随着算法不同程度地嵌入政府治理的各种场景中,算法不仅是行政权力运作的智慧技术机制,以推动传统政府迈向法律与技术双向互动的数字法治政府形态,而且成为催生行政模式变革的理性力量,"从单一的自然人的政务智慧集合演化为人机高度融合的泛政务智慧体系"。❷

进而言之,算法行政是行政模式的智能革新,核心在于算法技术与行政治理的有机融合,从而引发治理形态整体性的转变。正如托马斯·库恩的观点所寓意那般,新一轮数字技术革命并非仅局限于工具层面上的更新迭代,相反是通过观念改变而折射至社会关系和治理模式上进而引发整体性变革。算法行政是基于数字法治政府且面向技术问题与需求问题并存的数字社会的一种智能型技术治理,是人工智能时代下行政模式的阶段性跃升发展。可以说,算法行政显著的特点是,以人为核心和以法律为准绳的行政活动正逐渐转向人机共存和代码之治的行政状态。尽管算法行政是现代行政国家因智能算法技术嵌入而导致规范制度和治理模式的升级和转型,但是,公共行政的实质在于"治理"意涵的描绘,这意味着算法行政的内核仍旧需要秉持治理理论。那么,对算法行政进行更为深刻的理解,应当以认清"治理"为前提,进而明晰面向治理的算法行政的法治意蕴。换言之,在规范解读上,算法行政超越了单一的技术性解读视角,反映出基于社会结构与社会形态的行政治理的理念与价值,应当围绕"算法治理"和"治理算法"的具体意蕴进行本质解读。

(一)算法行政中的"治理"意涵

作为关键前提,需要明确"治理"意涵在算法行政中的适用变化。"治理"一词最早可追溯至拉丁语中的"掌舵"(Steering),包括了统治、引导和操控的行为方

---

❶ GILLESPIE T. The relevance of algorithms [M]//GILLESPIE T, BOCZKOWSKI P J, FOOT K A. Media technologies: essays on communication, materiality, and society. MA: MIT Press, 2014: 167.

❷ 何哲. 人工智能时代的政务智慧转型[J]. 北京行政学院学报, 2018(1): 52-53.

式。❶随着公共事务和行政现实的急剧变化,传统基于抽象的法律而形成的简单结构的行政管制关系陷入式微境地,强调高权行为和支配服从的行政模式也与行政现实相抵牾❷。因此,近代行政法倡导"命令与服从"管制理念转向"服务与合作"的治理理念,其核心在于强调非国家主体在公共事务中的角色定位,形成国家与社会沟通与行动的共治局面,以消解国家与社会的对立关系。不难发现,"治理"强调行政活动的主体来源不再是单一的政府,取而代之的是多元主体参与到公共事务的处理中来。换言之,治理通过社会与政治之间的相互干预和相互影响得以产生❸,是一种社会与政治交互的行政形态,显现出政府与公众、公共部门与私人部门在应对公共事务中的合作与互动。❹由此可知,治理摒弃了"行政万能主义",一种包容性极强和强调伙伴关系的行政关系由此建立。也就是说,治理蕴含着"法作为行为的规范基础和服务作为法的宗旨所在",在公共利益与个人利益交错复杂情形下促成多元主体的沟通与配合。同时,作为现代行政国家的关键概念,治理的内涵随着时代的演进而持续更新。

新一轮数字革命带来了算法技术在公共行政的兴起,算法嵌入行政即表现为"作用于实现技术创新、结构创新、管理创新协同的一种技术性安排(Technological arrangement)"。❺对算法行政中的治理适用而言,其应当积极回应这种技术性安排,通过丰富理念来应对算法深度嵌入带来的主体、规则、行为、过程等的变化。有鉴于此,算法行政中的"治理"概念之适用显现极强的时代性和现实性,治理成为一种"苍穹式"的概念,表明治理具有连贯的融贯性❻,即在消极层面上,治理能够为行政法与算法行政的之间建立链条;在积极层面上,治理意味着算法

---

❶ JESSOP B. The rise of governance and the risks of failure: the case of economic development[J]. International Social Science Journal, 1998, 50(155): 29-45.

❷ 赵宏. 合作行政与行政法的体系变革[J]. 行政法论丛, 2015(1): 234.

❸ KOOIMAN J. Findings, speculations and recommendations[M]//KOOIMAN J. Modern governance: new government-society interactions. London: Sage Publications Ltd, 1993: 258.

❹ RHODES R A W. The new governance: governing without government[J]. Political Studies, 1996, 44(4): 652-667.

❺ CASTELLS M. Materials for an exploratory theory of the network society[J]. The British Journal of Sociology, 2000, 51(1): 5-24.

❻ 雷磊. 法律体系、法律方法与法治[M]. 北京:中国政法大学出版社, 2016: 55-56.

行政所应当包含的新事物。从上述可知,治理在面对算法行政带来的主体、规则、行为、程序等变化之时仍具有理念上的规范作用,而具象化治理理念的规范作用,则体现在算法行政中的作为方式的"算法治理"和作为对象的"治理算法"。

(二)作为治理方式的算法:算法治理

"算法治理"可以充分解释构建社会秩序中的参与者、机制、结构、制度化程度和权力分配的多样性。❶算法治理是通过法律与技术构建起的治理秩序,强调多元主体基于法律规则与公共制度进行协作,继而借助或者依赖算法决策来实现治理体系的现代化发展。"借助或者依赖"表明了算法治理是具有层次的体系,呈现出一个由浅到深,由边缘到核心的过程。"借助算法治理"(Governance by algorithms)是指通过算法来增强治理的科学性,算法自动化收集行政所需要的信息。❷典型代表即循证决策,政府利用算法智能系统对信息数据进行整体性而非区隔性的汇总,情报与信息研判场域已经建立起高质量数据清洗、高效率数据分析的导向式研判❸,达成"更多更好的数据以支持决策"的目标。进而言之,党的十八届四中全会指出应当健全依法决策机制,那么,科学决策作为政府法治决策的基本要求,意味着需要借助算法予以助力,即形成"社会事实—有意识有目的收集—形成大、小数据并转化为决策信息—经过法定程序和证据标准检验—转化为个性化证据—再经过循证方法排纳甄选—转化为决策参与者的共识性(法定)证据"螺旋上升循证链条。❹不难发现,算法助力决策表明算法作为信息和数据处理工具上的效能加速器。

"依赖算法治理"(Governance of algorithms)是指算法更为自主且相对独立地进行治理。❺这一点得以在《新一代人工智能发展规划》中予以明确,我国人工智能已经迈向新的发展阶段,呈现出深度学习、跨界融合、人机协同、群智开放、自

---

❶ KATZENBACH C,ULBRICHT L. Algorithmic governance[J]. Internet Policy Review,2019,8(4):1-18.
❷ SMUSIANI F. Governance by algorithms[J]. Internet Policy Review,2013,2(3):1-8.
❸ 崔亚东. 世界人工智能法治蓝皮书(2021)[M]. 上海:上海人民出版社,2021:11.
❹ 刘光华,赵幸,杨克虎. 循证视角下的大数据法治决策证据转化研究[J]. 图书与情报,2018(6):38.
❺ SAURWEIN F,JUST N,LATZER M. Governance of algorithms:options and limitations[J]. Info,2015,17(6):35-49.

主操控等新特征。其中,"自主操控"表明算法拥有了独立于人的自主学习和自主决策的能力。但是,自主性不同于"机械的自动化"❶,算法的自主性表现为"在环境中能够有预见性地、适当地运作"❷,通过大量数据喂养和反复机器学习来激活其思考和预测的潜能,例如我国杭州等地的城市智慧交通信号灯与拥堵预警系统、美国洛杉矶等地实施的人工智能犯罪区域风险预测等。

(三)作为治理对象的算法:治理算法

"治理算法"则表明在算法行政中,算法就其本身而言也应当是被治理的对象。如同前述,算法嵌入行政所带来的行政治理的主体、规则、行为、程序的转变在某种程度上亦即算法所可能形成的风险。从行政法视角观之,主体机器化致使算法权力的形成以及走向异化,从而引发"算法能否成为负责任的行为主体"的追问。随着现代行政国家治理格局日趋去中心化和扁平化,算法借助资本力量而建立起来的社会控制力得以扩张,从而导致人类与技术之间的从属关系和权威地位发生着细微变化,一种取代人类权威的算法权威正悄然出现。❸所以,"治理算法"的第一层含义是指确保人类在任何时候都能够控制算法,而非被控制❹,在主观因素上抑制算法权力的意志蔓延,在客观因素上建立可信算法。规则算法化则只是通过机器学习回答了规律形成的结果是什么,而无法揭示在规范意义上应当是什么。但是,算法的机器学习特性正模糊着代码与法律的边界,形成"大数据—小法律"的局面,引发法律功能危机。❺因此,在治理语境下,"治理算法"的第二层含义是:如何建立代码与法律的二元共治便成为实现线上规则与线下规则同频共振的关键问题。在算法行政中,"治理算法"需要对行为算法化进行程度区分以及厘清算法与行政裁量的关系,在人机秩序中找回行政不能

---

❶ 刘艳红. 人工智能法学研究的反智化批判[J]. 东方法学,2019(5):122.

❷ NILSSON N J. The quest for artificial intelligence: a history of ideas and achievements[M]. Cambridge: Cambridge University Press,2010:36.

❸ EKBIA H,NARDI B. Heteromation and its (dis)contents: the invisible division of labor between humans and machines[J/OL]. First Monday,2014,19(6). (2014-06-01)[2024-01-25]. https://firstmonday.org/ojs/index.php/fm/article/download/5331/4090.

❹ 王成. 人工智能法律规制的正当性、进路与原则[J]. 江西社会科学,2019(2):9.

❺ 余成峰. 法律的"死亡":人工智能时代的法律功能危机[J]. 华东政法大学学报,2018(2):9.

抛弃的裁量空间以及划定机器能够最大程度介入的范围。最后回归到行政程序上来，通过强调"过程的正当性"，形成治理算法的程序正义观，即主体性、透明度、解释力以及说明理由等。基于程序理念的治理框架是对算法的设计、评估、部署到应用进行全过程和全方位规制，动态调整人与机器的关系。

二、算法行政的法律之维："组织—数据—行为"的形式

（一）组织法层面：算法行政的平台组织

在组织法层面，算法行政的平台组织成为行政治理的关键载体。传统政府组织结构是自上而下、层次划分和权责清晰的金字塔模式，因此，在传统法教义学上，政府组织遵循组织法中的实体法原则。❶行政组织法的实体原则本质是一种层级指示概念，源自以官僚科层组织的公共行政模式，所呈现出的组织关系是直线的且垂直进行的意志传达和决策作出适应于处理结果可预见、性质统一、类型化的行政事务，强调通过形式规则实现组织行为的可信赖和可预测，继而对政府权力进行规制。但是，随着数字技术介入破除组织之间的壁垒和边界，结构弹性、多元主体和协同共治的算法行政由此兴起，高度形式化、集权化、封闭的、层级化的官僚组织开始逐渐转变成非形式化、分权化、开放的、水平网络且合作关系的平台组织。算法技术亦是优秀的"跨部门成员"，极大地促进行政体系中跨机构之间的竭诚合作。❷算法行政的平台组织所展现出的形态是一个存在于虚拟空间的整体性、系统性和协同性的组织结构：一方面，在组织形态上，平台组织是由正式官僚结构之上的虚拟机构所组成的；另一方面，在数据流动上，平台内外部信息数据流的传递与共享依赖于网络机制而非官僚科层渠道。❸传统以"越权无效"原则主导而划分行政机关组织行为的级别限制逐渐式微，取而代之的是

---

❶ 施密特·阿斯曼.秩序理念下的行政法体系建构[M].林明锵，等译.北京：北京大学出版社，2012：227-228.

❷ 多丽斯·A.格拉伯.沟通的力量——公共组织信息管理[M].张熹珂，译.上海：复旦大学出版社，2007：177-179.

❸ 简·芳汀.构建虚拟政府：信息技术与制度创新[M].邵国松，译.北京：中国人民大学出版社，2004：114.

平面化的权力辐射状体系,政府组织间的关系趋向于沟通与合作,平台组织是以数据流动和共享为基础而非权力等级,权力结构由此呈现出内部下沉和外围分散的特征。

然而,算法行政的平台组织并不意味着其脱离有形政府的行政组织法约束。所谓的平台组织表明其作为政府协同治理、整体治理以及系统治理发展的技术能力和技术机制,应当成为法治国家的一种组织形态上的法律属性,也就是说平台组织的法律属性表现为"合作型行政"或者"整体政府",如同《江苏省"十四五"数字政府建设规划》所提出的:"以平台思维与数字逻辑为牵引,整体重塑政府数字治理体系,加强基础建设、数据共享、协议规范、场景应用、生态营造,推进政务服务一件事通办、社会治理一类事统办、政务运行一体事联办,全面提高数字治理体系和能力现代化水平。"可见,平台组织是有形政府部门之间突破职能壁垒以网络化组织结构形成的虚拟政府机关,其法律地位和法律属性依附于职能整合后的一体化算法平台,并未在法外创设新的行政组织。但是,对于平台组织的责任主体判断,则需要处理好"统一办理机关"和"平台内有关部门"的整体与部分之间的关系。对行政相对人的权利救济而言,行政相对人能够将"统一办理机关"视为算法平台的外部主体,这一点契合《最高人民法院关于审理行政许可案件若干问题的规定》第5条的规范价值,然而这种简化做法忽略了平台内不同部门之间的权责关系,缺乏公平性。❶因此,需要穿透并厘清平台内部的权责关系以对具体责任主体进行资格判断。通过"交往性资质"❷可以对平台内有关部门是否实质成为法律关系的主体进行进一步资格认定,即权力是否能够提供服务、行为是否与行政相对人权益相关以及结果是否基于规范和意志而形成。然而,从整体趋势观之,平台与平台之间的自动对接成为算法行政平台组织发展的目标,亦即通过个人数字化的身份识别代码形成统一的底层架构而贯通不同行政机构的平台系统。例如,执法平台、审批平台、信用平台等的横纵方向互联互通使得算法行政能够通过统一的"账户—数据—评分"框架获得强大的"规制能力",❸并采用自动收集、自动共享、自动分析、自动传递、自动评估、自动执行

---

❶ 梁凤云.新行政诉讼法逐条注释[M].北京:中国法制出版社,2017:166.
❷ 彭箫剑.平台型政府及行政法律关系初论[J].兰州学刊,2020(7):67.
❸ 胡凌.论赛博空间的架构及其法律意蕴[J].东方法学,2018(3):88.

和自动反馈等形式强化算法行政的平台规制能力。

如同行政权力的天然扩张性一样,一种基于算法技术形成的平台规制能力同样具有扩张趋势,平台组织的行为作出和决策作出极易转变为"算法依据代码或者内在程序而自主作出",技术平台中的政府实质是算法统治下的政府。[1]为协调解决算法行政平台化架构产生的治理失序和失范的问题,数字政府主管部门应运而生,有关算法行政的组织法建构可追溯至美国《2002年电子政府法》第3602条a款规定的"电子政府办公室"(Office of Electronic Government),以及美国1996年通过的《克林格-科恩法案》指出应当设立的联邦政府首席信息官(Chief Information Officer)。在数字政府视域下,建立政府首席数据官制度成为普遍趋势[2],是解决算法行政中平台治理组织法问题的具体实践,契合"联合式治理"的基本特征[3],其具有四点关键要点:[4]一是强化行政系统的大数据意识,为算法行政奠定理念基础;二是制定行政系统的大数据战略规划,为算法行政提供实践蓝图;三是搭建行政系统大数据支撑平台,为算法行政提供技术支撑;四是完善行政系统大数据相关制度,为算法行政提供规则保障。

(二)数据法层面:算法行政的数据治理

在数据法层面,算法行政需要处理好数据治理与个人信息保护之间的关系。如同马克斯·韦伯所言,政府就其本身是基于知识进行管理和控制,也就是说知识主导下的行政模式是理性运作的,一方面是指行政主体具有卓越的技术知识和技术权力;另一方面是指这种具有经验性的权力能够扩展其业务知识。[5]由此可知,政府管理是知识型行政,并与其掌握的数据质量、技术能力和技术手段是紧密相连的。算法行政的数据处理模式不同于过往行政模式的经验模式、理论

---

[1] 王贵.算法行政的兴起、挑战与法治化调适[J].电子政务,2021(7):5.

[2] 在我国,广东省率先开始了建立政府首席数据官制度的探索,并制定了《广东省首席数据官制度试点工作方案》。对此,有学者指出,政府首席数据官制度的组织架构应充分考虑政府数据治理的整体性系统性要求,兼顾政府流程优化与数据驱动决策所带来的组织结构及行政生态变革。参见夏义堃.政府首席数据官制度的核心要义与运行分析[J].图书情报知识,2020(1):80.

[3] 张涛.数据治理的组织法构造:以政府首席数据官制度为视角[J].电子政务,2021(9):58.

[4] 王枫云.首席数据官制度为政府治理赋能[N].法治日报,2021-08-25(05).

[5] WEBER M. The theory of social and economic organization[M]. New York: Free Press, 1997: 339.

模式,是建立在计算基础上的数据挖掘模式。因此,数据治理成为算法行政的典型模式。

可见,在数字政府视域下,数据和信息一方面蕴含着经济利益和公共利益,由此成为经济要素和行政要素,具有显著的利用价值;另一方面承载着个人的主体价值和尊严价值以及关乎数据财产权益,因此涉及的权益范围比较广泛。具体来说,算法行政的基础是数据治理,包括以下环节:在数据采集环节,采取精细化采集与汇聚技术,并通过建立数据正确性的语义模型、关联模型、数据约束规则和采集标准等。对海量异构数据进行异常识别和预警、清洗和去噪、转化和归类,不仅需要保证所采集数据的真实性、完整性、时效性、精确性和一致性,而且需要提供数据源规范化整合接入渠道以提高数据的合规性和效用性。在数据挖掘环节,数据深度挖掘通用技术应当是面向政务需求且遵循公共价值的,需要从纷繁复杂的数据集群中准确、快速、高效地挖掘和提取所需的信息和知识,为政府的治理和决策提供充分的知识基础。在数据应用环节,政务数据统一融合认知技术在算法支持下具有深度学习能力,能够对海量非结构化数据进行科学认知和合理分析,促使多源、多格式、异构空间政务数据在跨模态关联语义层面上的无缝融合,继而推动政府循数治理,形成"数据—决策"的系统性机制。

但是,在数据治理过程中,随着算法行政的数据采集能力不断增强,导致个人的数据信息持续被收集和储存至数据库之中,而且随着算法的机器学习能力逐渐提高,使得关联分析和数据分析所形成的信息整合功能越发强大,零碎且匿名化的数据信息经由技术处理而具有识别个人的能力,数据治理异化风险凸显,"政府可以用俯视的目光全方位地监控网格中每一个人,如此优势的治理手段与地位可能使政府权力不断膨胀,从而蜕变为借助数字治理的全能主义政府"。[1] 正因如此,算法行政需要在数据治理和个人信息保护之间实现一种平衡,需要遵循:一是法定原则,包括主体法定、依据法定、方式法定和目的法定等;二是目的明确原则,即数据收集原则上应当有清晰、明确和具体的目的,目的变更后应当及时告知相对人;三是告知同意原则,即采取必要措施告知相对人数据信息收集和利用的目的、权利、救济等事项,而同意应当具有相对性,视情况设定合理的同

---

[1] 章剑生.数字化时代政府治理手段的变革[J].浙江社会科学,2022(1):54.

意形式;四是比例原则,即数据治理手段与治理目的之间的关系必须具有客观的对称性,禁止采取过度的数据措施,并且在实现治理目标的前提下,数据治理活动对个人信息权益的侵害应当减少到最低限度;五是数据安全原则,建立基于数据生命周期各环节差异化和分级化的风险综合防控机制,加强数据开放和共享的安全保护,构建数据安全责任追究制度。

(三)行为法层面:算法行政的数字化行政行为

在行为法层面,数字化行政行为逐渐取代传统行政行为,其合法要件和法律效力也面临着新问题。在实践中,越来越多的行政行为以数字化方式作出,例如,在食药监管领域,以数字化形式作出行政许可决定并同步颁发行政许可电子证书的方式日益普及。❶进而言之,算法行政的行为模式因此体现为数字化行政行为,指的是利用数字技术建立起共建、共享、共治的政府信息平台,某种程度上实现对多阶段的行政行为的数字化融合,简化政府活动并提供高效政府服务。那么,行政治理的法律效力的实现依赖于行政行为这一载体,算法以数字形式作出的行政行为的合法有效性要件涉及主体、权限、内容以及行为形式。

第一,主体要件的合法性。如前所述,数字政府是传统有形政府部门之间的技术性整合,政府"一张网"和"一站式"的组织结构事实上破除了政府纵向和横向之间的壁垒,使得各个部门联合行动,创造无缝隙的公共服务模式。原本零散分化的主体走向集约和综合,部门化的权力转向整体政府的权力,数字化行政行为背后的主体合法性源于一体化政务服务平台的建设,那么,数字化行政行为作出具有与有形行政机关同等的效力,法律效果归属于有形行政机关。

第二,权限的合法性。我国综合执法改革、综合行政许可改革将原本存在于行政执法和行政许可的行为事项予以转变成为综合行政中的某一步骤或者条件,通过集成技术实现跨部门职能权限的整合,推动行政行为中零散的部门权限逐渐趋同,因此具有合法性基础。

第三,内容的合法性。行政行为的内容涉及权利义务的设定、变更和消灭,通过数字化行为方式实现行政行为内容,应当遵循法律保留,即数字化行政行为应当具有法律授权,需要对不适宜数字化行政行为的范围予以划定,例如德国

---

❶ 安慧娟.食品生产许可电子证书推行的全面提速[N].中国医药晚报,2017-10-31(1).

《联邦国籍法》第38a条通过明确列举的形式规定,行政机关不得通过数字形式签发公民身份文件。

第四,行为形式的合法性。对于数字化行政行为的表现形式合法性判断可以采取"功能等同法",即"根据对传统纸张形式要求的用途和功能的分析而来的,以确定如何可通过电子商务技术实现这些用途或功能"。❶采用数据电文形式进行行政行为告知、通告、送达等以及电子签名、电子印章、电子证照、电子档案等具有与传统书面形式的同等法律效力,承载着行政主体与相对人的真实意思表达,继而具有可审查性。这一点在规范层面上我国已经明确,国务院2019年颁布的《国务院关于在线政务服务的若干规定》,第8~13条对在线政务服务运行中签名、印章等数字化形式的法律效力予以明确,实现物理空间的行政行为与虚拟空间的行政行为之间法律形式效力的同步传递。

三、算法行政的规制之维:程序规制

在算法行政下,对算法的法律性质进行分析的目的是回答算法能否受制于法律规范的规制。"一旦承认法律有理由介入算法,那么关键的问题就是:算法在法律上是什么?"❷以及需要回答最佳的规制方式应当是什么。

(一)行政程序视域下算法的法律性质

算法的法律性质如何与行政程序之于其的规制适用密切相关,因此,需要回答算法决策在行政程序法中的性质定位。具体来说,在因算法决策而引发程序争议的司法案例中,"算法是否事实构成对正当程序的侵犯"成为法院裁判中的难题。

基于政府信息公开制度中对商业秘密保护的规定,并随着商业秘密的保护范围不断扩张之趋势,算法一旦被纳入商业秘密保护范畴后,便也成为政府拒绝公开算法的合法理由。第三代行政程序是以"信息交换和沟通"为基础的程序样态,意味着正当的行政程序必须将"信息"作为行政机关与各种私人行动者的知

---

❶ 参见联合国国际贸易法委员会颁布的《贸易法委员会电子签名示范法及其颁布指南》(2001年)中"第一章 示范法简介"的"B背景"。

❷ 陈景辉. 算法的法律性质:言论、商业秘密还是正当程序[J]. 比较法研究,2020(2):120.

识源泉,即通过行政程序提供灵活、多样和"软性"的信息沟通方式,并借助程序公开制度形成行政机关与私人行动者之间持续性和流动性的信息交换。[1]换言之,行政程序关注着政府与个人行动过程中的信息活动,法律信息、执法信息、决策信息等经过融合成为行政机关意志表达的一部分,通过信息披露和说明,个人才能体会到作为程序主体的尊严感,而非程序目标或者客体的挫败感。然而,算法决策的技术性程序却以商业秘密的形式获得了"黑箱运作"的合法性,规范层面上的保护规定导致算法一度逃逸出行政程序的规制框架,例如,我国《最高人民法院关于审理侵犯商业秘密民事案件适用法律若干问题的规定》第1条规定,与技术有关的算法、数据、计算机程序及其有关文档等信息,可以认定为"构成《反不正当竞争法》第9条第4款所称的技术信息",从而成为商业秘密保护的对象。在美国卢米斯案中,法院也是以商业秘密保护为由拒绝了当事人提出的算法公开诉求,因此相关算法的问题不能转译成为行政程序上的价值冲突问题,作为商业秘密的算法赋予了算法黑箱的合法性。即使是在公共行政中,绝对的算法公开会极大地降低算法决策的效能性,并阻碍行政治理智能化发展的进步,事实上也就严重地反噬和侵害公众的社会福祉。但是,立法上和司法上将算法视作商业秘密保护的私权客体,严重忽略了算法决策通过程序私人化的形式实质获得公权力的外在形式的必然性。公共领域中的算法决策系统通常经科技公司设计完成后,由政府机关采购的公私合作程序来实现部署与应用,算法决策系统的设计与开发过程事实上已经介入行政法中复杂的利益调整领域,毕竟,在技术知识方面,科技公司比政府机关拥有更完整和更专业的知识。进而言之,狭义上将算法落入商业秘密保护而忽视算法在公共领域中事实上的规范力量形成,这只不过是进一步加剧"在保密的气氛中,好坏消息并存进而可能产生不公甚至灾难性的后果"[2]。算法的商业秘密保护与行政程序的公平正义之间的张力,倘若仅以技术保护的必要性来泾渭分明地切断联系,必定导致行政程序中的"过程性价值"和"过程性利益"荡然无存,更无须遑论行政程序尊严保护中的一系列规范内容。

---

[1] 戚建刚. "第三代"行政程序的学理解读[J]. 环球法律评论,2013(5):160.

[2] PASQUALE F. The black box society: the secret algorithms that control money and information[M]. Cambridge: Harvard University Press,2015:216.

换言之,一旦将算法行政与政府权力在公法层面的联系予以切断后,这会导致算法成为纯粹的商业秘密信息,此种状态进而变成阻止行政程序所欲形成主体间的公开透明的壁垒。毕竟在行政法领域中,算法决策的背后实际是"治理中的公私合作",典型的实例是数字政府建设中的政企合作。一方面,数字政务平台是交由互联网公司开发并运营,政府机关通过行政合同的形式设定合作规则,但事实上,互联网公司仍会对合作规则进行解释和实施,从而模糊了治理规范与代码逻辑之间的界限。另一方面,日常的管理运营权则赋予了互联网公司在公共事务中进行立法与裁决的"政府"权力。这种典型的外包情形透露出,行政权力私人化或者说是算法化后引发对责任性、合法性及公平性等公法价值的担忧,因此,行政机关将公共行政项目外包给市场,政府仍旧保留着重要的权力,体现为政府进行监督性控制的剩余权力。

通过"公私合作"的实质形态刺破了算法商业秘密的阻断壁垒,这意味着算法商业秘密的法律效果不只是与私人利益相关,也不再是仅仅涉及商事竞争和市场秩序。相反,更为重要的是,算法深度介入行政决策的核心领域后,大规模地涉及公民的信息数据利益和隐私权利,涉及不遭受算法歧视的平等权、言论和表达自由权乃至信息获取自由等基本权利。❶进而言之,在明确算法决策背后的公法性质后,公共性的算法不再是商业秘密保护下的"合法黑箱",商业秘密必须为行政程序中透明度和问责性的传统观念让路,概因行政中的算法应当受到公共善的制约,倘若涉及公共信息化基础性设施之时,算法决策程序中透明度和问责性的民主价值应当予以优先考虑。❷基于此判断,算法决策程序是对个人作出承担负担或者获得利益的一种程序❸,而且对行政相对人的私行动者产生行政法上的约束力、执行力和控制力:约束力表现为算法决策相对人成为技术程序中的规制客体,须遵循算法形成的决策要求来展开行为活动;执行力则意味着算法决策具有行政执行上的规范性权力,能够直接对当事人的财产、自由、福利等权利事项进行公法上的处置;控制力则更为频繁,算法决策将相关智能设备且与之相

---

❶ 李晓辉.算法商业秘密与算法正义[J].比较法研究,2021(3):109.

❷ LEVINE D S. Secrecy and unaccountability:trade secrets in our public infrastructure[J]. Florida Law Review,2007,59(1):135-194.

❸ 迈克尔·D.贝勒斯.程序正义——向个人的分配[M].邓海平,译.北京:高等教育出版社,2005:3.

关的个人纳入技术性程序的范畴之内,经过处理端的运算对行政主体和相对人施加广泛的影响和控制。❶在行为效力层面,至少可以将算法权力看作是"准国家权力"的公共建构力量,那么,算法得以脱离商业秘密保护的范畴,进而重归行政程序的规制领域中。这一点在近年的司法实践中得到了明确,在 Michael T. v. Bowling 一案中,原告认为,因未向公众公开算法决策过程中所考虑的相关因素和整体的设计方案,政府使用算法变更福利决定时侵犯了个人的程序性权利,法院审理后认为,政府变更福利决定的相关案卷并没有载明哪些因素被纳入 APS 算法、算法又是如何加权各项因素,同时,也没有说明 APS 在生成个性化预算时所使用的整体方案的消息,因而无从得知算法是如何作出福利个性化预算的,即无法判断算法是否遵循"合理且一致的方式和按照明确的标准"❷的行政程序要求以作出福利决定。

(二)行政程序对算法的规制:一个基本立场

算法行政中新生的算法权力,其不仅存在着滥用的可能性,而且算法决策程序的黑箱性更是加剧了算法权力滥用带来的侵益风险。算法运行原本只是技术层面的程序,但是算法与服务提供、公务管理等行政事务进行融合便具有了对权利产生实质侵害的可能性,其不规范的行使必然会对客观的行政法秩序形成破坏。因此,有必要对算法行政所形成的侵益风险予以类型化分析。美国学者 Balkin 采取类比侵权法上的公共妨害概念的方法,将算法应用过程中所形成的风险和侵益凝练为"算法妨害"(Algorithmic nuisance),将算法的技术特征和风险的侵益表现作为划分标准,可以将算法风险划分为:其一,算法标签风险。通过对结构化、非结构化和半结构化的海量数据进行特定算法模型的评估、诊断和归类,将个人予以标签固化而形成一种持久性和常态化不利影响的风险形态。其二,算法归化风险。个人通过改变行为模式减少数字轨迹的留痕,从而避免归类成为特定标签的群体,但是这可能会导致社会的编制化和统一化,导致避免留痕的个人被算法构筑的规则世界所孤立。其三,算法操纵风险。算法决策嵌入政府行政之中,基于数据占有和代码主导而具有压制性优势,通过推送等形式影响

---

❶ 蔡星月.算法决策权的异化及其矫正[J].政法论坛,2021(5):26.
❷ 陆凯.美国算法治理政策与实施进路[J].环球法律评论,2020(3):20.

个人选择以限缩个人自主权利,从而实现对个人的操纵。其四,算法歧视风险。算法并非中立,其决策结果实质反映出原始数据偏见、代码设计偏见和自主学习偏见,违背行政法的公平正义原则。其五,算法错误风险。算法模型存在技术漏洞的可能性导致关键编码出现错误,决策结果失真使得个人遭受不利对待。❶

从风险规制的视角来看,以上五种类型算法风险的共性表现为"既可能侵害个人利益又可能侵害公共利益,也有可能同时侵害两者",在具体规制方案的设计上,有学者从"类智性"主体风险的行为规制角度出发,提出风险主体明确、风险预评估、法律代码化控制和程序过程透明化等规制思路;❷也有学者从原则规范、技术赋权和算法责任等角度切入,构建规制风险和防御侵害的原则体系、权利体系和职责体系。❸综合比较分析后,本书认为,算法行政中的风险规制应当是一个涵盖事前、事中和事后的全过程规范体系,算法决策程序通常是持续性、系统性和程式化的,全过程的规制理念和技术特征共同预示着基于程序主义的规制模式具有可行性和必要性,即通过特定程序的规范设计以抵御各类算法风险和实现算法行政的善治追求。基于此,程序正义、程序法治是算法风险规制的必由之路,是算法行政法治建设的重要面向。

同时,从程序运行的视角出发,算法虽然提高了公共行政的效率、质量和精准度,并一定程度创新公共服务的供给方式,但是,其相对独立地决定资源配置和权利分配,冲击了人类在场的决策程序。算法行政与行政程序的关系因此表现出两面性:一方面,算法对行政程序的正义要求产生了一定的威胁;另一方面,算法也促使行政程序积极反思并适应新技术的发展要求。可见,算法行政中的

---

❶ BALKIN J M. 2016 sidley austin distinguished lecture on big data law and policy: the three laws of robotics in the age of big data[J]. Ohio State Law Journal,2017,78(5):1217-1242. 参见王莹. 算法侵害类型化研究与法律应对——以《个人信息保护法》为基点的算法规制扩展构想[J]. 法制与社会发展,2021(6):135-136.

❷ 李帅. 人工智能的风险预测与行政法规制——一个功能论与本体论相结合的视角[J]. 行政管理改革,2019(10):54-55.

❸ 王莹. 算法侵害类型化研究与法律应对——以《个人信息保护法》为基点的算法规制扩展构想[J]. 法制与社会发展,2021(6):141-156.

程序问题具有同一性,即如何"制定既公平又可行(Fair and feasible)的程序"。❶进而言之,在算法行政中,传统的行政程序理论面临着深刻变革,需要系统性地研究新时代下行政程序的构成要素权重、行政程序的运行动力、行政程序关涉的法律责任及证明形式等的"变"与"不变"。在此背景下,以公平正义、阳光政府和公众参与为重要理念的行政程序面临着巨变。面对行政程序的深刻变革,算法行政中存在的黑箱问题是行政程序的透明难题,需要通过行政程序的变革和发展以解决算法黑箱问题,而且,只有让政府的自主决策权回归,才能确保算法行政中行政程序的人文价值的重塑。❷

有鉴于此,算法行政所产生程序法上的正当性和合法性问题已经成为当前以及未来行政法治建设中的突破点,行政程序对算法的规制作为一个基本立场,意味着行政程序在认知层面包容、吸纳和分析算法行政,面对涉及的规范性问题应当坚守行政程序的核心价值。行政程序对算法进行规制主要有两种途径:其一,行政程序要求算法的代码程序设计与运行应当符合"共同善"❸,外部的技术控制、民主控制与内部的伦理保障、价值平衡共同构成对算法权力的全面控制。其二,行政程序要求算法行政的运作应当符合"自然正义",即相对人享有必要的程序性权利和获得公平公正决策的权利。那么,通过程序法治的路径能够实现对存在于虚实双重空间的行政权力进行有效制约、确保算法行政体现公平和正义的程序要求,以及赋予个人在算法行政中程序方面的主动权和救济权,这些均是算法行政法治秩序构建的关键所在。

---

❶ FRIENDLY H J. Some kind of hearing[J]. University of Pennsylvania Law Review,1975,123(6):1267-1317.

❷ 在数字政府视域下,算法决策中的程序正义问题是算法行政法治化的核心议题。参见刘艺.数字政府是实现法治政府的有效路径[N].检察日报,2021-05-18(3).

❸ 在程序法视角下,"共同善"具有两层含义:一是伦理意义上的"共同善",要求算法不仅是有意义的透明化,还应当具有自主的德性,以构成规制算法的内在、事前路径;二是公共利益意义上的"共同善",要求设置算法解释请求权、反算法自动化决策权等,以构成规制算法的外在、事后路径。概而言之,"共同善"的算法规制,旨在建立内部和外部配合、事前和事后勾连、限权与赋权并举的制度体系,最终防止算法权力的异化。参见王聪.共同善"维度下"的算法规制[J].法学,2019(12):71.

第二章　算法行政中行政程序的数字化转型及法治困境

通过前文的论述,业已大致勾勒出算法行政的基本图景:在公共行政中算法技术与行政治理的不断互联和不断融合,形成代码与法律二元共治和技治与人治相互作用的新型行政模式。因而,行政程序需要在算法行政的新环境中实现转型发展。具体来说,行政程序作为现代行政法治国家的基本规范性制度,要求行政的过程应当满足行政法的技术要求和民主要求,即行政是以法治为基础和以专门知识为信息要素,且反映公众参与的民主过程。因而,行政程序作为一项制度,其展现了公民在行政面前处于何种地位以及行政活动中与不同公共主体之间的关系,既要承载着宪法价值的"传动带"功能,实现行政法治原则,又要建立起控制和引导公共行政的框架性机制。[1]此外,行政程序还具有代际划分的特质,不同行政形态中的行政程序也是不同的,即"行政程序的转型是与行政国家形态的变革相辅相成的"。[2]有鉴于此,"数字政府"是数字技术融入公共行政的全新政府形态,其充斥着理念创新、目标创新、模式创新等新鲜内容,面对新理念、新目标、新模式等深层次的变革,通过算法驱动和以算法权力为核心的算法行政是行政模式转变的趋势,立足于算法行政的变革与演进,对行政程序数字化转型加以讨论就显得极为重要,同时,算法决策程序作为算法行政的典型实践,对传统的行政程序所带来的异化风险也是值得关注的,继而在技术与法治兼容失调的张力下探寻行政程序面临的法治困境。

---

[1] BARNES J. Reform and innovation of administrative procedure[M]//BARNES J. Transforming administrative procedure. Sevilla:Global Law Press,2008:15-17.

[2] 戚建刚."第三代"行政程序的学理解读[J].环球法律评论,2013(5):152.

第一节 面向算法行政的行政程序：
数字化转型的必然性

公共行政中行政主体与相对人的"人际交互"需要借由行政程序予以协调，因为行政相对人所享有的程序性权利确保其能够介入行政活动❶，且是作为主体而非客体。算法行政在塑造公共行政虚拟空间的过程中，也自我生成了一套程序规则，即算法决策程序，其将公共行政的主体、任务、行为和规则等通过代码转化为数字化"输入—处理—输出"的程式。不可否认，算法决策程序对行政程序的精简发展带来了"赋能"，例如，杭州"城市大脑"推出"亲清在线"平台，将逐级报批、层层审核的行政许可程序转变为在线直达。❷因此，算法决策作为一种自主且自动的数字化程序，极大地优化了行政的过程和提高了行政的效率，也让行政程序的中心从提供服务的行政主体转向公众与政府的主体间关系。有鉴于此，随着人工智能技术的突飞猛进和深度嵌入，使得行政法迈向数字时代(Digital Era)❸，也使行政程序的数字化得到发展。而且，"面向行政的行政程序"❹要求行政程序应当基于算法行政进行规范和制度层面的发展。

一、算法行政中行政程序的规范变迁与司法实践

算法行政的兴起，意味着行政程序能够通过智能算法决策予以自动化和自主性运行，这明显不同于传统行政程序的人工性和步骤性的特征。由此可见，诚如姜明安教授所言，信息化对于推动"新行政法"的生成和发展起了特别重要的作用❺，算法技术在提高行政效率的同时，也极大地推动行政程序的数字化转型

---

❶ 关保英.论具体行政行为程序合法的内涵与价值[J].政治与法律,2015(6):14.

❷ 一键直达 杭州城市大脑推出"线上行政服务中心"[EB/OL].(2020-07-20)[2024-04-09].https://baijiahao.baidu.com/s?id=1672629588379829645&wfr=spider&for=pc.

❸ EIFERT M, GIROR C, GROOTHUIS M, et al. Taking administrative law to the digital era[J]. EDI Law Review,2001,8(2):57-146.

❹ 谭宗泽,付大峰.从规范程序到程序规范:面向行政的行政程序及其展开[J].行政法学研究,2021(1):35.

❺ 姜明安.行政法论丛(第11卷)[M].北京:法律出版社,2008:11.

和发展,亦即,行政程序基于代码编译而自动化运行虽然源自行政机关对技术的自发性利用,旨在减少行政程序形式上的繁文缛节。但是,技术逻辑的算法决策程序始终与程序正义存在分歧与争议,因此,有必要对这种程序转型予以规范层面的分析。

(一)立法规范

在规范变迁中,立法作为第一层面,是指相关法规政策适时制定或者修订,以确保行政程序数字化转型的法治性,并以应对行政程序技术性实践带来的规范性问题,"规范性制度的存在以及对该规范性制度的严格遵守,乃是在社会中推行法治所必须依凭的一个不可或缺的前提条件"。[1]在算法行政中,算法决策程序是政府与公民交互过程的革新,这一点早在《中华人民共和国行政程序法(试拟稿)》中就有所体现,即通过"应用自动化设备和电子文件实施的行政行为"专章对经由自动化设备和互联网技术运行而实现电子化、自动化和在线化的行政程序予以详细规定。[2]从算法行政的实践来看,行政程序数字化得到了前所未有的普及。[3]例如,根据《关于深入推进审批服务便民化的指导意见》的规定,在行政许可数字化转型领域,推行行政许可"马上办、网上办、就近办、一次办",实现与行政相对人生产生活密切相关的行政许可项目"应上尽上、全程在线"。可见,数字化的行政许可程序是一种简化、灵活、敏捷且合理的程序法治,即以良好的公众体验为中心而建构用户友好型的行政程序。[4]

反观域外,西班牙《行政程序法》较早地对行政程序电子化作出规定,该法第45条规定,行政机关可以在宪法或者法律限定范围内推动信息技术在行政活动中的应用。[5]日本也于2002年颁布了"行政程序在线化三法",即《有关电

---

[1] 埃德加·博登海默.法理学:法律哲学与法律方法(修订版)[M].邓正来,译.北京:中国政法大学出版社,2004:255.

[2] 章剑生.从地方到中央:我国行政程序立法的现实与未来[J].行政法学研究,2017(2):57.

[3] 正因如此,中国行政法学会、中国政法大学法治政府研究院等共同举办了"数字政府与行政程序法治"研讨会,参会的多名学者就"数字政府背景下行政程序理念""数字政府背景下行政程序的原则""部门行政程序法""域外行政程序电子化趋势与特点"等议题展开了激烈讨论。

[4] 宋华琳.电子政务背景下行政许可程序的革新[J].当代法学,2020(1):80.

[5] 周汉化.电子政务法研究[J].法学研究,2007(3):8.

子签名相关的地方公共团体认证业务法》《有关行政程序中利用信息通信技术的相关法》和《有关行政程序中利用信息通信技术的整备法》。❶在数字时代，日本政府对行政程序在线化的三部法律进行了与时俱进的更新，制定并颁布了《数字程序法》，提出"原则上将所有行政程序数字化"的立法宗旨，同时设定三项原则：一是数字优先原则，即在行政程序能够数字化的情况下应当进行数字化处理；二是仅有一次原则，即提交的信息不必再重复提交，交由行政部门进行协调；三是一站式关联原则，即允许单个行政程序同时完成多个程序，确保行政相对人能够在一个场所内完成所有相关行政程序。❷德国2013年制定的《电子政务法》第3条是关于"行政机关使用信息技术进行电子化公共事务处理"的行政程序条款。

  随着算法学习能力的突破性发展，算法行政下的行政程序自动化执行不仅仅体现出高效行政和优质服务的效率导向，而更多地以一种自主性的机器意识嵌入行政运行中的实质决定程序，具有此前法律关系主体所不可能想象的"准行政权"。❸正是在这样的时代语境下，挪威于2019年重新修订了《公共行政法》，立法委员会对行政决策趋于自动化与自主化的形式作了正式说明：有关公共利益的行政活动通过算法决策能够确保相关程序规则在得以精简的同时获得更好的遵守，且促进权利义务的正确履行。❹但是，这并不代表行政决策算法化带来效率提升便具有天然的合法性，算法决策应当遵守行政法的基本原则，譬如合法原则、公平原则、平等原则、比例原则、公开透明原则、个人自主原则等，只有如此，算法决策程序才能实现合法性要素的融贯。同时，机器学习为算法决策的自主性发展提供了可能性，能够适用于更为复杂的行政决策，这也就意味着需要建立更为具体的监管制度、更为全面的审查以及参与性的影响评估等。

---

❶ 周佑勇. 行政法专论[M]. 北京：中国人民大学出版社，2013：371.

❷ 马颜昕，等. 数字政府：变革与法治[M]. 北京：中国人民大学出版社，2021：77.

❸ 马长山. 迈向数字社会的法律[M]. 北京：法律出版社，2021：57.

❹ WEITZENBOECK E M. Simplification of administrative procedures through fully automated decision-making: the case of Norway[J]. Administrative Sciences, 2021, 11(4): 149-172.

(二)司法实践

在算法行政中,行政程序司法实践构成其发展的另一方面,即法院对算法决策程序所引发的法律争议予以司法审查,以推动算法决策程序遵循"善法"规则。近年来,算法在行政程序中的普及与应用,确实导致有关基于算法程序作出的行政决策的合法性争议日益凸显。对此,罗马行政法院根据技术与法律的关系来创新论证算法决策程序的合法性问题。2019年,通过算法执行教师调动程序引发了合法性争议,罗马行政法院认为,基于算法程序所作出的行政决策本质上是不合法的,因为难以判断算法决策程序是否遵循公正、有效和透明等法律原则。❶司法裁判对算法行政的程序法治建设事实上也起到了推动作用。❷算法对行政部门推动行政治理和公共服务数字化发展确实起到了关键作用,尤其是算法自动化决策对规模化和标准化的行政程序执行具有便捷、高效和精准的益处。本质上,基于算法的决策程序应先符合行政程序的效率原则,"数据多跑路"和"算法自运行"让传统现场实践性的时空程序模式得以转变成数理逻辑上的代码程式化运作,将传统繁文缛节的行政程序予以简化设计和替代执行。

从这一角度观之,行政机关应当将前述论及的"算法是否能够遵循程序正义原则"予以充分考虑,毕竟,算法通过机器学习而重建规则并自主输出的过程是具有不可知性和不可控性的。因此,基于算法设计的行政程序应当对透明度、有效性、比例性、合理性以及非歧视等因素予以遵循和嵌入。在算法行政中,算法决策程序的规范性源自对多项行政法规则的共同遵循,亦即,倘若算法决策程序的代码编程和逻辑建模等与行政程序的法律框架相互兼容❸,算法决策程序在有效规则层面才能具备关于技术代码与程序规则的一种规范结构。具体而言,一是当一项行政决策基于算法程序而作出时,算法及代码被视作是政府信息,需要对算法和代码按照信息程序以设定公开和披露的制度,且法院能够对公共性的算法及代码进行司法审查;二是原则上不允许以知识产权和商业秘密等为由来

---

❶ Administrative court of Rome, Section Ⅲ bis, Decision no. 6606 of 27 May 2019.

❷ 此后,意大利国务委员会颁布了22701/2019号和8472/2019号法令,旨在确保算法决策程序优势利用的同时对其设定规范性要求。

❸ GOUDGE A. Administrative law, artificial intelligence, and procedural rights[J]. Windsor Review of Legal and Social Issues, 2021, 42: 17-50.

限制算法及代码的公开和披露,凡是与行政活动密切相关的算法程序,均应当以透明度为标准;三是对于算法及代码的公开与披露的相关决定,设计公司应当参与其中,并协助决定的作出;四是行政机关应当尽可能使用开源软件设计算法决策程序。

二、算法行政中行政程序制度的数字化转型

算法决策程序作为算法行政的现实形态,在实践层面上赋予了行政程序数字化发展的外生动力,使得数字思维与法治思维得以互构互塑。面对行政程序制度的数字思维之融入,行政程序经历了立法上和司法上的规范演变,那么,行政程序的一般制度也相应发生转变。一般而言,行政程序的一般制度是指行政程序各个阶段相对独立且发挥着连接各阶段作用的制度体系,是对行政程序具体制度的概括和浓缩,具有普遍适用性[1],包括了申请制度、信息制度、告知制度、证据制度、听证制度及参与制度等。其实,在"互联网+政务服务"的建设阶段中,有学者就指出,从微观意义观之,电子行政的定义是作为一项电子化、在线化的行政程序制度[2],而且是一项现代社会中聚合性的行政程序制度。[3]聚合性表现为行政程序的方式、步骤、顺序和期限等基本要素得以集中和拓展,使得行政程序的一般制度突破了时空限制继而在虚拟空间延伸。那么,算法行政是电子行政发展的新兴阶段,是在吸纳作为程序制度电子行政之聚合性的基础上推动一般制度的数字化转型。

(一)申请制度的转型

对申请制度而言,"指尖上"一键申请成为常态。一般而言,申请是触发特定行政行为的前提性程序。一项行政程序未对申请制度进行科学且合理的设计,那么相对人所享有的一系列实体权利将变为"空中楼阁",所享有的一系列程序性权利也就因此丧失了实践的可能性。因此,申请制度对相对人的利益表达和权利实现而言具有基础性作用。传统的申请制度是将物理空间"人际

---

[1] 姜明安. 行政程序研究[M]. 北京:北京大学出版社,2007:31-32.
[2] 周佑勇. 行政法专论[M]. 北京:中国人民大学出版社,2013:371.
[3] 姜明安. 行政程序法典化研究[M]. 北京:法律出版社,2016:117-118.

"交流"的行为形式作为基本程序启动要求,例如书面提出申请、口头表达申请等。随着信息技术的发展,政务服务在线化使得申请形式突破物理空间的限制,转变成为虚拟主体之间的代码交流。基于数据电文的申请也逐渐成为具有法律效力的申请形式之一。❶算法技术革命性发展促使算法智能系统在政府行政中的普及应用,一键智能化审批是对传统申请制度的彻底革新:一方面,行政程序中的主体关系转变为"人机关系",作为个体的相对人提出申请,而算法系统则接替了以往交由行政人员的受理行为和审核行为;另一方面,申请即等于审批,2018年,由中共中央办公厅、国务院办公厅印发的《关于深入推进审批服务便民化的指导意见》明确指出,积极探索和开展智能审批,实现"即报即批、即批即得",对于没有裁量余地的行政行为,程式化的算法决策能够规避行政主体的偏私判断,实现无人干预的全自动化审批,例如德国《税收通则》引入一项关于全自动化税收程序的新规定。由此可见,"即报即批、即批即得"是对行政程序效率价值的智能化彰显,由套路式转变为效率式一定程度上避免了烦琐程序的治理效果滞后。❷但是,主体虚化也可能使得程序问责制的失效,因此亟须建立一个基于"人机关系"的多元主体的程序问责体系,区分"秒批""无人干预审批"等算法决策中的人类行为和机器行为,理顺自动化决策程序中不同主体的责任顺序和类型,例如智能算法的识别预警责任、行政主体的介入监管责任等。

（二）信息制度的转型

对信息制度而言,政府信息公开迈向政府数据开放。政府信息是政府基于职权在行政活动中所获得的信息,政府数据则包括了原始数据和衍生数据,前者指的是政府行政中收集的数据和公共基础数据,后者是指经过算法加工的数据。可见,在"量"的方面,政府数据开放的"量"远超于政府信息公开的"量"。但是,更为显著的差异在于"质"的方面。就"质"而言,"质"所指向的是个人权利维度和政府职能维度,政府数据开放在保障知情权和打造阳光政府的基础上拓展成

---

❶ 例如,在税收征收领域,《中华人民共和国税收征收管理法》第26条赋予了电子数据化申请形式的合法性地位。

❷ 关保英.论行政程序在大数据下的内涵变迁[J].政治与法律,2022(1):109.

为基于政府数据生命周期的程序权利和程序职责。在数据收集阶段,政府应当按照最小负担原则进行收集,并由大数据发展管理部门实行数据收集的内部许可和监督,而对知情与配合而言,政府必须履行告知义务。❶在数据处理阶段,利用算法系统对数据进行处理的过程涉及个人隐私的保护,需要建立公共利益与个人利益的平衡机制来视情况实施"告知—同意"和利用技术实现"差别隐私",其中关于公共利益和个人利益衡量的程序,包括了全方位的利益解构、经比较的利益排序、相关性的因素分析、合理性的利益比例等。❷在数据消灭阶段,一方面,政府应当设定数据的时效;另一方面,应赋予个人被遗忘权以走出"数字记忆"。❸

(三)告知制度的转型

对告知制度而言,出现适用扩张和适用限缩的双重局面。一是对告知制度的坚持,根据英国《数据保护法》的规定,完全通过算法自动化作出决策的,行政机关有义务告知相对人该决策作出的情况、可能的风险以及其选择权,其中的选择权是指,相对人可以要求行政机关重新考虑该决策或者选择非基于算法系统的新决策。二是对告知适用的限缩或者方式转变,算法技术发展使某些行政活动能够实现非现场执行❹,如交警非现场执法等,告知义务条款不适应自动化执法的需求。❺通常意义上的"事先告知程序"因自动化系统的高效率处理而被推迟至补充的"事后告知",其合法性仍旧需要斟酌。❻

(四)证据制度的转型

对证据制度而言,算法智能系统能够自主捕捉获取证据,并对其进行分析。证据制度对于行政行为的最终形式和法律效果起着关键作用,特别是在负担性

---

❶ 参见《宁波市公共数据安全管理暂行规定》(宁波市政府令第254号)第7条的规定。

❷ 王敬波.政府信息公开中的公共利益衡量[J].中国社会科学,2014(9):123-124.

❸ 何渊.政府数据开放的整体法律框架[J].行政法学研究,2017(6):64-67.

❹ 参见《中华人民共和国行政处罚法》(以下简称《行政处罚法》)第41条的规定。

❺ 袁雪石.整体主义、放管结合、高效便民:《行政处罚法》修改的"新原则"[J].华东政法大学学报,2020(4):19.

❻ 西安铁路运输法院(2017)陕7102行初1115号行政判决书。

行政行为中,证据制度决定着其他程序制度的实际效果,进而影响负担行政决定的作出,"它可以决定行政行为是否作出、决定行政行为的内容、适用何种法律依据等"。❶在算法行政中,通过算法监管系统捕获证据数据成为行政处罚证据制度数字化实践的普遍形态,算法监管系统能够提高行政处罚的精准效果和公平价值:一方面,算法监管系统强大的计算能力和学习能力使得其可以在纷繁复杂的数据信息中精准捕获违法证据、正确解析违法行为、评估违法情节等,继而触发响应下一阶段的违法决策程序。可见,算法监管系统对违法证据进行自动收集、识别和分析是典型的"机器行为替代人工行为",通过捕获客观全面的证据并依循证据推理、法律适用等代码模型以形成基于数据和算法的处罚预测结果,以"关联性和客观性"取代"因果性和主观性"将极大地避免过往的粗放式处罚,旨在提高行政处罚的执法效果。另一方面,选择性执法是存在于传统行政处罚中的普遍现象,其产生的原因是法律规定上的不周全性和滞后性。基于执法经济成本的考虑,试图消灭所有的违法行为将导致执法成本的无限增大,因此需要在立法和执法之间形成一个功能分置的"安全阀"❷,即在一般禁令与个案禁令之间寻求成本与收益的均衡。但是,"选择性执法是行政机关企图恢复失衡的社会秩序的一种努力,具有着强烈的目标导向"❸,即选择执法通常与特定的行政利益相关,甚至成为行政机关的一种"剩余立法权",那么,选择执法有可能导致行政机关对相关证据的调查和分析融入自身的主观偏向,一定程度上与法治目的相悖离。算法监管系统的引入,不仅实现执法证据全天候的有效收集和科学固定,避免因证据不足而出现处罚失当的现象,还可以将"人情味"的处置方式转变为机械的参数设计,以消除违法证据、违法条件和处罚决定对比分析中的主观因素。不难发现,算法行政中的证据制度实现了智慧化、智能化和最优化的转型,但是,算法行政所引发的证据风险则体现在证据形式和证明方式的新问题中。基于新技术的证据形式并不一定具有合法性,例如声呐电子警察收集和形成的证据超

---

❶ 姜明安.行政程序研究[M].北京:北京大学出版社,2007:40.

❷ 黄锫.为什么选择性执法?制度动因及其规制[J].中外法学,2021(3):788;李文姝.放松管制抑或行政恣意——选择性执法规制的初步观察[J].西南政法大学学报,2020(1):20.

❸ 章剑生."选择性执法"与平等原则的可适用性[J].苏州大学学报(法学版),2014(4):118.

出常人理解能力,因而对声呐证据的证明力和可靠性产生质疑;❶同时,从证据分析到处罚结果的作出,其中的过程存在着一个举证和证明的标准问题,证据的确凿标准一旦由人类思维的逻辑判断转交给代码参数的机器判断,则会导致"解释难度高、缺乏理解基础且来自黑箱的算法系统所提供的证据结论能否达到规范意义和认知意义上的确凿标准"❷疑虑的产生。

(五)听证制度的转型

对听证制度而言,在全自动化行政程序中得以免除。"无人干预秒批""全自动化税务征收"等皆是全自动化行政的具体实践,即根据预先设定的业务"场景树",让行政相对人自行触发后交由政务智能系统独立进行审核和决策。而在全自动化行政程序中,诸如听证、说明理由等程序内容出现了压缩,因为此类行政行为属于通过行政经验实现同类特征的简单捆绑,也就是说,简单重复作业的全自动行政行为可以免除听证程序。❸然而,算法决策中的全自动化行政程序的规范性基础源自立法上的授权,德国《联邦行政程序法》、韩国《行政基本法》以及挪威《公共行政法》均对全自动化算法决策程序的适用予以条件限定,即遵循严格的法律保留,不存有裁量余地和不得引发争议等。可见,无人干预和免除听证的全自动化算法决策程序的应用场景是有所限制的,通常限定在标准化流程的行政活动中。换言之,在算法行政中,政府行政行为存在公式化的允许空间,"行政活动即公式"和"公式即程序"赋予算法决策应用之可能性,那么,算法决策程序全自动化设计过程中据此可以移除听证程序装置。但是,粗略的自动化设计并不总是符合法治国家的要求,在涉及个人权益的行政领域,"教义学规范要求智能系统必须为相对人提供特定信息,只有提供信息才能为政府做出的特定干预措施补足正当性"❹,因此,即使存在免除听证设计的全自动化程序的应然可能

---

❶ 在"何凯诉上海市公安局黄埔分局交通警察支队行政处罚案"中,法院对声呐电子警察采集证据进行了"形成过程"审查、"明显性"审查和"实际效果"审查,以判断技术证据的合法性、证明力和可靠性。参见上海市高级人民法院(2019)沪行终204号行政判决书。

❷ 马颜昕.自动化行政方式下的行政处罚:挑战与回应[J].政治与法律,2020(4):144.

❸ 查云飞.人工智能时代全自动具体行政行为研究[J].比较法研究,2018(5):176.

❹ 托马斯·维施迈尔.人工智能系统的规制[J].马可,译.法治社会,2021(5):115.

性，但是为确保全自动化程序中信息交流、意见表达以及人工介入的实践必要性，需要在全自动化程序中留有"诊断窗口"。

（六）参与制度的转型

对参与制度而言，算法平台成为公众参与行政的一种普遍形式。算法行政使得行政活动融贯虚拟与现实空间，也使得行政治理呈现出"去中心化"和"扁平化"的趋势。那么，在中心化的治理实体转向弥散化的网络节点的过程中，事实上形成节点治理，即参与主体以自身的资源、知识和能力来能动地影响治理。❶算法平台成为联结公众与行政的新"公共场所"，个人能够以一种虚拟在线的方式实现知识和观点表达的组织化，并让公共信息从生产到反馈的过程基本达成零时间。❷值得一提的是，算法决策虽然一定程度上使得公众参与的空间压缩和方式失效，而算法平台的搭建为公众参与提供了一种智能化选择，旨在实现桑斯坦提出的公共论坛原则，"赋予演讲者接触场所和人的权利"❸，不仅塑造虚拟空间亲历性和商谈性，而且拓宽公众参与算法行政的公共场域，联结算法行政中不同节点而形成互联互通的治理关系。

第二节　行政程序数字化的转型张力：技术与法治的冲突

算法行政正预示着传统行政法学即将迈入全新的拐点，即面向算法行政的新行政法。此时，"算法"是现实世界中的社会关系和社会结构在虚拟空间的表征，这意味着牛顿时空中现实世界的法律制度难以涵盖和解决虚拟空间的规则问题。进而言之，传统行政法围绕着现实中的公共事务而规范秩序维护和服务给付，面对算法行政中的公共事务则显露出"鲁棒性"和"脆弱性"。"鲁棒性"通

---

❶ HOLLEY C, SHEARING C. A nodal perspective of governance: advances in nodal governance thinking [M]//DRAHOS P. Regulatory theory: foundations and applications. Canberra: ANU Press, 2017: 163-180.

❷ 马颜昕，等. 数字政府：变革与法治[M]. 北京：中国人民大学出版社，2021：106.

❸ 凯斯·桑斯坦. 网络共和国：网络社会中的民主问题[M]. 黄维明，译. 上海：上海人民出版社，2003：18.

常是指处于环境变化中的制度,能够经受外在变量的考验,维持着制度的稳定性;反之,若面对外在变量而表现出敏感甚至出现破坏性风险,制度则具有脆弱性。❶行政程序作为行政法的基本制度,在应对算法行政中的变与不变之时,逐渐显露出其作为规范制度的鲁棒性和脆弱性,鲁棒性则表明行政程序在技术加持下进行了价值和制度的自适应,进一步巩固程序对于行政法治建设的作用;然而,令人担忧的是,算法决策程序与行政程序存在着理论张力,其本质上是两种程序之间在关系论和过程论上的"技法冲突",而具体表现在时空观、权力观和人际观上的不协调。

一、行政程序数字化的转型张力之溯源

通常认为,现代意义上的行政法治关注公民与国家的关系演变,也就是说个人与政府的关系模式、行为方式、程序规则等均可以从这种演变发展中寻得规范性解释。同时,行政机关与相对人的行为关系是以个人与国家秩序关系为中轴而渐次展开、发生以及拓展的❷,并根植于特定环境与场域以形成规范关系的规则体系,那么,行政的权威性和正当性源自对行为关系的规范设计,而这些规范设计则最终汇总形成行政法体系,"法赋予行政行为正当性和纪律,并使行政行为加以实现"。❸因此,"法律途径"成为公共行政的一种构成要素,其价值追求是宪法的公正公平、正当法律程序、实质权利、平等保护等,从而塑造出的行政认知模式是归纳性案例分析、演绎式的法律分析以及反复辩论的程序等。❹这种"法律途径"的制度目的是形成一种受制于法律调控和接受法律规范的行政权力,避免权力失控和权力侵益。所以,为了防范行政权力的异化以及恣意,"程序正当化"原则提供了制衡权力的法治理论:在关系论上,行政程序需要实现行政结构中主体的平等和互动关系;在过程论上,行政程序需要基于连贯性来建立行政功

---

❶ 赵汀阳.一种可能的智慧民主[J].中国社会科学,2021(4):5.

❷ 齐延平.论人工智能时代法律场景的变迁[J].法律科学(西北政法大学学报),2018(4):4.

❸ 施密特·阿斯曼.秩序理念下的行政法体系建构[M].林明锵,等译.北京:北京大学出版社,2012:49.

❹ 戴维·H.罗森布鲁姆,罗伯特·S.克拉夫丘克.公共行政学:管理、政治和法律的途径[M].张成福,等校译.北京:中国人民大学出版社,2002:40-41.

能传递和实现的分步骤和分阶段,程序主体能够参与到不同阶段的程序中,并推动程序前进。进而言之,一方面,社会关系和社会事实的复杂性需要通过行政程序进行有序地抽丝剥缕,"复杂社会里的政治共同体依赖于该社会政治组织和政治程序的力量";❶另一方面,在缺乏普遍标准下,通过行政程序获得行政正义更具有可行性,"认同一个程序往往比认同分配结果本身来得容易"。❷自此,行政程序成为行政法治的基本规则。

然而,自智能革命降临以来,自主性算法彻底改变了人与机器的关系,算法具有"类人"的智慧能力,使得其能够成为人类的伙伴,人与机器的关系也就从支配型向着协同型迈进,颠覆性地改变了人类社会的交往形式,"由此出现一个新的技术结构支撑的社会结构的人类新时代"❸,现代行政的基本结构和功能因此进行着革命性重构。如同学者所言:"科学技术的发展甚至会促使一套全新的制度发生。"❹算法行政成为公共行政的新模式,代码程序和数理逻辑日益如同法律一样,能够对行为和关系进行指引和规范❺,具有同法律规范一致的等值作用,由特殊程序、指令和逻辑所搭建起来的算法规则,正在从科技之"法"转化为社会之"法",从"软法"发展为"硬法"。❻尤其是,算法决策参与到公共行政,在一定程度上实现了对人的行政行为的替代,使得行政过程充溢着程式化的代码编译的数理逻辑,最终的行政决策难以体现公共之目的和商谈之共识,而更多的是潜藏着学习算法的自主判断和机器意志。于是,在算法行政中,行政程序因算法的技术改造而产生新的程序形式(算法决策程序),程序理论也正在进入一种现代主义困境。"旧有的形式不再令人信服,新的形式则更多的是批判而非积极的建树"。❼也就是说,基于行政程序的法律治理和基于算法决策的技术治理之间是

---

❶ 塞缪尔·P.亨廷顿.变化社会中的政治秩序[M].王冠华,等译.上海:上海人民出版社,2008:10.

❷ 塞缪尔·P.亨廷顿.变化社会中的政治秩序[M].王冠华,等译.上海:上海人民出版社,2008:10.

❸ 吴汉东.人工智能时代的制度安排与法律规制[J].法律科学(西北政法大学学报),2017(5):129.

❹ 苏力.法律与科技问题的法理学重构[J].中国社会科学,1999(5):66.

❺ "代码即法律"意味着在虚拟空间,代码具有同法律规范一致的等值作用.劳伦斯·莱斯格.代码:塑造网络空间的法律[M].李旭,等译.北京:中信出版社,2004:14.

❻ 张文显.构建智能社会的法律秩序[J].东方法学,2020(5):8.

❼ 戴维·鲁本.法律现代主义[M].苏亦工,译.北京:中国政法大学出版社,2004:序6.

存在着张力的,而对这种张力进行溯源则发现其本质为"技法冲突"。有鉴于此,"技法冲突"可以被视为算法法治建设中的难点,也是算法行政正当性的争论症结。如前述,公共行政的构成要素之一即"法律途径",其中,行政程序能够以统摄的概念框架形成对现代行政过程的法律控制。但是,算法决策日益成为政府行政的治理行为和程序机制,通过全面且深入地影响行政的伦理要求、规则模式、体系机构等而快速改变着公共行政的现实形态。算法决策的代码程式与行政程序的规制思路难以在关系论和过程论形成适应性耦合,这也就构成技术程序与法律程序之间张力的本质所在。

有鉴于此,"技法冲突"是对行政程序与算法决策程序之间理论张力的本质溯源,其包括关系论上的张力和过程论上的张力两个方面。

(一)关系论上的张力

在关系论上,行政程序所预设的地位平等和互动关系逐渐失灵。在行政法中,程序规则本质上是对行政主体与相对人的行为关系的确认和调整,人则构成行为关系中的重要角色。行政程序通过一系列的规范技术确保人处于行政法律关系中的主体地位,程序推进和决策作出均是基于主体间有意义的互动与交往。但是,算法决策程序在结构上表现为数据与算法之间的生产关系,数据是算法的核心质料,而算法是数据挖掘的处理能力,最后生成一项不确定的算法决策。算法决策程序并不将人视作代码结构中的尊严主体,相对人在算法决策程序中异化成为数据、代码和标签等,继而被强加赋予一种"未经协商、同意甚至毫无察觉"的量化身份(Quantified identity)[1],亦即算法决策中"量化的自我"(Quantified self)和"可测度的自我"(Measurable self)[2],而这种量化身份拼凑形成的数字化人格,是通过数据信息所刻画出的个人数据面向,仅是相对人真实面向的局部倒影,并且剔除掉了法律意义上的行为能力、权利能力、责任能力等。那么,自近代以来,法律制度中对个人的自主性、理性、社会性等的预设,是为保障个人在各种

---

[1] PASQUALE F, CITRON D K. Promoting innovation while preventing discrimination: policy goals for the scored society[J]. Washington Law Review, 2014, 89(4):1413-1424.

[2] KLOUS S, WIELAARD N. We are Big data: the future of the information society[M]. Paris: Atlantis Press, 2016:61.

关系中的意思表示,即赞同某种行为或者反对某种行为的意志表达,"侧重于意思表达之本身过程"❶。而这种立基于算法和数据的"被迫建立的人格、个人毫不知情的人格"❷,难以真实地反映出相对人的主体性和能动性,置身于被算法设计的代码秩序中的个人相应失去参与行政的法律地位和表达意志的互动能力,"失去了有效的参与能力,其影响力和发言权被支配机构忽视,在国家和本地治理中的权利日渐弱化"❸,自此,作为"人"的主体成为算法分析的客体,算法决策基于"数据+算法=决策"的生产关系而构建起技术知识的囚牢,这种"对社会进程做有意识的控制或引导的各种诉求",只是追求物质目标的技术结构,与行政程序的法治结构产生"技法冲突",即主体间的地位平等转变为算法主导下的命令与服从,主体间的互动关系也转变为数字符号的闭合演绎。

(二)过程论上的张力

在过程论上,行政程序"环环相扣"的论辩对话不复存在。理论上,基于公益实现的行政活动应当是围绕"法律适用"和"法律执行"而展开的,这意味着行政活动遵循着法律适用及其执行的渐次逻辑,涵盖了客观事实认定、法律解释、涵摄以及法律效果确定等过程和阶段。❹而且,面对日益复杂的行政任务,法律难以预先明确规定,导致规则概念呈现出模糊性和不确定性,因此,行政机关可以通过理性经验和技能知识对不确定的法律概念和行政现实进行弹性裁量,是规则之治和理由之治的统一。❺可见,基于行政法的"传送带"模式,政府行政活动应当具有法律适用和执行的过程性内涵,而行政国家的到来,公共事务的复杂化和社会需求的多元化使得法律陷入滞后境地,"法律终止之处实乃裁量起始之所"❻,行政行为由此变得灵活,对法律的适用和执行是一个立基于行政裁量的开放式过程。无论是何种情形,行政机关的行为活动都不应当仅是结果导向的法

---

❶ 迪特尔·梅迪库斯.德国民法总论[M].邵建东,译.北京:法律出版社,2000:190.
❷ 吴汉东.人工智能时代的制度安排与法律规制[J].法律科学(西北政法大学学报),2017(5):132.
❸ 克劳斯·施瓦布.第四次工业革命——转型的力量[M].李菁,译.北京:中信出版社,2016:98.
❹ 哈特穆特·毛雷尔.行政法学总论[M].高家伟,译.北京:法律出版社,2000:123.
❺ 雷磊.法律体系、法律方法与法治[M].北京:中国政法大学出版社,2016:62.
❻ 肯尼斯·卡尔普·戴维斯.裁量正义——一项初步的研究[M].毕洪海,译.北京:商务印书馆,2009:1.

律形式实践,而更多的是结果形成的过程性安排。于是,行政程序构成对行政结果形成过程的次序、时限等的安排,即包括着环环相扣的"对立面—决定者—信息和证据—对话—结果"❶的程序装置,在一系列的程序装置中,行政权力的恣意行使得到有效控制,同时,个人权利得到最大限度地行使,以实现行政结果不仅是符合法律之合法性要求,而且是包含着和解、妥协、让步、情景化等的协商共识。"在这个装置中,所有的法律参加者都遵循一定的方法或途径,审理案件,辩论是非;所有的事实和材料只有经过一定方式或步骤取得或确认,方能成为决定的依据",并且"在这些过程中,人们得到了控制,至少是人的恣意得到了控制"。❷传统程序理论通过构建一个环环相扣的论辩规则以保障行政行为的参与和对话,并承载着对多元价值诉求的综合性表达,实质是在多元利益的动态范围内有所取舍,但是,这种过程性的程序理论在算法行政中面临着式微甚至不复存在的风险。算法决策追求的是结果效率,试图将所有那些论辩对话的程序装置予以简单化设计,这种简化设计也正侵蚀着传统程序理论的次序、时限等的过程性安排:一是反应型算法决策实质上压缩了行政活动中论辩环节,将论辩程序装置关于"定义人感兴趣的变量、与现实世界交互的过程以及人的观察判断结果"❸等转变为数据和代码,遵循"数据汇集—条件匹配—决策作出"的算法逻辑❹,过程所需的次序和时序几乎是在代码运作中融合完成,过往程序参与者的双向论辩简化为行政主体的单向审核;二是预测性算法决策则是前移至行政程序开始之前便基于海量的数据集群以及强大的学习能力作出趋势研判和风险预测,完全省略那些关于对话交流、共识达成的论辩过程,先发制人的算法决策侵害了个人质疑和倾诉的权利。

二、行政程序数字化的转型张力之表现

"法律只能在其毫不脱离民众生活的实际情况下才能实现其效力,否则民众

---

❶ 闫丽彬.行政程序价值论[D].长春:吉林大学,2005:7.
❷ 吕世伦.当代西方理论法学研究[M].北京:中国人民大学出版社,1997:237.
❸ 郭锐.人工智能的伦理和治理[M].北京:法律出版社,2020:141.
❹ 张凌寒.算法自动化决策与行政正当程序制度的冲突与调和[J].东方法学,2020(6):6.

生活就会拒绝服从它。"❶由此可知,行政程序作为行政法的基本制度,是现代行政国家的"治理艺术",通过研究现实中"政府与公民的相互关系"来设定行政过程中的行为规则、商谈规则、信息规则等,以赋予政府行政正当性和可接受性,行政程序由此成为行政主体和行政相对人共同遵循的法律制度。一般而言,行政程序涉及程序推进的时空安排、"权力—权利"的格局平衡以及主体交互的人际关系,这意味着行政程序在理论上是时空观、权力观和人际观的"三观统一"。然而,算法决策程序的普及应用割裂了传统行政程序制度"制定时的客观情形和解释时的客观情形"❷,技术性程序使得法律性程序的作用衰微,表现为算法决策程序与行政程序的时空观、权力观和人际观之间存在着明显隔阂。

(一)时空观的不适应

行政程序的线性和单维的时空结构并不适应算法决策程序塑造的时空观。人类社会是牛顿时空的社会化构造,这种社会化构造以国家与个人之间的行为关系为基础。行政法是调整国家与个人之间的行为关系的法规范总称,而行为关系是主体间的利益格局在时空层面的具象表征,即行政法的出发点是公益优先的行为❸,并赋予和尊重私人利益在法律上的请求行为。❹尤其是,随着"合作国家"成为行政法中的核心概念,主体间的利益虽然客观上是对立的,但是可以通过沟通与协商实现利益上的并存。于是,行政程序为基于利益格局的行为关系提供了交互的时空结构,强调行为的过程而非形式,立足于过程思维以提供政府与公众沟通与互动的"法空间"❺,形成对国家、社会和个人之间互动关系的观察视角,构造一种"交涉"过程。❻所以,在现实世界中,行政程序设定了行政行为"交涉"上的时空结构,例如,根据《行政处罚法》第52条第1款的规定,执法人员若当场作出行政处罚决定,应当向相对人出示证件和填写行政处罚决定书,并当

---

❶ 古斯塔夫·拉德布鲁赫.法学导论[M].米健,译.北京:商务印书馆,2013:14.
❷ 孙南翔.论互联网自由的人权属性及其适用[J].法律科学(西北政法大学学报),2017(3):32.
❸ 塔格特.行政法的范围[M].金自宁,译.北京:中国人民大学出版社,2006:5.
❹ 古斯塔夫·拉德布鲁赫.法学导论[M].米健,朱林,译.北京:中国大百科全书出版社,1997:131.
❺ 章剑生.现代行政法总论[M].二版.北京:法律出版社,2019:216.
❻ 季卫东.法律程序的意义(增订版)[M].北京:中国法制出版社,2011:33.

场交付相对人。可见,"出示证件""填写处罚决定书"和"当场交付"等构成了行政主体与相对人交涉的过程,在时间和空间层面上体现为"当场"。由此可见,通过行政程序获得行政行为的合法性和合理性,实质是形成"行为—结果"或者"行为—责任"的因果链条,是一个线性和单维的时空结构。进而言之,线性是指在行政法律关系中,主体的行为是指向特定的结果;单维是指主体行为的朝向是具有一致性的。所以,线性和单维的时空结构意味着行政主体和相对人总是在连续的时间和相对固定的空间一起处理某一事务。❶然而,在算法决策程序中,技术虚化了时间的连续性,并打破了空间的固定性,甚至超越了时空的因果联系,形成多维和矩阵的时空结构,即"时空相互转化"的"非线性时空"。❷

这种多维和矩阵的时空结构,一方面意味着多线可逆的时空倒置成为可能,多线性挑战着单维性,使时空混合,"同时并存,没有开端,也没有终结,没有序列"❸,一种基于数据的相关性替代了基于规则的因果性,而过程中涉及的信息收集和处理被时空混合遮盖而沦为"无知之幕",个人被算法锁定而走向失去自主和尊严的状态,程序权利陷入黑箱困境;另一方面以赋权为主导的交涉过程被弥散,行为交涉关乎个人程序性权利的行使,人格化的赋权在算法决策程序中转变为指令环节中的重要程度不一的数据点,那些至关重要的程序权利也就"在穿越与迭代的交汇信息潮流中生灭沉浮"。❹

(二)权力观的不兼容

行政程序作为规范权力的屏障难以覆盖算法权力。行政程序除了形成行为的操作过程,即回答"怎么做"的问题,还直接关系到规范行政权力。因此,行政程序不仅提供了行为过程的法律技术性要求,而且通过强调自身的正当性来搭建起行政权力正当行使的程序要求。在现代行政法治建设过程中,行政程序作为规范权力的机制并没有将焦点聚集到政府权力本身,即授权、依据、范围和限度等,而是将视野放置于政权权力的运作过程,即行使的方式和程序。进而言

---

❶ 郑智航. 网络社会法律治理与技术治理的二元共治[J]. 中国法学,2018(2):109.

❷ 高全喜. 虚拟世界的法律化问题[J]. 现代法学,2019(1):71.

❸ 曼纽尔·卡斯特. 网络社会的崛起[M]. 夏铸九,等译. 北京:社会科学文献出版社,2006:561.

❹ 高全喜. 虚拟世界的法律化问题[J]. 现代法学,2019(1):71.

之,正是由于行政法律关系的不对称性和高权性,行政程序通过对政府权力的防御和控制继而实现对个人权利的保障,可以称之为以法治主义为基础和以"行政之近代化"为目标而架构的"人民权利利益保障程序"。❶从这一角度来看,行政程序在外观上是规范政府权力运行的法治屏障,而在内核上是促进个人权利实现的法治路径。简而言之,那些关于权力正当的重要程序通过法律实现法定化,成为行为过程不可或缺的程序要件,而这些必须遵守或者不得违反的程序赋予了行政权力的可问责性,即不遵守或违反的法律后果❷,从"实体法的实施法"拓展为"实体结果的形成法"。❸然而,算法技术与现代行政日益紧密联系,对行政程序的规训权力理念带来了正负两方面的影响。正影响表现为行政程序的效率导向通过自动化和自主化的算法决策系统得以最大化实现,这使得行政权力呈现出高效运作的面向。可见,算法对行政权力产生的正影响仍旧可以归纳至行政程序的规范光谱中。但是,算法形成的负影响则溢出行政程序规训权力的射程范围。

具体来说,负影响表现为算法与行政结合生成了"算法官僚主义"❹。算法能够对公共利益和私人利益产生实质的控制力,这意味着其失去了工具意义上的纯粹性而具有权力属性。随着算法智能程度的不断提升,算法决策已经从过往的计算优势转向如今的思维优势,逐渐成为重要的权力要素:一是算法成为权力的新基础和新能量❺,掌握算法技术的公权主体可以扩大其权力边界和强化权力执行;二是当算法对公共利益和个人利益的协调和分配有关键的影响作用时,算法自身则构成技术权力的主体。无论是权力强化论抑或是权力本体论,算法权力能够基于机器优势、架构优势和嵌入优势❻直接介入和改变行政关系。一方面,行政权力出现式微,而算法权力成为了真正的主体,这种权力的资本性导致

---

❶ 蔡秀卿. 现代国家与行政法[M]. 台北:学林文化事业有限公司,2003:115.

❷ 张步峰. 论行政程序的功能———一种行政过程论的视角[J]. 中国人民大学学报,2009(1):86.

❸ 王万华. 我国行政法法典编纂的程序主义进路选择[J]. 中国法学,2021(4):110.

❹ VOGL T,CATHRINE S,GANESH B,BRIGHT J. Smart technology and the emergence of algorithmic bureaucracy:artificial intelligence in UK local authorities[J]. Public Administration Review,2020,80(6):946-961.

❺ 周辉. 算法权力及其规制[J]. 法制与社会发展,2019(6):118.

❻ 张凌寒. 算法权力的兴起、异化及法律规制[J]. 法商研究,2019(4):66.

其实质是制度化和非制度化的权力。资本性是指算法因资本的介入而具有了逐利本性,一旦算法应用于公共行政中,资本市场通过算法形成新的规则,算法脱离于传统制度而形成独有的权力。❶另一方面,算法权力横跨物理空间和虚拟空间,错综复杂的运作模式导致政府治理日益空心化并弱化了权力的合法性基础。

算法权力不同于传统的公权力,权力结构的重塑让行政程序出现不敷适用的结果:一是算法权力背后复杂的利益结构让行政程序的利益衡量陷入失灵境地,未能提供涵盖制度化权力和非制度化权力的规训机制;二是算法权力的运作区别于行政权力"行为—结果"或者"行为—责任"的因果链条,其运作是网格化和弥散化的,导致行政程序难以对算法权力的运行建立起环环相扣的程序问责机制;三是算法权力具有神秘感极强的样貌,通过专有知识和数据资源的垄断而割裂了其与公众沟通的联系,个人参与行政的程序空间因技术权力的介入而受到限缩,所以,行政程序形成的法治屏障难以辐射至算法权力,个人成为技术权力的控制对象而非服务对象。

(三)人际观的不同步

行政程序的人际关系与算法行政的人机关系存在失调。现代行政法的目标是实现公共利益与个人利益的一致性,基于行政主体的服务行为和相对人参与行为形成主体间性的关系应运而生。因此,在公共场域中,政府与公众建立关系的过程,作为主体的人具有"尺度"的意义,即关注行政过程中人的"坐标",以衡量程序的合理性和行为的可接受性。可以说,坚定地遵守严格的法律程序,是得以实现人人在法律面前平等享有正义的关键保障。❷那么,人之于行政程序的尺度意义表现为行为过程中的"相互主体性"❸,也就说明行政程序实质上是一种人格化的政府机关与相对人之间的人际作用关系,"人格化"和"主体性"构成行政程序的人文基调,将行政权力运行过程定义为人与机关之间的交谈与沟通,即

---

❶ 郑崇明. 警惕公共治理中算法影子官僚的风险[J]. 探索与争鸣,2021(1):104.

❷ OSAKWE C. The Bill of rights for the criminal defendant in American law[M]//ANDREWS J A. Human rights in criminal procedure. Leiden:Martinus Nijhoff Publishers,1982:260-264.

❸ 欧力同. 哈贝马斯的"批判理论"[M]. 重庆:重庆出版社,1997:436.

"执行者作为公共利益的代表以行政主体角色与相对人所展开的交涉过程"。❶但是,随着算法全方面地与行政融合,不仅改变了行政机关之间的内部关系,而且改变了行政机关与公民之间的外部关系。❷尤其是,算法智能化发展促使算法效力发挥迈向新的层次,即算法的自主性,算法的自主行为存在超越程序设定的可能,脱离人类控制而成为行政关系的固定结构。进而言之,算法为理解人提供了新的坐标,在行政程序中人与人、人与组织的传统关系之外建立了一种新的关系——人机关系,算法技术以"类主体"的姿态与人发生关系,通过"数据化"方式与人沟通与交流❸,行政治理关系由此从"机关—人"的互动变成"机关—人—机器"的共存,治理面临着算法的主体性问题,随之产生权力合法性和行为有效性的质疑。

从人际关系到人机关系,自主性算法具有了衡量行政程序的尺度意义,技术依赖甚至是技术崇拜正导致过程中具体的人被算法客体化,以致出现"交往的物化"。这种物化反映出在算法模拟和学习人类行为的过程中,并没有考虑作为主体性的人的自由意志和伦理自主性。❹算法效率导向使得行政治理行为趋于自动化,导致特定环节或者所有环节由算法系统代为处理,无须人工介入。❺算法决策基于数据和指令的技术理性正逐渐削弱甚至吞噬行政裁量的能动性和情感性,算法行政的治理适用因此陷入技术万能主义的误区,以及导致算法治理的尺度和温度之间的失衡。与此同时,公权主体"借助算法垄断主体的基础设备和算法技术来对公民个人生活行为进行全方位跟踪和掌握"❻,同时也巩固了作为算法垄断主体的企业组织在公共生活领域的话语权。由此可见,行政程序陷入关系失调的困境中,那种呼唤价值理性的程序正义正被技术万能的算法独裁所取代,那种主体间性的交涉过程正异化成"个体对象化为可以被进一步操演和训练

---

❶ 崔卓兰,曹中海.论行政程序的内在价值——基于对行政程序底线伦理的探索[J].法制与社会发展,2006(3):66.

❷ 王万华.大数据时代与行政权力运行机制转型[J].国家行政学院学报,2016(2):96-98.

❸ 王敏芝.算法之下:"透明社会"的技术与观念[J].探索与争鸣,2021(3):31.

❹ 孙莹.人工智能算法规制的原理与方法[J].西南政法大学学报,2020(1):88.

❺ 马颜昕.自动化行政的分级与法律控制变革[J].行政法学研究,2019(1):83.

❻ 郭哲.反思算法权力[J].法学评论,2020(6):36.

之物"❶的专断过程。

第三节 "技法冲突"的法治困境：
算法决策程序对行政程序的冲击

现代意义的行政程序并不是时序和空间的简单安排，相反，其是关于权利和权力如何实践的正义性安排，即实体性的权利必须通过程序性的权利予以落实，而实体性的权力也需要以程序权利为边界来实施。❷行政程序既关注形式化的理性设计，又关注实质化的正义追求，那么，行政程序具有一种表达价值，即人们能够在程序中获得足够的尊重并可以充分表达意见，以推动他们在内心上接受有利抑或不利的结果。❸可见，程序是尊重人的、中立的、意见性的和开放的。有鉴于此，程序性和实体性构筑了行政程序，让其从纯粹形式主义的"传送带"转化为互动、对话和沟通等行为整合在一起的公共场域，中立性、公开性、论证性和公正性等要素因而成为现代行政正义实现的共同面向，亦即行政程序正义价值的基本内容。

然而，算法决策程序是一种机械过程，其效率偏向和技术特性决定了它的程序规则只是一种符号结构（Symbolic structure），与行政程序的时空观、权力观和人际观出现不同程度的失调，以致对行政程序的中立性、公开性、论证性和公正性等方面形成现实冲击。同时，算法自主性削弱行政治理中的人为因素，亦使"工具意义辅助手段广泛向法律制度实施方式跃迁的数字化行政变革"，从而在国家权力运行角度引发"机器治人"的问题。❹进而言之，行政程序确保公共行政中的利益分配或者负担施加是处于信息公开、理由说明、沟通交流等环境中，以贯彻行政的"人本"逻辑，算法省略了密集的程序要求，而瞬时自主决策正挤压行

---

❶ 安妮·施沃恩,史蒂芬·夏皮罗.导读福柯《规训与惩罚》[M].庞弘,译.重庆:重庆大学出版社,2018:115.

❷ 于立深.程序的多重视角[J].法制与社会发展,2003(2):81.

❸ WASSERMAN D. The procedural turn: social heuristics and neutral values[M]//RÖHL K F, MACHURA S. Procedural Justice. London: Routledge, 1997: 39-43.

❹ 展鹏贺.数字化行政方式的权力正当性检视[J].中国法学,2021(3):137.

政程序的法治价值,催生"技法冲突"的四重困境。

一、算法决策程序的技术性俘获侵蚀行政程序的中立性

在传统行政法学理论中,关于行政程序的中立性讨论始终是围绕着行政主体的道德品质而展开的,因为行政程序试图在行政机关和行政相对人之间建立起公平公正的沟通交流,那么,行政机关的中立性品质对此起到了保障的作用。不难发现,程序中立聚焦在政府机关是否公正决定,而决定过程的公正与否跟政府的观念和态度密切相关,也就是说,"若人们普遍感觉政府的某一机关武断地或有失公正地作出决定,那么这种感觉就可以破坏公众对该部门的信任以及工业界遵守其决定的自愿性,这一点似乎是清楚的"。❶具有治理基因的行政程序,需要通过一系列中立性的程序正义要求来整合所面向的各种社会关系,中立性不仅成就了行政行为的可接受程度,还为行政权力的行使预设了纠偏余地。那么,从关系整合、行为接受以及权力纠偏的角度来看,程序中立是行政程序正义价值的基础,向当事人展示行政机关是如何公正、公平地行使权力,因而具有两个方面的功能:一是通过中立确保行政的过程能够发现真相,所作出的决定因此基于真相而具有客观性;二是通过中立分配主体在程序中的角色,这种角色分配与利益具有隔离性,相应地享有一定的自治权。基于促成上述功能实现的考量,源自自然正义的程序正义理念,设定了程序裁判者的中立性品质,包括了"与裁判结果无利益牵连""程序过程中不得持有偏见""不得既是控诉者又是裁判者",以及"不得存有偏私"等。❷

程序中立可以细化成以下几方面的要求:其一,行政主体与所欲实施的行政行为没有个人利益上的牵连关系。此处的个人利益应作广义上的理解,包括物质上的和精神上的利益,只要是足以影响行政决定公正性的因素都应当纳入个

---

❶ 欧内斯特·盖尔霍恩,罗纳德·M.利文.行政法与行政程序概要[M].黄列,译.北京:中国社会科学出版社,1996:4.

❷ MACDONALD R A. Procedural due process in Canadian constitutional law:natural justice and fundamental justice[J]. University of Florida Law Review,1987,39(2):217-268.转引自王锡锌.行政程序法理念与制度研究[M].北京:中国民主法制出版社,2007:165.

人利益范畴,同时意味着裁判者与行政的结果具有一定的利益牵连。一旦"利益的存在影响了结果且导致结果的不公正性",那么就存在着贝勒斯所言的"表面不正当性",即"裁判者对程序活动有某种利害关系,就很难指望人们相信这种利益没有对结果产生影响",并"不可避免地将影响着人们对裁判者的信心"。❶其二,程序参与者是备受尊重的,并且是作为平等的道德主体而获得没有偏私的对待。不当的偏私表明裁判者在态度上对个人持有某种恶意,并非是对行政行为本身的态度。这种偏私是裁判者"不当地偏向一方或对另一方怀有敌意"❷,那么就需要通过申请回避以排除这种不公正的对待。其三,裁判者的独立性是一个相对概念,是一个程度性问题,而受到控制的"度"需要处于可接受的范围内,表明相对的独立是受制于有弹性的规则的动态控制,不得出现"具体且直接的干预"或者"被迫作出决定"❸的非正义控制。

以上关于行政程序的中立性讨论,试图形成行政程序客观正义的面向,裁判者对自身利益的放弃和对程序参与者身份的置若罔闻,让行政成为可变且可控的行为过程,参与者也对程序保持着信心。这种程序中立是基于对行政的恶之抑制以最大限度激活行政的善,始终围绕着机关与参与者之间的相互信任。需要明确的是,算法的突破性发展之于行政程序的变革并不仅仅停留在技术层面上,同时也正深刻地改变着行政程序的价值内容。程序的中立性赋予了行政程序的道德性,避免利益关系和个人偏私影响程序的公正品性,裁决者相当的独立性地位也赋予行政过程的自主权。然而,随着算法构筑一套新的决策技术性程序,程序中立入不敷出,新的冲突因应产生。理想状态下,算法决策应当是人(组织)和技术有机联动的过程。但是,算法决策程序的技术理性正在消弭程序中立性的价值,随着行政机关日益依赖算法进行治理,专业性极强的程序模式挤兑着行政机关作为中立决策者的独立空间,继而被技术俘获。在算法行政背景下,技术俘获是指算法决策在公共行政中的广泛部署,导致行政机关深度依赖算法,最终被算法驯服。例如,《道路交通安全违法行为处理程序规定》第19条规定,交通技术监控设备收集的违法行为记录资料应当经审核无误后才能作为处罚违法

---

❶ 王锡锌.行政程序法理念与制度研究[M].北京:中国民主法制出版社,2007:168.

❷ 伯纳德·施瓦茨.行政法[M].徐炳,译.北京:群众出版社,1986:283.

❸ 王锡锌.行政程序法理念与制度研究[M].北京:中国民主法制出版社,2007:171.

行为的证据。然而，被技术俘获的行政机关可能在未经人工审核程序的情形下以抓拍系统中的违章信息作出处罚决定，中立决策者身份的消失也就导致处罚程序丧失正当性基础。

具体来说，学者亨利指出，技术虽出自生命，却否定和排斥生命自身，使得技术主义成为一切文化中限制和压迫生命的极端形式。❶这意味着在算法决策程序中，程序中立设定的裁决者道德要求和赋予参与者公正尊严的地位正面临着破碎风险。

第一，技术依赖导致技术崇拜，这异化了公共行政中的行为关系，人与技术的关系颠倒致使人受制于技术，中立性走向以技术为依归的虚假关系。裁决者与参与者之于算法决策程序，往往是预测性分析的被动承受者，成为进程中的数字节点而非现实行政中的真实个体，主体被替代自然无法回应那些为裁决者和参与者设计的中立性品质。算法作为决策主体，似乎实现了不偏不倚地严格适用法律规范的美好愿景，但是，行政主体中立性决策者身份的显性表现变得扑朔迷离，甚至隐藏在算法背后。在关乎公共利益的行政决策中，一旦个人对决策结果持有反对意见，其应当有权向具体的行政主体提出诉求，有权提请调查以推翻决策者的行为决定。但是面对算法作出的决策，行政相对人若有异议却难以向明确的中立主体提出诉请，"公民将被评测，但他们不能反过来去评测那些评测他们的机构"。❷

第二，运用于公共领域的算法决策技术性架构本身具有政治性，会通过机器学习产生自主判断或者影响着人们的判断，机器学习导致技术的不可控性，继而致使算法与人的行为割裂，尤其是设计算法的资本企业会借助"技术中立"的外衣将单向逐利意志内化在算法决策程序的逻辑指令中，行为与技术之间的割裂则无法准确判断利益上的牵连关系。令人担忧的是，单向逐利的算法难以理解"中立"这一概念。"中立"意味着决策者对公平公正、平等对待、便民效率等行政价值予以综合考量，那么以人类思维为基础的公权主体可以在均衡多重价值后承担起中立决策者的职责。相反，算法设计之初所嵌入的价值追求是单一的，且

---

❶ 汤炜.对技术的现象学反思之进路——兼谈人工智能[J].哲学分析,2019(2):159.

❷ 克里斯多夫·库克里克.微粒社会：数字化时代的社会模式[M].黄昆,夏柯,译.北京：中信出版社,2018:125.

不说资本获利的市场思维,就行政价值而言,通常是行政效率,即使程序中立性涉及的公平性问题被量化和算法化,也只是进一步加剧政府治理的"空心化",导致政府负责的行政程序走向机器决定的算法程序。换言之,算法对行政程序的中立性进行了技术俘获,对政府而言,面对一项新兴技术,政府和政府部门就容易受到俘获(Capture)❶,被技术俘获的政府试图在算法程序中找到"权力寻租"的空间,让渡政府责任,继而摆脱责任约束;对个人而言,算法将其代码化而成为"困在系统"的人,其获得公平对待的程序权利经由代码化而弥散,失去了共情的机会。

第三,有偏向的算法决策程序,比完全公正的算法决策程序更受到欢迎。算法决策程序的偏向性,是指针对大规模数量的样例,其能够更快地得出真值。为实现快速获得真值,机器学习的算法会对未知概念提前设置一些相关预设,也就是说,设计者会有意识地将某种偏向(特定结果的偏好设置)引入系统中。❷以算法的技术中立性来掩盖行政系统中的偏见,偏见只不过通过编译转化为代码,在算法主导下进一步加深和固化偏见,最终决策结果的客观、中立也只是假象。例如,美国密歇根州失业保险局交由"Michagan"数据融合智能系统来判断申请者是否福利欺诈,因数据污染和代码漏洞而导致上万人权益受损。❸

二、算法决策程序的黑箱性机制危及行政程序的公开性

行政程序的公开性要求行政决策作出的过程是公开透明的,即"公平必须公开地、在毫无疑问地被人们所能看见的情况下实现"。❹从这一角度来看,行政程序本质上是行政机关与行政相对人基于特定行政事务而开展行为交互的一种交涉过程。而主体间的交涉是需要在一定的信息环境下实现的,信息需求进而催

---

❶ 拉里·唐斯.颠覆定律:指数级增长时代的新规则[M].刘睿,译.杭州:浙江人民出版社,2014:122.

❷ 特里萨·施根达贝路,安德鲁·查尔斯沃思,尼洛·克里斯蒂亚尼尼.自动化决策对人类的影响[M]//凯伦·杨,马丁·洛奇.驯服算法:数字歧视与算法规制.林少伟,唐林垚,译.上海:上海人民出版社,2020:58.

❸ Bauserman v. Unemployment Insurance Agency, No. 156389(Apr. 5, 2019).

❹ 彼得·斯坦,约翰·香德.西方社会的法律价值[M].王献平,译.北京:中国人民公安大学出版社,1990:97.

生知情权、信息自由和信息公开。正因如此,知情权、信息自由和信息公开共同构成行政程序公开性的具体内容,同时,三者是相互密切联系的,即没有信息公开却独有知情权,知情权也就是停留在纸面上的权利而无现实意义;没有知情权,当然也就没有通过信息沟通和传递的自由;若没有信息自由,则实质上剥夺了个人表达自由和言论自由,知情权也就成为"跛脚"的权利,寸步难行。❶

基于三者关系的研判,知情权是程序公开的基础,也是公众参与行政的前提。阳光政府成为承载程序公开的组织模式,需要通过行政公开以提供信息自由和信息公开的可能维度来实现知情权。从逻辑架构来看,行政公开主要体现在《政府信息公开条例》上,其基于"公民知情权—政府信息公开义务"的相互关系来进行相对应架构,遵循着如下思路:知情权是应受保护的人权→知情权的实现离不开政府的信息公开义务→信息公开以"公开为原则、不公开为例外"→基于利益衡量以实现信息分离→公开失责所引发的程序责任。其中,信息公开是知情权和信息自由的基础,并作为一种政府程序义务,需要从宪法逻辑视角出发以摆脱局限于以公开促进行政的自我规约的狭隘认识,应意识到信息公开是以公民知情权为基础而具有重大宪法功能。所以,信息公开遵循了主权逻辑和治理逻辑:一是在"人民—人大—政府"的主权逻辑下,代表人民意志的人大可以要求政府公开公众所关注的信息;二是在"政府—公民"的治理逻辑下,行政行为的合法性依赖于政府向公民公开相关的信息,公民也可以申请公开。❷那么,以知情权为基础的信息公开具有更为广泛的宪法功能,一方面,知情权不止步于了解,而是拓展到确保公民有效参与到行政过程,积极表达意见以维护自身权益;❸另一方面,知情权设定了政府的"尊重—保护—实现"❹三个层次的义务,相应的公开体系则"是建立在个人主观请求权的确立、实现和救济之上的"❺,即尊重个人在行政中获取信息的主体地位、保护个人享有的相应信息权利以及提供权利实现和救济的制度环境。

---

❶ 郭道晖.知情权与信息公开制度[J].江海学刊,2003(1):127.

❷ 秦小建.政府信息公开的宪法逻辑[J].中国法学,2016(3):30-32.

❸ 章剑生.论行政程序法上的行政公开原则[J].浙江大学学报(人文社会科学版),2000(12):100.

❹ 艾德,等.经济、社会和文化的权利[M].黄列,译.北京:中国社会科学出版社,2003:22-23.

❺ 王万华.论政府数据开放与政府信息公开的关系[J].财经法学,2020(1):19.

不难发现,行政程序的公开性始终围绕着知情权这一基础性程序权利,进而拓展出个人子权利体系,包括行政信息获悉权、获得通知权、获得查阅卷宗权、要求说明理由权等;并发展出政府相应的程序义务,包括主动公开义务、告知义务、说明解释义务等。可以说,行政程序的公开性在某种程度被积极塑成一种"玻璃橱窗中的行政"❶,让窗外的公众可以清楚地看到行政过程的全部概况。但是,算法决策程序在公共行政领域的部署与应用已经引发与"玻璃橱窗中的行政"相背离的风险,迈向了新型的"黑箱政府"(Black-box government)。究其原因,算法决策程序存在着人类无法了解到的处理隐层,即其黑箱性。若行政机关借助算法对个人信息数据进行分析,并将运算结果作为决定个人是否获得福利或者限制个人某些行为自由之时,这样的决策过程就存在着不透明、不公开的问题。算法的黑箱机制导致行政权力因此具有了"后台性"和"黑洞性",威胁着公开和透明的实现。尤其是机器学习型的算法能够自主作出决策,而这一自主且自动的过程是基于"深度学习"模型,相应的技术逻辑是由相互联系的神经元所组成的,并构建成输入层、隐藏层、输出层共同运作的多层神经网络,这些特质进一步加剧了算法的黑箱性,即算法决策的识别模式是以一种无法理解的方式作出预测,且无法通过常规认知逻辑予以理解或者进行解释。❷虽然算法的机器学习优势让行政得以高效运行,但也导致行政缺乏了民主性。以公开性的消失作为代价,公众不知道自己是怎样受到管理的,也就不知道如何管理自己的行为,基于知情权的程序公开由此滑入不透明桎梏。简而言之,"无监督式学习的情况下,算法无任何人为干预,完全自主决策,输入和输出两侧均不可知"❸,整个处于闭环黑箱状态的算法决策程序,进一步阻断了行为与结果之于程序的因果关系,掩盖了算法权力肆意而为的迹象。

可见,机器学习加剧了算法决策程序在技术层面的黑箱性,致使公众难以知晓关乎公共利益和个人利益的算法设计意图是什么、数据来源是否无污染和正当、算法决策如何运行,以及得出结果的可靠性和可接受程度,这意味着公民的

---

❶ 室井力,等.日本行政程序法逐条注释[M].朱芒,译.上海:上海三联书店,2009:3.

❷ COGLIANESE C, LEHR D. Transparency and algorithmic governance[J]. Administrative Law Review, 2019,71(1):1-56.

❸ 赵一丁,陈亮.算法权力异化及法律规制[J].云南社会科学,2021(5):128.

知情权受到了一定程度的遮蔽。[1]知情权因算法黑箱而成为算法行政中的"跛脚"权利,算法公开似乎成为一剂良药,但实际上难以具有与程序公开相匹配的可行性。一方面,算法是否公开的争议长久存在。在传统的人工决策中,程序公开包括了对职权依据的公开和对认定事实的公开,这两方面已经被政府信息公开制度所固定下来,成为行政正义实现的重要部分。但是,算法公开面临着难题,即"法律保护下的算法黑箱"[2]。在我国,根据《中华人民共和国反不正当竞争法》《政府信息公开条例》等的规定,算法通常被认为是受到法律保护的商业秘密或者国家秘密,享有信息公开的豁免性。以个人信用评分为例,个人信用分是通过公共信用信息平台算法运算得出的,多地出台的《个人信用评分管理办法》对信息类型、信用应用、保障措施等方面进行了规定,但基本上回避了评分系统中算法公开的问题。[3]同样地,在State v. Loomis案中,当事人认为使用"COMPAS"对其进行再犯风险评估,侵犯了其知情权,遂要求公开算法,但法院基于算法系统属于商业秘密而驳回其算法公开的诉求。[4]甚至,Andrew Burt认为,即使实现算法公开,但对没有专业知识的个人而言意义并不大。相反,遭致黑客攻击的风险与日俱增,即"AI透明度悖论"。[5]另一方面,即便算法公开成为必要,算法解释也是横亘在行政主体和相对人信任之间的难题。行政程序的公开性要求行政机关应当对作出的决定进行理由说明。但是,算法自主生成决策的过程存在着一个问题,即预测变量和预测结果之间缺乏通常认知下的联系,算法解释事实上陷入解释不清和理解不透的局面。因为算法是根据统计学意义上的相关性作出决策,而人工决策是依据法律、事实和经验进行因果推演。所以,对前者进行理由说明是要难于后者的。可以说,即使是开发者也难以谙熟其中的运算逻辑,更

---

[1] 谭九生,范晓韵.算法"黑箱"的成因、风险及其治理[J].湖南科技大学学报(社会科学版),2020(6):95.

[2] 赵一丁,陈亮.算法权力异化及法律规制[J].云南社会科学,2021(5):128.

[3] 张涛.个人信用评分的地方实践与法律控制——以福州等7个城市为分析样本[J].行政法学研究,2020(1):123.

[4] 类似的还发生在Ewert v. Canada案中,因惩教署所使用算法风险评估作出决策而引发正当程序争议。State v. Loomis,881 N. W. 2d 749,767(Wis. 2016);Ewert v. Canada,2018 SCC 30(June. 13,2018).

[5] BURT A. The AI transparency paradox[EB/OL].(2019-12-13)[2024-01-25]. https://hbr.org/2019/12/the-ai-transparency-paradox.

谈不上让行政机关能够很好地释明算法，受到决策影响的相对人也就难以知晓决策形成的规范依据、事实条件和技术规则。所以，算法黑箱让行政相对人无法获悉和理解决策作出背后的复杂因素，相对人"无法判断政府是否遵循规则"❶，从而导致政府信任危机。

三、算法决策程序的嵌入性模式架空行政程序的论证性

在理想语境下，每个利益相关人"应能评价那些影响他们福利的提案和推进公共善观念的政策"❷，最终的行政决策是基于非强制性的合意所达成的。换言之，告知、陈述、申辩、听证等程序性权利不仅是为了实现行政决策的论证性，而且根据《中华人民共和国行政诉讼法》（以下简称《行政诉讼法》）第70条和第74条的规定，这些程序性权利是行政行为具有合法效力的构成基础，同时，根据《最高人民法院关于适用〈中华人民共和国行政诉讼法〉的解释》第96条的规定，如果存在程序轻微违法且对相对人听证、陈述、申辩等重要性程序性权利没有实质影响的情形，行政行为也是有效力瑕疵的。可见，随着现代行政国家的公共事务日趋复杂，这种"复杂"不仅是指事务本身的冗杂交错，更是指事务实质涉及的利益是多元的，那么，公共事务应转向至公众参与行政的过程，通过自主的、充分的、有效的、有序的❸论证过程实现行政的公共性和社会性。

行政程序的论证性凸显出行政法治的根基应当在社会而非国家，也就是说行政的合法性源自公众的心理认同，需要在过程中反映和吸纳公众的意见。但是，以告知、陈述、申辩、听证等程序性权利构建起的程序论证性规则，有可能会陷入点缀性和符号化的形式主义，难以对特定行政决策的形成产生实质上的影响力，例如，有学者指出，我国早期设置的价格听证制度，公众的论证性程序权利行使却让其感受到一种"挫败感"，即意见被漠视和被边缘等，导致公众对"善"的

---

❶ BERMAN E. A government of laws and not of machines[J]. Boston University Law Review, 2018, 98(5): 1277-1356.

❷ 约翰·罗尔斯. 正义论[M]. 何怀宏, 等译. 北京: 中国社会科学出版社, 1988: 215.

❸ 科恩. 论民主[M]. 聂崇信, 朱秀贤, 译. 北京: 商务印书馆, 1988: 10.

制度的失望和不满,进而产生政府信任危机。❶从这一角度来看,行政程序的论证性聚焦公共利益与私人利益交汇形成的人际关系,关注的是行为交互过程中的"微观正义"(Small Justice)❷,这种正义等同于道德化的人际交往的意见型程序,即行政正义成了"保障公众对法律改革进程的'介入'和'在场',而且使其有理由相信他们的参与受到了认真对待"❸。所以,行政程序的论证性需要转向行政的微观过程,正是在微观层面上,个人才能进行有意义的论证来表达对关注和熟悉的公共问题的意见和观点,从而实现对行政的实质控制。这种微观层面的"有意义的论证"包括了主体地位、意见理性和能力保障三个层次。首先,个人作为程序论证的参与者应当具有个体性和公共性。一般来说,公民意味着自然人和社会人以及权利和义务的双重含义:之于私领域的"私人"和之于公领域的"公人"。从自然人和权利来看,个人具有个体性的尊严地位,即个人能够"基于自我的决定去意识自我、决定自我、形成自我"❹。从社会人和义务来看,个人具有公共性的治理地位,即"对公共事务的关注和对公共事业的投入是公民美德的关键标志"❺。基于此,对前者而言,个人作为程序论证的参与者具有人的尊严,受到契合人道主义的对待;对后者而言,个人作为程序论证的参与者具有公民德性,形成对行政活动过程性和持续性的监督和控制。其次,个人通过程序论证所表达的意见应当是理性的。需要意识到,行政程序的论证制度是稳定的、开放的和周期性的行为模式,也是组织和程序获取价值观和稳定性的一种过程。❻意见理性包括了制度上的平等协商和观念上的质量确保,就前者而言,传统"线型模式"的程序主体结构发生了伙伴结构性变革,同时,行政程序越发交往理性化,以调

---

❶ 王锡锌. 公众参与和行政过程——一个理念与制度分析的框架[M]. 北京:中国民主法制出版社,2007:231-232.

❷ JONATHAN C. The idea of small justice[J]. Ratio Juris,2021,34(3):224-243.

❸ 王锡锌. 公众参与和中国法治变革的动力模式[J]. 法学家,2008(6):99.

❹ 城仲模. 行政法之一般原则(一)[M]. 台北:三民书局,1999:11.

❺ 罗伯特·D. 帕特南. 使民主运转起来:现代意大利的公民传统[M]. 王列,赖海榕,译. 南昌:江西人民出版社,2001:100.

❻ 塞缪尔·P. 亨廷顿. 变化社会中的政治秩序[M]. 王冠华,等译. 北京:生活·读书·新知三联书店,1989:12.

动论证参与者的"表达欲望"和实现论辩规则化;❶就后者而言,论证为具体行政决定的作出提供了广泛和准确的信息和意见,理性在于参与者的真诚和负责的讨论,确保行政决定不仅是多数意见的汇合,而是有质量的和符合理性的综合判断。最后,能力保障所指向的是公民之于行政机关应当处于权能可欲的机会空间中。程序作为意见交换与表达的载体,公民参与行政过程时的意见论证活动可以看作是一种"表达行为",那么,作为表达行为的论证活动需要确保个人有能力去实践有关论证的行为,即能力导向的机会创造。公民参与行政活动的现实能力❷影响着其对行政程序的掌控力度,这种现实能力显现为公民是否能够作为"一切程序参加者都受自己的陈述与判断的约束"❸,即具有"与行政权平衡对抗、对话"的能力❹,并通过反复的沟通与交流成就行政程序作为表达载体的双方性。简而言之,能力因此包括了公民意见表达的权利能力和制度能力两方面。

行政程序的论证性是为了形成行政主体与行政参与者的综合意志表达,即使从形式上来看,政府的行政行为似乎依旧是其单方面的意志反映,但是在实质层面,行政行为的内容是融合了程序参与者的论证意见的综合意志反映,而这源自陈述、申辩、听证的程序保障和相对人公共道德性的自主觉醒。然而,在算法行政背景下,算法借助机器学习模型进行决策的过程正让基于论证实现行政正义的程序模式面临着瓦解。进而言之,算法决策的结论取代了意见交互的综合意志表达而独立成为行政决策的机器意志表达,这一转变事实上剥夺了个人参与行政和表达意见的论证性程序权利。算法决策以技术垄断之势❺嵌入程序规则中,算法逐渐从纯粹的技术工具发展成为强大的自主体系,通过"法律代码化"和"代码即法律"的路径嵌入行政流程,导致发挥着沟通与交流作用的论证程序

---

❶ 喻少如.合作行政背景下行政程序的变革与走向[J].武汉大学学报(哲学社会科学版),2017(2):115-116.

❷ 莫于川.公众参与潮流和参与式行政法制模式——从中国行政法民主化发展趋势的视角分析[J].国家检察官学院学报,2011(4):58.

❸ 季卫东.法治秩序的建构[M].北京:中国政法大学出版社,1999:17.

❹ 方洁.参与行政的意义——对行政程序内核的法理解析[J].行政法学研究,2001(1):15.

❺ 技术垄断放大了人作为机器和机器作为人的比方,而且到了超越理性的程度,如果行政机关屈从于算法决策,行政治理可能会失去创新精神。参见尼尔·波斯曼.技术垄断:文化向技术投降[M].何道宽,译.北京:中信出版社,2019:233.

被压缩和省略。

不难发现,导致行政主体与公民之间的论证性程序被埋没的关键原因是算法的嵌入模式。首先,算法的嵌入模式表明算法能够结构性嵌入至行政权力的运行体系中,进而完成对人的规训。规训是指公民个人不得不服从于算法提供的利益让渡建议,放弃质疑和辩明的机会。算法规训"人"本质是对参与者的主体地位解构,政府的算法决策系统是以技术服务合同形式向资本企业购买,而算法决策系统从设计到购买这一过程基本处于不透明状态,缺乏公众参与的听证环节,个体性和公共性也就难以体现,无法表达自己的价值判断和权利主张,也就难以实现对融合算法的行政决策的实质性程序控制。❶其次,算法的嵌入模式架空了参与者的理性表达。相关研究表明,算法决策程序通过"超级推理",以一种潜在的、感知不强但具有塑造力的形式改变个体的认知判断,甚至破坏个人独立判断的能力❷,算法决策以一种基于"算"出来的数字化论证工具替代了基于交往理性的理性表达,看似纯粹的客观决策实际并不客观,一旦数据清洗不彻底,其导致的偏差和错误就会让客观失正,没有人际交流的意见表达也是严重的程序瑕疵。最后,算法嵌入模式对权利视域下的自觉能力和制度能力的冲击,亦是对主体地位和理性意见的风险的具象化,包括以下三个方面。

第一,行政相对人的算法素养普遍不高,意味着其无法因应地提出质疑。行政机关通过算法决策实现治理,而披露义务和信息沟通的规则缺位,事实上形成政府与个人之间的信息不对等。信息不对等亦即个人处于信息劣势境地,且缺乏必要的信息能力,这让其难以了解算法信息和无法真正行使陈述权和异议权,在代码化的程序中丧失话语权。这一点在人脸识别中尤为明显,在 Willie Allen Lynch v. State of Florida 案中❸,警方利用人脸识别技术逮捕了涉毒的 Lynch,而 Lynch 认为,其未能在有效访问数据库和了解技术规范的情况下就被定罪是剥夺了其质疑决定的正当程序权利。

---

❶ 张凌寒.算法自动化决策与行政正当程序制度的冲突与调和[J].东方法学,2020(6):10.

❷ YEUNG K. 'Hypernudge': Big data as a mode of regulation by design[J]. Information, Communication & Society, 2017, 20(1):118-136.

❸ Lynch v. Florida amicus brief [EB/OL]. (2019-03-11)[2024-01-26]. https://www.eff.org/document/lynch-v-florida-amicus-brief.

第二,算法决策并不一定是基于合意达成的,在准确性和可接受性上可能会大打折扣。事实上,在算法决策过程中,运算是基于代码程序,个人是被高度解析的数据分子,实质上是被运算的对象,表明行政相对人作为道德意义上的主体所应享有的认可对待和尊重被彻底颠覆,无法基于法律关系主体的角色定位继而对算法决策充分地表达个人意见,那么,参与到算法决策也就成了"纸上谈兵"。例如,美国州一级的一些福利项目,使用算法决策直接修改了资格标准,个人"获得通知、评论并参与"的正当程序权利被转译为机器运算❶,综合意志因而沦为机器意志。人的离场和替代、技术的入场与行动,导致正当程序中"沟通与交流"的公共场域面临着塌陷,公共行政走向"无人"的境地,程序规则被算法解构,"沟通与交流"也就异化为机器行为。

第三,算法决策是瞬时完成的,行政相对人获得听证和提出申辩的权利形同虚设。算法决策程序的设计初衷是为了追求行政的高效,但是这种"高效"不是通过行政主体积极作为来实现的,相反是通过技术代替人力来实现的。随着算法越来越多地应用于交通执法中,不少地方利用"行人闯红灯抓拍系统"抓拍和曝光行人闯红灯,而在曝光违法事实之前,却直接略过当事人的申辩程序。❷可见,在算法行政背景下,瞬时完成的决策没有将听证和申辩视为合法性来源,导致个人无法获得"有意义的通知"(Meaningful notice)、"听证价值被贬低"(Devalued),以及行政机关"盲目迷信系统绝无错误"(Infallibility)等❸问题的出现。算法决策所欲达成的行政之"效",仅是一种形式上的"效率"提升,却牺牲了实质性的"效果"实现。

四、算法决策程序的操纵性力量降低行政程序的公正性

行政程序的公正性所关注的是行政权力运作过程和结果之于公众应当具有

---

❶ K. W. v. Armstrong, 789 F. 3d 962, 967-68, 971-74(9th Cir. 2015); Ark. Dep't of Human Servs. v. Ledgerwood, 530 S. W. 3d 336(Ark. 2017).

❷ 行人闯红灯会被抓拍"展示",智能红绿灯有效果也有争议[EB/OL].(2021-03-30)[2024-04-10]. https://baijiahao.baidu.com/s?id=1695625621881639051&wfr=spider&for =pc.

❸ CITRON D K. Technological due process[J]. Washington University Law Review, 2008, 85(6): 1249-1313.

普遍理性和广泛接受性。相较于前述论及的程序中立性、公开性和论证性而言，程序公正是一种主观性的程序正义，原因在于国家权力究其本质是一种"公有物"，国家治理也就是政府、社会和公民的共同政治事业。所以，行政程序的"公正"要求公共行政对公众应当是一视同仁、没有歧视的，"成为宪法上的平等原则流向行政程序法的通道"❶，而中立性、公开性和论证性则是程序正义的客观面向，即行政程序存续的一种客观状态，赋予行政程序形式理性，包括步骤的合理性、规则的一致性以及过程的服从性。所以，借助对自然正义的阐发，公正是以可接受性为衡量标准来规范权力，即韦德所言："不论国家权力如何广泛，也不论授权如何广泛，总是有可能要求权力以程序上公正的方式来行使。"❷进而言之，程序公正具有模糊性❸，以应对行政的不确定性，原因在于现代行政国家中行政权力的扩张性和公共事务的复杂性催生政府的行政裁量权。因而，具有模糊性的程序公正通过主观法上稳定且广泛的自然正义理念来规范行政裁量权。可见，规范和约束行政裁量权是程序公正的重要组成部分，而且，政府作出的大多数负担或者利益决定应当受制于法律上的程序正义之要求。❹据此，行政裁量权关乎行政的自主性，就逻辑而言，如果行政中存在特定情形，行政机关可以或者应当履行职责，"可以或者应当"即为行政裁量权；❺就内涵而言，行政裁量权是行政机关的自主空间，而这个自主空间存在于行政活动的各个阶段，即事实调查、规则解释以及如何适用规则等过程都可能存在着行政机关裁量的自主空间。❻从逻辑和内涵上可以推导出行政裁量权的功能性表达，裁量是一种科学，一方面，通过裁量能够区分真实与虚假、正确与错误、实体与影像、公平与伪装；另一

---

❶ 章剑生.行政程序法基本理论[M].北京：法律出版社，2003：62.

❷ 威廉·韦德.行政法[M].徐炳，等译.北京：中国大百科全书出版社，1997：93.

❸ 章剑生.行政程序法基本理论[M].北京：法律出版社，2003：63.

❹ 迈克尔·D.贝勒斯.程序正义——向个人的分配[M].邓海平，译.北京：高等教育出版社，2005：175.

❺ CRAIG P P. Administrative law (4th edition)[M]. London: Sweet & Maxwell, 1999: 507.

❻ GALLIGAN D J. Discretionary powers: a legal study of official descretion[M]. Oxford: Clarendon Press, 1986: 8.

方面,裁量不允许行政机关通过不受限的自由意志和自我好恶作出决定。❶为了避免行政机关对相关因素的不当权衡❷,以及逻辑、证据和推理违法理性,应当通过程序公正来规范行政裁量权行使之度,从而确保裁量置于程序控制内,而且应当通过程序公正以有效保障行政裁量权行使之效,从而实现行政结果的平等对待。可见,裁量是否正当与行政结果是否平等密切相关,所以程序公正还关注行政决定是否具有平等性,即同等情况同等对待、不同情况不同对待。行政程序中的平等对待,要求行政机关在自主空间内排除恣意,通过行政程序"排除各种偏见、不必要的社会影响和不着边际的连环关系的重荷"❸,公平地对利益进行区隔和再分配。需要明确的是,平等对待是具有相对性的,这就要求行政机关根据行政事务的本质进行决策,即回归"事物之性质"。❹当事物性质被定义为不同事实时而具有差异性,行政机关应当根据个体的差异性和利益的差异性进行综合衡量以避免出现附着歧视的决策。

然而,随着算法与行政的融合程度不断加深,这引发了对政府行为程序公正的怀疑。行政机关利用算法决策进行行政管理,是具有规范意义上的合法性。❺但与此同时,算法形成的"完美执法"降低了行政机关的责任感,也降低了行政相对人"对法治的自发性尊重(Self-generated respect)来改变行为"❻的契约感,甚至逾越程序正义的藩篱直接操纵政府和社会。算法的自我学习、自我适应和自我优化能力不仅改变了行政程序的程序性要求,而且以一种操纵力量促使算法行政"由程序性的'服务功能'阶段发展至实体性的'决策功能'阶段"❼,对行政的

---

❶ 罗明通,林惠瑜. 英国行政法上合理原则之应用与裁量之控制[M]. 台北:群彦图书股份有限公司,1995:26.

❷ 李洪雷. 行政法释义学:行政法学理的更新[M]. 北京:中国人民大学出版社,2014:328-330.

❸ 季卫东. 法治秩序的建构[M]. 北京:中国政法大学出版社,1999:16.

❹ 德国法学家海因里希·德恩伯格认为,生活关系有着自身的标准以及内在秩序,而这些自身的隐性内容即"事物之性质"。参见埃德加·博登海默. 法理学:法律哲学与法律方法[M]. 邓正来,译. 北京:中国政法大学出版社,1999:458-459.

❺ 参见《政府督查工作条例》第12条、《优化营商环境条例》第56条等的规定.

❻ 瑞恩·卡洛,迈克尔·弗鲁姆金,伊恩·克尔. 人工智能与法律的对话[M]. 陈吉栋,董惠敏,杭颖颖,译. 上海:上海人民出版社,2018:263.

❼ 展鹏贺. 数字化行政方式的权力正当性检视[J]. 中国法学,2021(3):121.

实质正义形成冲击。"一旦权力从人类手中交给算法,人文主义的议题就可能惨遭淘汰"❶,被算法操纵的公共行政,意味着个人被算法定义,甚至歧视,裁量被算法隐匿,甚至消除。

第一,行政自主性(Administrative autonomy)的消逝。行政自主性是指公共组织可以自我确定偏好并将其转化为权威活动(Authoritative actions)的能力❷,亦即行政裁量权。如前所述,行政裁量权赋予了行政机关适用法律时消弭概念不确定性和提高规则弹性的能力,克服法律规则的内生缺陷,让行政机关能够审时度势地作出符合现实、合乎情理的决定。但是,行政裁量权自身也具有天然弊端,一旦裁量肆意,行政正义便荡然无存。所以,算法决策可以剔除行政裁量中的情感因素,通过统计分析形成一类案件普遍适用的决策逻辑。由此可知,在算法决策程序中,行政机关不再拘泥于个案的特殊性,而是以机器学习得出的普遍规则作为决策依据。但是,在缺乏行政机关针对个案进行"人性化"裁量分析的情景下,个案的特殊情形被强制服膺于统计规律的普遍情形,带来的后果是削弱了行政机关推理演绎和共情对待的行政决策根基,以致陷入裁量懈怠的违法境地,"技术已经成为一种用来反对人类自主的力量"。❸

第二,算法歧视(Algorithmic discrimination)系统性存在。公正性要求行政机关作出的决策是不偏不倚的,是不附带歧视因素的。然而,如果算法决策程序"输入端"所反馈的训练数据集存在污染的情况,或者算法在编码过程中植入了设计者的偏见。这种系统人为的歧视性设计,亦称之为"戴面具的故意性歧视"(Masked intentional discrimination)。❹那么,算法可能对人类社会进行再一次的结构化分层设计,侵蚀着个人能够尊严地自主生活的空间。歧视是人类认知分

---

❶ 尤瓦尔·赫拉利.未来简史:从智人到智神[M].林俊宏,译.北京:中信出版社,2017:367.

❷ MAGGETTI M, VERHOEST K. Unexplored aspects of bureaucratic autonomy: a state of the field and ways forward[J]. International Review of Administrative Sciences, 2014, 80(2): 239-256.

❸ E.舒尔曼.科技文明与人类未来——在哲学深层的挑战[M].李小兵,谢京生,张锋,等译.北京:东方出版社,1995:356.

❹ BAROCAS S, SELBST A D. Big data's disparate impact[J]. California Law Review, 2016, 104(3): 671-732.

化的结果，❶而算法对社会现实中既存的社会偏见、歧视观念、歧视文化、歧视制度等"知识"予以结构性学习，创造出的集团属性的片区（Segment），继而将个人精准归类（Categorize）至特定的片区中去，形成"基于'集团'属性而歧视个人的情况"。❷换言之，算法在结构学习歧视性知识的过程中，自我构成一个独立的世界，但也遵循着社会分层这一目标，"这一目标又是由支配全部行动的价值体系决定的。正是这些价值系统决定着追求什么而又避免什么"。❸因此，算法歧视既是代码运行的自然结果又是社会制度的另有安排，基于外在客观而内在偏见的算法决策行为实际上是行政偏见的再现。例如，在美国的警务行政中，利用数据分析犯罪趋势已成为常态，纽约警察局部署了名为"Patternizr"的警情预测系统，但是在犯罪人员数据中，少数族裔和低收入群体的占比较多。那么，使用预测性警务算法来调控警察资源，将导致低收入社区和有色人种社区的警务比例过高。这实质上是美国长久以来的种族歧视在警务行政中的复现，从而引发学者产生"真的是无偏见（Bias-Free）的警情预测系统"的质疑。❹福利分配亦是如此，分配医疗服务算法是根据平均医疗成本来对患者进行风险评分，那么每个人获得医疗服务的机会应当是公平的。然而，算法通过种族分析形成了错误的集团性判断，导致在美国黑人获得额外护理的比例仅为17.7%，如果系统不存在集团性的歧视，那么该比例将为46.5%。❺

---

❶ 高尔登·奥尔波特. 偏见的本质[M]. 孟宪承，俞庆堂，译. 北京：北京师范大学出版社，2017：23.

❷ 福田雅树，林秀弥，成原慧. AI联结的社会：人工智能网络化时代的伦理与法律[M]. 宋爱，译. 北京：社会科学文献出版社，2020：317.

❸ 让·拉特利尔. 科学和技术对文化的挑战[M]. 吕乃基，王卓君，林啸宁，等译. 北京：商务印书馆，1997：38.

❹ GRIFFARD M. A bias-free predictive policing tool？: an evaluation of the NYPD's patternizr[J]. Fordham Urban Law Journal，2019，47(1)：43-84.

❺ LEDFORD H. Millions of black people affected by racial bias in health-care algorithms[EB/OL]. (2019-10-24)[2023-01-26]. https://www.nature.com/articles/d41586-019-03228-6.

第三章 算法行政中程序法治的
逻辑、内涵及目标

行政程序是现代行政国家的法治精神的时代性体现。法治的精神内核在于安稳秩序之维护和公平正义之实现，而"法治取决于一定形式的正当过程，正当过程又主要通过程序来体现。"❶由此可见，行政程序之于法治，并非止步于一种形式理性的工具价值，而是体现出行政正义的程序性和实体性是交融在一起的，法的实质正当性需要通过相应的过程本身合理性来实现，行政程序为权利行使和权力运作提供了可能空间，即要求法律主体在法律时序约束下处置法律关系的内容时采取的法律行为。❷在算法行政中，算法的技术性程序正改变着行政程序的结构与内容。算法行政是处于虚实交融的新时空中，行政权力的触角因此延伸至虚拟空间，行政权力通过算法决策程序能够实现对个人权利义务的设定。但是，传统行政程序法没有预见权力算法化以及程序技术化的发展趋势，导致其难以为虚拟空间的算法决策程序提供合法性基础。可以预见，算法行政如何体现行政程序的公平公正的法治要求，成为未来行政程序法治建设所需要应对和解决的问题。有鉴于此，首先，算法行政的程序法治需要基于"权利性"和"权力性"双重程序维度以明确程序法治的逻辑维度；其次，进一步阐释程序法治中法律性和技术性相融的基本内涵，为建构算法行政中程序法治的新结构和新内容奠定前提基础；最后，算法行政中程序法治的初阶目标是从自定程序迈向法定程序，而正当程序则是作为其程序法治化建设的进阶目标。

---

❶ 约翰·罗尔斯.正义论[M].何怀宏，等译.北京：中国社会科学出版社，1988：225.

❷ 张文显，李步云.法理学论丛(第二卷)[M].北京：法律出版社，2000：143。孙笑侠也对此作出了类似的判断，程序是一种普遍状态，即人们遵循法定的时限和时序并按照法定的方式和关系进行法律行为。参见孙笑侠.程序的法理[M].北京：商务印书馆，2005：15.

第一节 算法行政中程序法治的逻辑维度

遵循程序法治原则以及将相对人权益受到影响的程度作为标准，行政程序进一步划分为"权利性程序"和"义务性程序"，那么，"权利性程序"和"义务性程序"也就构成了算法行政中程序法治的两个方面。具体来说，"权利性程序"意味着行政相对人在算法行政中享有着一系列"程序性权利"，以便实质参与到数字化的行政程序中，通过行使程序权利，能够与行政主体、算法技术形成三角平衡的关系，避免个人迷失在代码程序之中；与之相对应，这种权利性程序之于行政主体而言，则转变为一种程序上的职责负担，意味着行政主体在算法行政中应当履行保障程序性权利实现的"程序性职责"。"义务性程序"则是指相对人❶在算法行政中应当一定程度地负担起促进算法可控的程序性义务，以程序上的配合行为来促进算法行政的顺利运行；而个人的"程序性义务"实际上构成了行政主体的"程序性权力"，值得警惕的是，此种"程序性权力"不同于传统的公权力，其在技术加持下实质是公权力与算法权力的共谋❷，行政主体运用算法决策程序需要经过谨慎思考并接受必要的程序监督。有鉴于此，为了更加清楚地表述算法行政中程序法治的逻辑维度，并体现出主体间的关系性质，需要将"权利性"和"权力性"作为算法行政中程序法治的双重维度，据此深入剖析不同程序维度下的法治逻辑。

一、"权利性"程序维度的法治逻辑

算法技术理性与自主性在为公共行政带来便利作用的同时，正逐渐演变成相对独立的技术力量。算法行政作为一种具有强制性的治理模式，某种程度上成为协调国家、社会和公众之间关系的技术手段，导致传统"权力"和"权利"的主体间性关系发生转变，表现为个人权利对算法权力制衡的式微。❸也就是说，面对强大的算法权力，"数字弱势群体"的出现❹成为算法行政建设所引发"权力—

---

❶ 需要说明的是，此处的相对人还包括了参与研发和设计算法系统的专家或者私人企业。
❷ 洪丹娜.算法歧视的宪法价值调适：基于人的尊严[J].政治与法律，2020(8)：36.
❸ 张爱军."算法利维坦"的风险及其规制[J].探索与争鸣，2021(1)：97.
❹ 宋保振."数字弱势群体"权利及其法治化保障[J].法律科学(西北政法大学学报)，2020(6)：55.

权利"关系结构性变革中不可回避的基本问题。因此,权利保障具有重要意义,特别是算法行政中权利配置成为程序法治的现代化部分。技术不仅赋能而且应赋权,那么,算法除了是政府进行社会治理的手段外,还应当通过算法进行积极赋权。❶基于此,立足于虚拟与现实双重空间中的社会关系,并以人类的数字属性、数字面向和数字生态为基础的"数字人权"得以提出,旨在明确数字时代个人的自主边界和融入"共建共治共享"的法治秩序格局。❷

可见,在"权利性"程序维度,基于算法风险的系统性、多维性和发展性,需要形成"增益扩权"的程序权利谱系。智能型算法的不断崛起,导致主客体关系逐渐向着主体间关系发展。因此,在算法行政中,传统的"行政主体—相对人"二元双向法律关系面临着重塑,尤其是近年来对算法法律性和道德性的主体地位的讨论日益频繁,二元双向的法律关系有向"行政主体—相对人—算法"三元多向的法律关系发展的可能性。与此同时,行政决策从未放弃过对新兴科学技术的依赖,期待诸如算法之类的数字技术能够为行政决策提供客观准确的知识、完备有力的证据和"铁的事实"(Hard facts),但是,算法技术的不确定性导致行政决策的风险与日俱增,对算法决策结果的质疑经过失效程序规制而得到社会性放大,导致严重的政府信任危机。❸那么,在法律关系整体变革与算法支持决策并进发展的语境下,相关案例业已证明事后程序救济作用的式微以及孱弱,原本滞后的行政程序因权力与技术的共谋而陷入效率至上的失衡困境。那么,在"权利性"程序维度下,其法治逻辑是通过对算法行政中程序性权利进行更大程度的"增益扩权",并经法律明文规定以赋予新兴权利法定地位,从而保障个人相对于行政主体、算法的主体性地位。进而言之,算法行政的合法性来自"坚持人'在场控制'和'主体地位'"的法治逻辑,这意味着相对人程序性权利"增益扩权"的前提是回归和保证传统的程序性权利。

因此,首先要从四个方面奠定"权利性"程序的内容:其一,说明理由,既是相对人的程序性权利,亦是行政主体的程序性责任。行政行为本质是行政主体与相对人理性交往的过程,面对算法的强势介入,全面、完整、细致地说明理由才能

---

❶ 郑永年.技术赋权:中国的互联网、国家与社会[M].北京:东方出版社,2014:11-16.

❷ 马长山.智慧社会背景下的"第四代人权"及其保障[J].中国法学,2019(5):20,22.

❸ 高家伟.行政行为合法性审查类型化研究[M].北京:中国政法大学出版社,2019:332-333.

避免算法行政中信息割裂导致的沟通失效,避免算法主导下的不说理而迷信技术导致的共情对待的消失。其二,及时通知,尤其是对算法不利行动的通知。获得及时通知是相对人了解行政决策的前提,以便于相对人基于理性判断选择采取何种行动。这一点可借鉴美国信贷领域中《信贷机会均等法》和《公平信用报告法》的"不利行动告知条款",即贷方应当就不利的算法评分向金融消费者进行解释,并告知消费者有权就算法评分中的不准确或者不完全的信息提出质疑。在此基础上,B 条例进一步规定,不利通知应当是具体的,并且需要说明采取不利行动的主要原因。❶对算法行政的"权利性"程序而言,及时告知相对人算法决策的不利结果,既是让其获悉不利结果的作出以及知晓个人相关数据正在被算法系统自动化处理;又是教育行政相对人未来如何改进自己的行为和改变不利结果;同时也是避免算法错误导致的歧视。❷其三,过程透明,主要是指算法决策后台运作程序的公开。例如,操作人员的资格、系统运作的技术规程,以及后台处理的业务流程等。其四,信息对称,行政相对人能够在算法决策平台系统上获取涉及个人权益的数据资料等重要信息,确保自己有效地行使法定的陈述权、申辩权和举证权等。❸

以上四个方面构成传统"权利性"程序的逻辑内容,在算法行政中,对这四方面的程序性权利保护不得因行政自利思维或者技术便利而任意免除,这是基于行政国对公民基本权利保护的原则要求,一方面,"通过对基本权利的明示或默示保留,保证公民个人自由、财产不可侵犯及其他权利不受侵犯,除非有法律对此作出规定或基于法定理由才可以对上述权利进行干涉"❹,意味着这些至关重要的程序性权利的限制必须遵循"侵害保留";另一方面,"人民对于'以电子方式作成之行政处分',可能都还存有一丝一毫的排斥,而电子化政府带来的风险隐忧,也不应该强迫人民无条件地承受,所以唯有取得处分相对人的明示同意,才

---

❶ 解正山. 算法决策规制——以算法"解释权"为中心[J]. 现代法学,2020(1):185.

❷ SELBST A D, BAROCAS S. The intuitive appeal of explainable machines[J]. Fordham Law Review, 2018,87(3):1085-1140.

❸ 高家伟. 行政行为合法性审查类型化研究[M]. 北京:中国政法大学出版社,2019:369.

❹ 奥托·迈耶. 德国行政法[M]. 刘飞,译. 北京:商务印书馆,2013:74.

足以确保'以电子方式作成行政处分'不违反处分相对人的意愿"❶,意味着某些程序性权利的适应性转变需要充分尊重个人的选择而非技术至上。在明确基础程序性权利法治逻辑的基础上,诚如学者所言,"权利性"程序应当以正当程序原则为依归❷,获得超越法律原则的正当性力量❸,从而形成开放性、反思性和综合性的程序权利谱系,以不断容纳新型的法律关系、发展变化中的程序价值和法益结构,以及容纳算法决策程序中个人对自身主体性的动态性认知与定位。因此,算法行政作为转型中的行政模式,权利保障必须置于行政法的中心地位,相应地对程序性权利进行"增益扩权":一是"技术性正当权利",包括了知情同意权、算法解释请求权和算法理解权等;二是"人工替代权利",包括了人工干预权、人工接管权和反自动化决策权等;三是"传统权利",包括参与程序权、纠错监督权和赔偿请求权等;四是"算法防御权利",是指个人基于利用公共资源性质的"算法池"而获得对抗算法侵害的防御能力。❹

二、"权力性"程序维度的法治逻辑

随着算法在公共行政领域的部署与应用,法治国家不得不关注算法所释放出的风险。一方面,法治国家面临着风险社会的形成,通过"技术的客观限制"来塑造社会结构的合法性机会正在减少❺,概因算法智能化所形成的风险正日益成为抑制法治原理和法治规则作用发挥的冲击力量;另一方面,从"技术赋能治理"到"技术赋能法治",意味着在功能主义上,算法不应当被视作是重构法治的风险,相反,我们需要清楚算法在功能分层后的利用范围与风险规制,即立足于算法利与弊,以确立"一体两面"的规制立场,"技术创新不仅改变了问题、对象与境

---

❶ 谢硕骏.论行政机关以电子方式作成行政处分:以作成程序之法律问题为中心[J].台大法学论丛,2016(4):1795.

❷ 杨登峰.行政程序法定原则的厘定与适用[J].现代法学,2021(1):84.

❸ 哈耶克.自由秩序原理[M].邓正来,译.北京:生活·读书·新知三联书店,1997:260-261.

❹ 苏宇.算法规制的谱系[J].中国法学,2020(3):181.

❺ 乌尔里希·贝克.风险社会:新的现代性之路[M].张文杰,何博闻,译.南京:译林出版社,2018:276.

况,还改变了规制模式和规制工具"。❶就功能分层而言,算法可以分为物理层、代码层和内容层❷,从物理层到内容层显现出技术性到社会性的转变。由此,算法应用产生的风险因功能分层而形成相应的规制谱系。物理层的风险规制主要是指在技术层面上,对算法基础设施设定必要的安全措施和基础性标准,前者强调在算法设计之初落实功能性的安全技术保护措施,例如,我国《互联网安全保护技术措施规定》要求提供互联网接入服务的单位应当包括但不限于"防范计算机病毒、网络入侵和攻击破坏的措施、冗灾备份措施、记录并留存措施"等不同功能性安全技术措施;后者则是指通过基础性算法标准来指引和规范算法设计,可以在综合价值层面和技术层面的基础上为算法设计提供综合且清晰的规范框架❸,例如,我国《国家新一代人工智能标准体系建设指南》规定了"基础共性、支撑技术与产品、基础软硬件平台、关键通用技术、关键领域技术、产品与服务、行业应用、安全/伦理"的标准体系框架。代码层的风险规制主要是基于生命周期对算法设定一套全过程制衡机制。需要注意的是,算法嵌入政府治理确实引发了公共领域的结构性转变,即通过大型平台运用数据来分化和遣散公众,而不是统一和鼓舞公众,这就意味着量身定制的技术操控破坏了民主意志形成过程,同时也破坏了媒介多元和协商对话。❹那么,在程序法治的逻辑维度下,全过程制衡成为算法风险控制的关键,并表明不同阶段的代码应当是可控的,即编制阶段的价值引领、喂食阶段的价值纠偏、运作阶段的争议识别和反馈阶段的信息整合。内容层的风险规制则是关注算法应用时对关键内容予以规制。一是关于个人权利保护的坚持与拓展,例如坚持传统的个人知情权、参与权等和拓展新型的个人请求干预权、获得解释权等;二是关于算法责任配置的明确,包括了算法监管主体和算法责任配置。

---

❶ 罗伯特·鲍德温,马丁·凯夫,马丁·洛奇.牛津规制手册[M].宋华琳,等译.上海:上海三联书店,2017:586.

❷ BENKLER Y. The wealth of networks: how social production transforms markets and freedom[M]. London: Yale University Press, 2006: 383-459.

❸ 苏宇.算法规制的谱系[J].中国法学,2020(3):171.

❹ PASQUALE F. The automated public sphere[M]//SÆTNAN A R, SCHNEIDER I, GREEN N. The politics and policies of Big data. London: Routledge, 2018: 110-128.

由此可见,在"权力性"程序维度,因算法权力的兴起而导致的算法失控风险与日俱增,需要形成"监管算法"的程序职责。公允地说,算法公共性应用体现出公共利益、个人利益与商业利益纵横交错的复杂网格化联系,一旦算法与公权力合谋,通过算法进行侵益性的管制行政便会具有极强的隐蔽性,个人难以察觉弥散性算法权力带来的行为操作甚至歧视生成。那么,相较于个人程序性权利的自我性,从"权力性"程序维度来看,赋予行政主体一定的监管权力以公权干预的形式消除公共性算法中存在的异化风险。此处需要作出说明的是,监管权力通常是由行政实体法进行明确规定,但是,这并不意味着,程序法与实体法是泾渭分明的。相反,行政程序法在内容上并非局限于纯粹的行政程序,还包括了与行政程序密切关联且难以割舍的行政实体法内容。在算法行政的"权力性"程序维度中,更多的是涉及算法规制的监管权力,与前述的"权利性"程序在关联度上是紧密的、在需求度上是紧迫的和在共识度上是关联的,因此是"程序与实体兼容"的混合型权力。❶

具体包括算法标准、算法审核与风险评估。第一,算法标准。在技术规制层面,算法标准由技术基础性标准和功能基础性标准所构成,前者是指算法基础性代码架构、数据信息和运行逻辑等的质量标准;后者则是算法运行过程中以及生成结果的功能标准。那么,行政主体应当设定引导公共领域算法设计的统一标准,从源头上抑制算法决策中的数据瑕疵、代码瑕疵和系统瑕疵等。但是,需要注意的是,技术上的标准只能让行政权力从客观法层面形成算法合乎形式要求的规制,更为重要的是提供伦理层面的算法标准,从而使得行政权力从主观法层面深入判断算法在程序法上的正义性、公正性、透明性等的程度,即一种以良善治理为目标的"合理算法"标准。进而言之,在自由裁量权和作出决策方面,算法变得越来越"人性化",这意味着需要放弃将其视为"工具"的观点,并转向应用之前为人类保留的法律概念。对于此类算法造成的损害,"合理算法"的法律框架可以适用于算法,就像"合理的人"或"合理的专业人员"的概念适用于人类一样。❷由此可见,算法标准应当是融合技术判断和伦理判断的标准要求,为公共

---

❶ 叶必丰.行政法的体系化:"行政程序法"[J].东方法学,2021(6):165-166.

❷ CHAGAL-FEFERKON K. The reasonable algorithm[J]. Journal of Law,Technology and Policy,2018,1:111-147.

领域内的算法设计提供考虑周全且统一的规范框架,有效控制算法设计者的编译行为,降低算法的权力异化风险。❶

第二,算法审核。算法决策程序的运行并不能在牺牲个人权利和行政公正的基础上实现对效率的追求,相反需要运用平衡思维以协调公私利益之间的复杂关系,在多样化的价值诉求之间形成基于商谈的基本共识,那么就需要基于标准对算法进行充分且必要的审核。对算法审核的内容包括了算法技术的基础信息、算法的应用场景、遵循标准的情况、算法可能的风险,以及针对风险所预设的防治措施等。就审核强度而言,则需要根据算法的应用场景予以差异化梯度设置。对涉及个人人身、财产、自由、生命健康和福利分配等的算法决策系统,应当进行严格审核,在部署前和运行中需要运用比例原则定期检查"算法目标设定、逻辑架构、模型选择、假设评估、输入数据和输出结果等各个环节的歧视风险"。❷

第三,风险评估。算法标准使得行政主体以标准这一规范形式对算法决策系统的质量、功能和伦理进行源头控制,算法审核则是形成常态化的算法监管程序,确保算法风险可控和算法安全持续。现代社会是风险社会,行政法亦是风险行政法,对于算法决策所释放出的可能风险,鉴于"风险概念在法律体系中的运作依赖于法律程序,法律程序必须关注专业知识的扩展和公共领域的拓展"❸,在"共享共建共治"的共同体逻辑基础上,行政主体以"权力—权利"关系的包容开放性建立风险共治的程序设置,即提供信息互动与沟通有效的商谈公共领域。例如,美国纽约大学"当代人工智能研究院"提议,应用于公共行政的机器学习算法模型,应当制定一个全面的计划,既让外部研究人员和审计人员有意义且持续地访问算法系统,又让公众与受之影响的社区参与到这一过程中。以上参与型访问设计旨在保障广泛的公众能够了解算法和评估算法。❹不难发现,"在经济、环境或社会行动的总体情境中,利益不是在瞬间被决定下来的,而是经由一次次

---

❶ 孙清白.人工智能算法的"公共性"应用风险及其二元规制[J].行政法学研究,2020(4):62.

❷ 李成.人工智能歧视的法律治理[J].中国法学,2021(1):144.

❸ 何跃军.风险社会立法机制研究[M].北京:中国社会科学出版社,2013:126.

❹ 马丁·洛奇.驯服算法:数字歧视与算法规制[M].林少伟,唐林垚,译.上海:上海人民出版社,2020:148.

的说明与决定所形成。在此,公共领域讨论有着其重要性,它可以成为阐明利益的场域"[1],通过建立对风险与利益之间进行"最佳性考量"扫描之公共论坛[2],保障各方主体评估算法公平正义、法治风险以及不利影响的程序权利。

第二节 算法行政中程序法治的内涵解读

相较于传统的行政模式,算法行政的特殊之处在于技术成为行政治理中的关键一环,表明通过算法进行治理不再仅仅拘泥于规范工具视角,而是逐渐跃升至规范构成中的要素之一。因此,算法行政将算法决策作为能够产生规范效力的治理术,进而在国家与个人之间形成以"技术与规则"为基础的公共关系。"技术与规则"的基础内涵意味算法行政具有丰富的治理意蕴,但是,算法行政并不能简单地归属于传统的法律行政,也不能与法律行政切断联系,其本质应当是算法与法律有机融合的治理模式。算法行政的行为方式、程序模式和规制对象等具有显著的数字属性,这不仅与传统行政的治理模式有着明显差异,而且对行政法(尤其是程序法)产生了正当性稀释,行政法必须对此作出主动回应并对行政法体系进行结构再造[3],行政程序法亦需要塑造新结构。有鉴于此,关注算法行政程序法治的基本内涵便也成为实现其法治化系统构建的前提基础,包括对算法行政的类型化分析、对算法决策行为的模式化确立,以及对算法决策程序的过程化讨论。

一、内涵之一:算法行政的类型化

在算法行政中,行政程序的适格主体、权利义务、行为形式、沟通交流和决策结果等并非置于一成不变的静态框架之内,相反则是通过预设不同类型算法行政的具体场景以形成场景适当性的动态结构。因此,算法行政中程序法治化的

---

[1] 施密特·阿斯曼.秩序理念下的行政法体系建构[M].林明锵,等译.北京:北京大学出版社,2012:142.

[2] 朱新力,唐明良,等.行政法基础理论改革的基本图谱:"合法性"与"最佳性"二维结构的展开路径[M].北京:法律出版社,2013:102,135.

[3] 于安.论数字行政法——比较法视角的探讨[J].华东政法大学学报,2022(1):13.

重要内涵是对算法行政予以类型化界定。对于为何采取类型描述方法而非规范定义方法，原因在于：算法行政目前只是拉伦茨所认为的一种类型概念❶，意味着其难以进行规范层面的概念定义，只能从实践视角切入对其进行描述性分析，因此，算法行政需要基于考量因素的程度分析而进行类型化描述。学界对此予以进一步释明，如同行政技术发展初期的自动化行政一样，算法行政并不是规范意义上能够界定清晰的概念范畴，而是作为对行政特征的一种描述性表达，即运用智能算法技术以开展行政活动。❷算法技术虽然未从根本上改变行政程序中的信息流动和分享的制度导向，但是在增强程序信息功能的实践中，使得互动方式被算法自动化实施继而泯灭行政程序的同理心（Empathy）价值，即"人际互动、倾听和表达的机会"❸被算法决策不同程度地取代。其中，"人际互动、倾听和表达的机会"的限缩范围处于不确定性的状态，这与规范概念上所欲达成的明确性目标存在着矛盾。于是，有学者认为，与其追求规范层面难以实现的周延定义，还不如在方法论上选择与算法技术特性所适应的类型化思路❹，对算法行政进行精准分级和精细描述，从而实现更加准确的程序控制。

如有学者所言，不同行政程序的规范模式应当以调整行政活动的类型及行政法律关系主体在活动中的程序角色定位为基点来合理设定和科学设计，大致可以划分为司法模式的行政程序、立法模式的行政程序和行政模式的行政程序，不同模式的行政程序所对应的程序规则相应呈现出差异化。❺由此可见，在算法行政的程序法治化视域下，算法行政的类型化规制策略具有可行性，这一点与传统的行政程序类型化分析框架相契合。因此，算法行政程序法治化路径需要通过初步的类型化分类后再依据具体类型的适用场景进行程序制度的设计。也就

---

❶ 卡尔·拉伦茨.法学方法论[M].陈爱娥,译.北京:商务印书馆,2003:117.
❷ 胡敏洁.自动化行政的法律控制[J].行政法学研究,2019(2):57.
❸ 卡里·科利亚尼斯.自动化国家的行政法[J].苏苗罕,王梦菲,译.法治社会,2022(1):55.
❹ 展鹏贺.数字化行政方式的权力正当性检视[J].中国法学,2021(3):119,122.
❺ 典型的司法模式行政程序有行政处罚程序、行政许可程序、行政强制程序等，关系主体的程序角色类似于司法裁判中的程序角色，需要经历一系列的程序环节以作出行政决定；立法模式的行政程序则是调整行政法规规章的制定行为，一般指向立项、公布、评论、反馈等程序；行政模式的行政程序则聚焦于行政裁量空间较大的行政活动的全过程，包括识别事项、制定方案、协商方案、选择方案、执行方案以及评估执行等程序。参见戚建刚,郑理.我国行政程序法治化之反思[J].政法论坛,2014(6):36.

是说,根据不同的类型化标准,算法行政的类型化划分是有不同的,与之相应的程序规制也呈现出差异性。关于算法行政的类型划定,目前学界存在着两种思路:一是参照自动化驾驶领域的分级标准,对自动化行政的自动化程度进行分级描述;❶二是以人工智能介入的程度及其涉及的法律制度为标准,对数字化行政方式中的程序执行和实体决策予以类型划分。❷综合两者观点,基于自动化和自学习两个技术维度,以及所关涉的程序制度,算法行政可以初步划分为算法辅助行政、半自动化算法行政和全自动化算法行政三类,据此对应的程序规则应当具有适应性和特殊性。

(一)算法辅助行政中的程序规制

在算法辅助行政中,算法自动化程度局限于行政机关预先设定的程序指令,在接收到行政机关下达的运行指令后,算法能够机械式地辅助行政人员完成部分行政行为,例如数据归类、电文送达和语音提示等。此种情形下的算法系统在智能程度上并不足以替代人类,仅能模拟人类某些认知行为中的部分功能,无法独立于人工控制而自主运行,同时因为缺乏深度学习能力,并不具备一定的自主意识以作出具有意志表达的行为决定。因此,低自动化和不具备学习能力的算法系统,虽然能够被应用到行政管理活动中,但是其只能被视作是辅助行政决策的技术工具,本质上是通过算法的运行过程以替代简单的、重复的和机械的人工行为。对此,德国行政法学者毛雷尔认为,早期的算法设备根据事先设定的程序和输入的数据以自动控制的方式进行工作,有助于减轻、简化和替代人的活动,不过事实上也只是行政管理的一种技术手段,需要公务人员启动和操作后才能基于指令程序和输入数据开始运行。❸平特纳也认为:"以计算机以及自动测量设备等机器开始,公共行政的服务今天愈来愈多借助于技术辅助手段。"❹有鉴于此,算法辅助行政的核心要点可以简述为辅助性和工具性,行政活动的任务识别和数据输入、数据分析和方案设计及决策作出和效果实现等程序阶段仍旧是以

---

❶ 马颜昕.自动化行政的分级与法律控制变革[J].行政法学研究,2019(1):82.

❷ 展鹏贺.数字化行政方式的权力正当性检视[J].中国法学,2021(3):122.

❸ 哈特穆特·毛雷尔.行政法学总论[M].高家伟,译.北京:法律出版社,2000:438.

❹ 平特纳.德国普通行政法[M].朱林,译.北京:中国政法大学出版社,1999:101.

人工行为为主导而渐次展开,算法仅仅是一种辅助管理的手段和工具,而非一种治理模式,"自动化装置则是作为程式替代了具有客观属性的行政程序的运行过程"❶,对其进行的法律规制旨在明确客观性程序行为自动化实施后的法律属性和法律地位❷,这意味着传统的行政程序原理未受到实质改变,程序规则(如说明理由、意见表达和听证程序等)仍旧需要主体间的沟通与交流行为来激活以推动行政过程的开展和运行。

(二)半自动化算法行政中的程序规制

在半自动化算法行政中,算法自动化程度得到提升,并基于机器学习能力以替代行政人员对特定行政活动的数据集群进行分析挖掘,继而提供支持作出行政决策所需要的信息内容,行政决策的最终作出仍需要经由人工判断。不同于早期的算法设备,机器学习型的算法系统能够对法律法规等显性知识和行政经验等隐性知识进行决策树模型的编译,继而会以监督或者非监督的方式来自主学习传统行政处理公共事务的技艺和能力❸,此时的算法系统已经不再是"对以往机械自动化生产的简单升级",而是"通过深度学习和训练来进行'类人化'的智慧工作"❹。算法具备了一定的自主能力,能够基于代码程序和逻辑建模等进行数据挖掘以及分析匹配数据与规则之间的关系,以指引和监督行政机关的决策活动。虽然从形态上来看,半自动化算法决策系统只是行政机关的智能助理而非决策主体,但是从实践过程来看,半自动化算法决策系统事实上参与了行政行为全过程,为行政决策提供全面素材和预选方案,如同司法领域中法官与智能辅助审判系统的关系一样,行政领域中的算法决策系统逐渐普及,行政机关与技术系统不仅仅是外在的、偶然的和派生的关系,两者内在地构成了行政决策的思路和结果,以数据和代码的形式形成预测判断,并作为最后行政决策的生成依据。❺由此可知,此时的"半自动化"具有了更深层次的含义,算法介入程序的范

---

❶ 袁辉银,赵婧.罚款自助缴纳系统运行的合法性[J].人民司法,2019(11):99.

❷ 查云飞.人工智能时代全自动具体行政行为研究[J].比较法研究,2018(5):169.

❸ 段哲哲.控制算法官僚:困境与路径[J].电子政务,2021(12):6.

❹ 马长山.智能互联网时代的法律变革[J].法学研究,2018(4):21.

❺ 帅奕男.智慧社会的司法范式转型[M].北京:知识产权出版社,2021:124-125.

畴不再局限于对客观性的行政程序的替代,而是事实上通过主观性的指引、提示、预警和监督等形式影响着或承载着个人权益的行政程序的运行,即行政程序的"数字操控"❶,不仅包括了行政程序整体上被代码和数据予以解构后再综合,而且包括了在特定具体程序运行中通过代码和数据的深度分析以实现对个人权利义务的算法化设定。

因此,在半自动化算法行政中,需要对人机关系重新认识,既要确保程序中人的主体尊严,又要确保程序中人对算法的控制和算法的可靠性。相应地,通过行政程序控制算法行政的规制策略也应发生适应性转变,一是设定算法介入程序并产生实质影响的可识别标准,设置与识别标准匹配的程序回转机制,一旦出现触及标准的情况,应当及时转入人工的普通程序,以避免个人陷入"数字无意识"状态而限制其对程序民主的感知;二是确立行政机关对算法监管的程序性思维,明确不同程序阶段中行政主体对算法的监管能力和范围,确保算法始终受制于行政机关的控制;三是在透明与保密之间建立平衡程序机制,算法不同于传统的政府信息,对其进行披露需要关注透明度与保密利益的关系,既要确保政府、社会和个人对超越法律话语的算法技术的发展限度和权益风险进行有意义的审查,又要建立保密利益、数据安全和信息保护等的程序制度,如德国学者提出,应当在算法审查机制中借鉴和引入"相机程序"(Camera-verfahren)。❷

(三)全自动化算法行政中的程序规制

在全自动化算法行政中,算法自动化和自学习的能力得到了质的提升,基于自学习、自反馈和自适应的机器学习对代码规则和数据类型进行持续优化和丰富,进而形成不断自主编译的算法底层机制(元数据、源代码、目标函数等),并无须人工介入便能够直接作出影响个人权益的行政决策。具体来说,全自动化算法行政包括两个层次,即羁束行政的形式演绎和裁量行政的自主判断。前者典型实例即深圳等地推行的"无人干预自动化审批"制度改革,从实践形式来看,自相对人提交网络申请到机器作出审批结果的全过程均已实现无须人工介入,即算法主导的行政过程。算法通过严格的"条件—触发"式的代码运行逻辑对申请

---

❶ 关保英.论行政程序在大数据下的内涵变迁[J].政治与法律,2022(1):103.

❷ 托马斯·维施迈尔.人工智能系统的规制[J].马可,译.法治社会,2021(5):125-126.

信息与专有数据库进行比对分析,以核验审查材料,从而直接作出授予或者拒绝的审批决策。尽管行政程序所涉及的"程序运行和决定作出"已经交由算法系统自动化实施,但是,初期的"无人干预"是狭隘意义上的全自动化,算法尚未具备对自主决策的认知能力,只是对既定规则进行模式化和标准化处理,即对形式确定且无裁量余地的行政行为进行"无理性和无情感"的机械演绎。因此,这一层次的"全自动化"可以看作是对传统纯粹形式化的行政程序予以效率上的加速运行,是对法律客观意志的标准表达和高效实现,并不涉及法律的主观精神和行政的个案情形之判断。然而,在这种基于算法的快速行政程序中,个人的程序性权利也遭到忽视甚至删除,导致行政程序原有的信息交换和沟通交流功能的弱化,对此需要提供新的程序规则:一是在启动全自动化算法行政之前,应当赋予个人对普通程序和算法程序的自主选择的动议权;二是强化行政机关对算法决策系统的定期质量审查,以提高算法行政的可靠性和安全性;三是对行政程序中的告知、说明理由、信息公开等规则进行适应改造,以确保个人对行政程序的控制能力不被弱化,从心理上建立起对全自动化算法行政的信任。

前述已论及全自动化算法行政的另一种形态,即裁量行政的自主判断。这种形态的"全自动化"不仅是对形式化且确定化的行政行为进行纯粹性的替代执行,而且对不确定的法律概念和个案情形进行独立的认知判断,行政程序的"程序运行和决定作出"由此具有着机器的自我认知内核。典型实践已经引发争议和关注,如美国阿肯色州利用卫生资源算法分配系统替代了传统的人工评估,全程交由算法系统进行数据比对、代码学习、自主分析和自主判断,以实现医疗资源的分配,但事实上算法产生了决策失真和错误的不正义后果,大量民众遭到了算法自主决策的歧视对待。❶一般而言,在医疗行政中,人工评估通常涉及对行政主体对相对人的健康状态、伤残程度及经济情况等的裁量判断,对不确定法律概念和法律标准进行个案性分析。但是,自主性的全自动化实现了算法"从人的自然感官、自然肢体或者自然智能的代理者,朝着自然人的以及人类中心地位替代者的方向发展"❷,算法自动化和自学习所形成的决策事实上改变和攫取了传

---

❶ OBERMEYER Z, POWERS B, VOGELI C, et al. Dissecting racial bias in an algorithm used to manage the health of populations[J]. Science, 2019, 366(6464):447–453.

❷ 李河. 从"代理"到"替代"的技术与正在"过时"的人类?[J]. 中国社会科学, 2020(10):117.

统行政法上的裁量权,瞬间完成的算法决策程序也就陷入"黑箱状态",个人权利的自动化程序模式难以满足参与标准、平等标准和获得救济标准的要求[1],最终导致行政程序的利益表达和民主传递不复存在。可见,后者"全自动化"中的自主性概念威胁着行政程序法的民主、公平、公正和透明等核心价值。有鉴于此,在具有自学习能力的全自动化算法行政中,既然"人的很多行为和认知与机器融合在一起",那么,为了消解出现的程序法治变革风险,亟须在人机混合的"系统与行政"中制定规范(Norms)[2],即通过对程序规则的全新构造以形成涵盖事前审查、事中干预、事后反馈、影响评估和救济问责等内容的全过程闭环控制。

二、内涵之二:算法决策行为的模式化

算法行政是技术治理与法律治理相融合的行政模式,那么,聚焦至算法决策程序,也应当遵循技术程序与法律程序的双重要求。换言之,从程序法视角出发,算法决策程序不仅仅是技术意义上的代码程序,更多的是具有社会意义且发挥着规范效果的决策程序。算法因此具有了公共影响性,是数字政府的重要治理要素,对国家治理和行政关系产生着显著影响。[3]具有公共性的算法决策程序理应受制于行政程序的法治框架,以确保算法的自主决策行为符合程序的规范性要求。通过基于程序控制的算法治理之道,才能发现效率背后的算法正义。

算法决策程序应当具备行政程序的内涵,这是其法治化的前提,而算法决策行为应如何定性直接关系到其程序法治化的可能性。通说认为,行政程序在行政法中居于基础地位,不仅能够控制行政机关的权力行使,而且能够在行政过程中赋予个人程序权利以影响行为结果的生成,即关于权力控制和权利伸张的行政过程。不难发现,行政程序所指向的客体是公共行政中政府实施的权力性行为,因此,行政机关的行为只要具有外部性法律效果,理应遵循行政程序的自律性和他律性要求,前者是指行为的过程应当自觉接受法律程序预设的基本要求,

---

[1] 冯健鹏.论我国宪法基本权利的程序保障——一种宪法解释的可能性[J].浙江学刊,2013(6):175-176.

[2] 陈钟.从人工智能本质看未来的发展[J].探索与争鸣,2017(10):6.

[3] 张文显.构建智能社会的法律秩序[J].东方法学,2020(5):8.

后者是指行为的过程应当吸纳利益相关者的介入影响。由此可见,作为一个算法行政中程序法治化的关键问题,需要明确行政程序规制的是何种行为。传统行政法学是以行政行为这一法律原理而展开行为规制、程序规制、责任追究和司法救济的系统性建构,不同类型的行政行为所对应的行政程序是有所差异的,行政程序因此是以行政行为类型化为基础的程序规制体系,有学者基于行政行为的类型化以对应性地建构与之匹配的行政程序,那么,行政程序的分论部分就包括了行政立法程序、行政规划程序、行政许可程序、行政处罚程序、行政裁决程序、行政确认程序、行政检查程序、行政处分程序、行政合同程序、行政指导程序以及行政救济程序等。❶从这一角度来看,行政程序法治化的技术前提则是选择合适的角度对行政行为予以分类,即行政程序法是规范行政主体行政行为的程序。❷但是,随着治理成为现代行政的基本意蕴,导致行政行为传统类型化理论"入不敷出",尤其是某些具有着权力性的行政活动难以归入特定一类的行政行为中。一方面,行政任务日趋复杂,使得政府行政活动的方式已经溢出传统行政行为范畴,如信用惩戒、行政约谈等行政方式的出现;另一方面,行政活动不再与行政行为一一对应,而是具有多阶段性,行政的不同阶段所对应的行政行为也是不同的,因此,以单一类型化的视角难以解决多阶段的行政行为的程序构造。

基于以上考虑,若以单一的行政行为类型化视角来看待算法决策行为,就很难将其准确定义为某一类行政行为。因此,从类型化视角来看,算法决策行为尚未被认定为特定的行政行为类型,在实践中,通常是依附于某一具体行政行为来附带审查其合理性,法院在审理关于"电子警察"行政执法行为合法性的案件时,通过说理论证行政处罚行为的责任效果并不能归属于算法系统,而应当发现机器行为背后的权力主体,确保行为效果链条是在"组织—人员—行为"的传递框架内。❸这样的审查思路,导致行政程序缺乏对其普遍性的规制效力,也会使得算法决策的程序救济偏向于事后的司法救济,而不能相应系统地形成此类活动的全过程性的程序控制。在算法决策程序中,相对人的程序性权利缩减与行政

---

❶ 姜明安.行政程序研究[M].北京:北京大学出版社,2007:61-371.

❷ 应松年.《行政程序法(试拟稿)》评介[J].政法论坛,2004(5):26.

❸ 参见北京市第二中级人民法院(2019)京02行终1592号。

主体的责任漂移,将行政过程简化为一系列信息的计算处理,省略了行政中关于法律的论证实践。例如,在福利资格认定的公共行政中,行政主体会默认自动化系统的决定优先于行政法定程序,不鼓励福利申请者提出申诉,而是建议其重新提交,也不告知福利申请者拥有哪些权利。❶换言之,算法决策一旦逃逸出行政行为的类型框架,困难就在于机器的决定成了行政主体的最终决策,但是,行政机关最终的决策却不遵守法律的论证实践要求。面对存在算法决策程序难以兼容至行政程序的规制框架的困境,需要回到前述提及的问题,行政程序规制的算法决策行为应当具有何种内涵。可以明确的是,行政行为类型化的僵硬性使得算法决策行为的程序性判断陷入混乱。对于行政行为理论的混乱,采用"行政权力的行使""依职权进行行政活动""行使行政权力"等来描述政府行为更具有灵活性,那么,行政行为的模式区别于行政行为的分类,是"固定、共同典型特征即构成要件的行政行为体系",对新的、非模式化的行为进行逻辑处理和锤炼,实现非模式化向模式化转变。对此,有学者指出,行政行为模式化的关键是凝练出新兴行政行为现象的共同典型特征,需要从相对人情形、权利义务及行政程序等方面予以描述,对这些共同典型特征予以分析、凝练和概括并进行模式固定,才能在行政行为网络上找到其"纽结"。❷由此可知,模式化是指对非类型化的算法决策行为的现存状态进行规范层面的特征描述,一方面需要形成它自身特征完备的行为体系,另一方面它又是大系统中的子系统。❸例如,行政处罚中的算法决策行为,其本身可以成为对算法化行政方式的数字属性的体系描述,但同时也属于行政处罚中"非现场执法行为"的一种行为模式。

那么,在算法行政中,算法决策行为已经积累了一定的现实素材,可以从这些素材中提炼其迈向模式化的典型特征:

---

❶ 弗吉尼亚·尤班克斯.自动不平等:高科技如何锁定、管制和惩罚穷人[M].李明倩,译.北京:商务印书馆,2021:50.

❷ 叶必丰.行政行为原理[M].北京:商务印书馆,2019:75-81.

❸ 所以,有学者认为,一个行政行为的模式化,不仅意味着许多行政行为的组合,而且也意味着其属于更大范围内的更多行政行为的组成部分,继而成为行政行为大体系中的"网上纽结"。叶必丰.行政行为原理[M].北京:商务印书馆,2019:72.

第一,行为主体上的特殊性。算法决策行为是典型的"混合行政"(Mixed administration)❶,即行为作出是以行政主体与算法设计主体的共同行为所构成的。当然,其中涉及主体间行为属性的认定,通常而言,算法决策行为具有明显的公益性,因此,从行为整体来看,其外观性的主体行为应当视作是行政机关的行为,以便于相对人识别行为的归属;从行为构成来看,为了便于厘清行为内部的监管职责与责任认定,应当从权力私化的视角切入,私主体设计算法的行为具有权力性,因为代码的设计会不同程度地嵌入程序员的价值判断,在运行中将这些价值转译为利益相关的行为控制。那么,行政机关对设计行为应当负有监督责任,而设计者也有义务对算法设计中的代码规则和数据信息进行程序性监控。

第二,法律关系上的复杂性。算法决策行为不同于行政行为的双向性,在算法决策过程中,需要关注行政主体与算法的关系、设计主体与算法的关系、行政主体与设计主体的关系、相对人与算法的关系以及相对人与行政主体的关系等,关系复杂性意味着需要以多向法律关系❷视角来明晰算法决策行为中的各种关系形式,基于不同的法律关系而构造相应的程序模式。鉴于决策过程参与主体的多元性,相应的行为程序因此具有多阶段性,意味着应当基于过程论视角以构成算法决策行为环环相扣的过程,这也就成为算法行政中程序法治化内涵的另一面,即算法决策程序的过程性。考虑到此处论述是为了实现算法决策行为模式化发展,在此不再过多地描述过程性的内涵,详述见于"算法决策程序的过程化"。

第三,行为过程的外部性。虽然从运行的形式来看,算法决策的过程是一个封闭的黑箱系统,行政机关和相关主体在输入端点击输入相关要素,而在输出端得出相应结果,有关处理继而成为代码自我解析的过程。但是,对其外部性的认定是因为算法决策结果通常能够对特定主体产生规范性效力,当事人的相关权益因此受到减损或者增加。所以,外部性的作用在于打破处理过程的封闭性和黑箱性,应当在算法治理与论证实践之间创建一个通道,设计相应的平台和界面以促进主体间的沟通、意见的交互和意志的表达,形成处理过程中存在的"持续

---

❶ 李洪雷.行政法释义学:行政法学理的更新[M].北京:中国人民大学出版社,2014:221.

❷ 张文显.法理学[M].北京:高等教育出版社,北京大学出版社,1999:110.

性的争论和审议过程"❶,即关于规则、行为、价值等的争议处理是在"行政机关—相对人—算法"之间的对话和推理层面上发生的。

第四,行为效果的助推性。相较于行政行为的确定性约束力,算法决策行为不需要作出具有约束力的决定来确定结果,其是提供一个"选择架构"❷,通过提供特定的信息、选项和建议来助推选择某一行为决策结果,"使一些选择更多而另一些选择更少"❸,而且算法决策结果趋向于一种分流机制,即通过对相关主体进行筛选,然后打上标签,其作用更倾向于筛选资格而非推动自决。❹面对这一结果选择架构,行政机关应当对其选择进行因果上的理由说明,解释与之相关因素的考量逻辑,避免算法决策的选项在脱离人际关系的基础上直接成为政府行动的目标,若未对裁量过程和裁量决定进行充分的理由说明,这样的决策结果,既不能说服行政相对人,也难以有效控制行政裁量权,还会给嗣后司法审查带来障碍。❺

三、内涵之三:算法决策程序的过程化

从行政行为模式化的视角出发,在算法行政兴起之际,对错综复杂的算法决策行为进行共同构成要件或者共同构成特性的分析、提炼和概括,得以实现算法决策行为的模式化,使其初步被固定下来,继而才可能成为受制于法律约束的行政行为。❻"凡行政行为被型式之后,它便具有一种稳定性之要素",与此同时,"这种稳定性乃是建立制度的前提要件",并且通过建立相应制度使得人们对这

---

❶ RAHWAN I. Society-in-the-loop: programming the algorithmic social contract [J]. Ethics Information Technology, 2018, 20(1): 5-14.

❷ YEUNG K. 'Hypernudge': Big data as a mode of regulation by design [J]. Information, Communication & Society, 2017, 20(1): 118-136.

❸ 苏令银. 智能时代算法治理的合理性证成[J]. 云南社会科学, 2021(3): 104.

❹ 弗吉尼亚·尤班克斯. 自动不平等:高科技如何锁定、管制和惩罚穷人[M]. 李明倩, 译. 北京:商务印书馆, 2021: 69.

❺ 参见最高人民法院(2018)最高法行再6号行政判决书。

❻ 叶必丰. 行政行为原理[M]. 北京:商务印书馆, 2019: 76.

类行政行为"有一种概观的可能性"和增加了对其的"可理解性和清楚性"。[1]以上构成了算法决策行为的模式化,根据社会法学的观点,公共行政实质是一种"服务行为",相应地,与传统高权行为单方的命令与控制不同,置于"行政法就是公共服务法律,国家本身就构成提供公共服务的整体"[2]的认知下,行政行为具有过程性,意味着以服务性治理为目标的算法决策行为也应当是过程性的。由此,在行政过程论下,过程性算法决策行为可以转译为算法决策程序的过程性,即算法决策程序是"由复数行为形式的结合乃至连锁而构成的",且每个行为过程是"作为由个别的制定法所创立的法体系的实现过程,而具有特别的意义和内容"。[3]

(一)行政过程论视域下算法决策的司法审查

就目前的实践而言,以算法作为支持决策的"电子眼"被广泛应用于我国交通执法中,对于"电子眼"赋能非现场执法所引发的程序争议问题,表现为仅关注决策结果作出的部分告知,而未能将决策行为进行过程性拓展,个人对违法事实核定、陈述和申辩等关键性程序权利被行政机关的过度依赖以及技术程序的客观高效而压制。技术赋能的非现场执法通常是根据我国《行政处罚法》中的"简易程序"而自行设计程序,但是,行政处罚的简易程序适用的前提是"证据确凿",才能适当省略一定的程序。然而,"电子眼"收集的证据是否是法律意义上的确凿,在未经有技术能力的相关人员审核以及相对人确认无误的情况下,技术层面的确凿也难以转变为规范层面的确凿。那么,在算法决策支持的非现场执法中,对其自定程序的设定是出于"便行"而非"便民"。一方面,"电子眼"作出处罚决定的过程,行政主体程序权力较多,以便于赋予机器决策的权威性,但是,行政主体的程序义务却规定不足,导致出现责任漂移,如对违法事实认定得不透明,不具有外观公开的审核过程难以对行政主体构成实在的约束力;另一方面,个人程序权利也在事实上被剥夺,导致个人获得救济的可能性降低,如个人事后收到的

---

[1] 林明锵.论型式化之行政行为与未型式化之行政行为[M]//当代公法理论.翁岳生六秩诞辰祝寿论文集编辑委员会.台北:月旦出版公司,1993:347.

[2] 古斯塔夫·佩泽尔.法国行政法[M].廖坤明,周洁,译.北京:国家行政学院出版社,2002:187.

[3] 盐野宏.行政法总论[M].杨建顺,译.北京:北京大学出版社,2008:57.

处罚告知短信,仅部分告知涉及的违法事实以及相应的处罚决定,却基本不告知相对人行使程序救济权的必要信息。进而言之,因算法决策而导致的程序争议案件呈现出增长的趋势,通过对典型案例的分析不难发现,缺乏过程论思维的算法决策程序不仅导致行政程序在权利保障和效率促进之间陷入失衡状态,而且导致算法的技术性权力失控以及司法机关审查力度不足。

通过对相关案例的分析,旨在发现目前司法实践中关于"电子眼""电子测速"等一类非现场执法案件的裁判思路,以论证过程论视角下算法决策程序过程性判断的重要性。

第一,关于电子测速系统可靠、可信与否的争论。在"某某强与上海市某局交通警察总队机动支队行政处罚决定上诉案"❶中,原告对电子监控设备的测速是否正常持有异议,并要求对电子测速设备进行即时检验,法院对此认为,原告的异议缺乏依据,且该系统有相关鉴定证书以及检测报告,进而对"该电子监控设备记录数据作为当事人车辆超速行驶"的证据予以采信。不难发现,相对人对处罚决定的质疑前移至算法决策系统的可靠性和可行性,而不再局限在处罚决定本身,因此,基于算法决策程序的执法行为应当拓展至相关技术设备的设计之初的准备行为。

第二,关于算法决策系统裁量参数设计合理与否的争议。在"周某某诉成都市公安局交通管理局第四分局行政处罚案"❷中,原告认为用于判断是否超速的"电子眼"系统应当设置梯度性的裁量阶梯,而不应对超速20%以下的行为作顶格处罚。基于此案,可以发现,对于算法决策提供的决策选项,行政机关通常倾向于算法提供的判断,而忽略对个案中情节轻微等不确定性法律概念的"人性裁量",这就导致"机器裁量"因缺乏行政主体与行政相对人沟通交流与共情对待而不具有接受性。

第三,关于算法决策程序正当与否的争议。在"田某某诉湘潭市公安局交通警察支队行政处罚决定案"❸中,原告认为执法机关未将其交通违法信息依据《道

---

❶ 参见上海市第一中级人民法院(2013)沪一中行终字第109号行政判决书。类似的案件,还可参见辽宁省沈阳市中级人民法院(2016)辽01行终386号。

❷ 参见成都市金牛区人民法院(2014)金牛行初字第66号行政判决书。

❸ 参见湘潭市岳塘区人民法院(2016)湘0304行初57号行政判决书。

路交通安全违法行为处理程序规定》第20条之规定向社会提供查询,也未以任何方式通知本人,同时,原告也对电子监控系统、操作人员、运算程序等无法知情和监督。与之前两个典型案例相比,相对人对于算法决策的技术性程序的运行状态以及如何代码编译等问题表现出迫切的知情与监督需求,这意味着在算法行政中,行政程序法治化不仅需要关注行政机关在现实空间的行为,而且需要关注算法系统在虚拟空间的行为,行政相对人应当能够在虚实之间通过正当合理的程序设计介入到"人机协作"的算法决策程序中。

基于典型案例的分析,可以明确的是,行政国家正逐步迈向算法行政,利用算法决策进行治理所涉及的行政领域也在不断扩张,对算法决策程序的法治化规制亟须提上议程。一方面,算法的公共性应用实质是一种数字化和技术性的"权力规训"❶,在这一转变过程中,权力运行变得高效的同时权利保障却面临着抑制,因此需要对算法决策程序进行线性联结;另一方面,相较于传统的行政程序落脚在最终环节的行为规制,行政过程论赋予了算法决策程序过程性价值,即程序法治化的时代性,认为算法决策过程中的各个阶段、各种行为,以及各种行为中各个环节都具有法律上的意义❷,因此需要对算法决策予以全过程把握。

(二)行政过程论视域下算法决策程序的过程分解

在行政过程论下,算法决策程序因此具有了全面性和动态性,即"全面且动态地观察算法决策行为的过程"。"全面"意味着算法决策过程中不同阶段的所有行为以及作为整体的算法决策过程均应当纳入行政法的视野进行考察;"动态"则是指立足于算法决策过程中各个行为以及单一行为中各阶段的关联性,以对算法决策整体过程进行动态分析。❸因此,对于算法决策行为的观测,也从决策行为作出的时间点向前和向后延伸,形成算法决策过程"从设计、采购的前期行

---

❶ 张金鹏.超级全景监狱:信息方式下的权力技术——波斯特论信息方式下的统治模式[J].南京社会科学,2007(8):43-45.

❷ 江利红.论日本行政法学中的行政过程方法论[J].法律方法,2015(2):421.

❸ 江利红.行政过程的阶段性法律构造分析——从行政过程论的视角出发[J].政治与法律,2013(1):143-144.

为到实施、运用等过程性行为再到决策作出并送达等后续行为"的线性发展❶，而在拉长的线性算法决策程序中，如同前述，除了存在行政主体与相对人的法律关系之外，还存在行政主体与设计主体、算法与相对人等之间的法律行为、事实行为、研发行为和准设置行为等，由此拉长的线性算法决策程序拓展为事前、事中和事后的全方位和动态性控制，利益相关的个人理应能够参与到必要的环节活动中去，不仅能够提出建设性意见，也能够表达自己的异议，确保算法决策程序在整体上是可被外界感知，减少主观上的政府遮掩和客观上的技术黑纱形成的过程不透明和信任传递失效。

具体来说，行政过程论塑造了算法决策程序的过程性，亦即对算法决策程序予以过程性审视，不仅需要关注对行政机关与相对人关系造成影响的最终结果，更为重要的是需要对该结果的形成过程进行透明性和可控性的分解观察。也就是说，过程论意义上的算法决策程序是指运算与结果之间的过程性逻辑，其运算的进行类似于法律演绎，生成式学习架构不仅能够穷尽现有资源进行指标与参量全面性搭配和组合，并且通过"眼光往返流转"的双向过程实现规则与逻辑的创造性推论。❷有鉴于此，算法决策程序的过程性构成应当包括以下几个阶段：

第一，包容的算法设计程序。算法决策系统的设计方案应当以行政机关专家经验为依据，通过协调科学对话以充分收集数据、消除数据代表性不强等问题，并确保设计方案具有多样性且不具有歧视和偏见等。尽管一般认为设计行为属于行政事实行为，但是鉴于算法决策系统后续的行为影响力，不仅对相对人程序性权利和义务有着重要影响，而且在特定情况下也对相对人的实体性权利和义务产生一定影响，因此，对此行为应当设定更高的程序控制要求。❸

第二，透明的算法决策系统采购程序。采购过程应当是透明的，且需要对采用的算法决策进行风险和收益的评估并引入参与环节，利益相关者就采购项目发表意见。在开放的算法决策采购程序中，公共机构提供必要信息的获取机会，确保相对人对算法决策的信任，同时，建立咨询程序以便相对人表达意见和提出

---

❶ 周文清.过程论视野下自动化行政行为的司法审查——以道路交通非现场执法时空情景分析为视角[J].行政法学研究,2022(1):106.

❷ 唐林垚.公共卫生领域算法治理的实现途径及法律保障[J].法学评论,2021(3):101.

❸ 马颜昕.自动化行政的分级与法律控制变革[J].行政法学研究,2019(1):85.

质疑。

第三,知情的算法启用程序。行政机关启用算法决策系统之前应当充分履行信息披露义务,一方面,需要采取适当的方式告知公众特定算法决策系统启用和设置的情况,确保公告时间的完整性和公告内容的合理性。这一点已在司法实践中得以明确,若行政机关对启用和设置的算法决策系统未予以充分公告,即公告内容残缺和公告时间过短,会导致行政行为出现程序瑕疵,司法机关可以作出司法建议以指出问题,促进行政机关依法且积极修改公告程序的错误。❶另一方面,相对人知情启动与设置的目的是行使监督权,所以需要为公众提供表达意见的渠道。例如,根据美国HB165法案的规定,政府在使用算法决策系统之前,不仅应当在公共网站上公布相关信息,还应当邀请公众对问责报告进行评论,且时间至少是30天。❷

第四,当责的算法决策实施程序。算法决策程序应当是透明的,避免黑箱操作,那么,应当引入监控和审计算法的流程,用于整理公众对应用机器学习处理集体行动问题的长期后果的反馈。❸同时,对于决策结果如何告知和送达相对人,行政机关应当采取具有功能等价的告知和送达制度。功能等价是指与传统程序方式具有行为等效性的新型程序方式,尤其是在算法行政中,关于告知、送达异议、申诉的程序制度在发展出基于平台的网络形式的同时,应当保留传统的基于行为的物理形式,确保相对人享受到的是算法技术发展带来程序便捷和便民的红利,而不是被技术压制甚至排斥的程序负担。因此,应当建立多种形式并存且涵盖"告知事实和救济、说明理由、申请免责、网上查阅、网上申诉"等的创新制度。❹对此,目前实践中相关程序制度偏向于及时和高效,在采用技术手段改

---

❶ 参见宁夏回族自治区银川市兴庆区人民法院(2017)宁0104行初字第13号行政判决书。

❷ 张凌寒.算法自动化决策与行政正当程序制度的冲突与调和[J].东方法学,2020(6):14.

❸ 牛津人工智能与善治委员会.公共服务中的人工智能:从原则到实践[R/OL].(2021-06)[2024-01-25].chrome-extension://bocbaocobfecmglnmeaeppambideimao/pdf/viewer.html?file=https%3A%2F%2Foxcaigg.oii.ox.ac.uk%2Fwp-content%2Fuploads%2Fsites%2F11%2F2021%2F12%2FAI-in-the-Public-Servicet_ZHCNv2.pdf.

❹ 借鉴美国加州"电子警察"的程序设计。参见茅铭晨.从自定走向法定——我国《行政处罚法》修改背景下的非现场执法程序立法研究[J].政治与法律,2020(6):24.

造程序的同时,却忽略了程序的权利保护作用,导致效率与权利之间的失衡。所以,亟须在算法决策实施程序中确保关乎个人权利的告知、申辩、异议程序的归位,概因"事前告知将作出处分的内容,并赋予其进行对自己有利的主张立正的机会(听证或者辨明)",会促使"行政厅在尊重这种听证结果的基础上作出处分"。❶

第三节　算法行政中程序法治的目标阐释

不难发现,规范化的算法决策程序提供了机器行为的价值基准,确保决策过程与结果应当符合法治上的共同"客观精神"❷,概因共同的价值规范被视作是认知正义的基础。❸技术性的算法决策则是塑造了机器行为的过程性逻辑,从内部程序来看,算法决策程序若归入内部行政程序范畴,其自主结果生成具有利益法学上的正当性,即高效且精准的结果比起繁文缛节的程序更具有吸引力。但是,问题在于,狭隘地将其视作行政机关的内部程序的某一类,却忽略了内部行政程序对外部公众产生的溢出效果,特别是技术黑纱遮蔽了机器失误的可能性,导致算法失误和行政不作为的出现。例如,在美国,用于预测和防范家暴的算法决策系统在失误判断的情形下,导致上万父母被迫与自己的子女分离。这样的行政过程,机器的行为错误与政府的作为懈怠加剧了个人成为算法奴隶。过往的行政利益相关者的参与对话转变成算法代码转译与推论,程序视角下的"人本正义"因此陷入"算法独裁"的泥沼中。❹有鉴于此,在算法行政中,算法决策产生的公共性风险不再是行为主义的结果控制,而是转向程序主义的过程控制,通过对过程控制的法治化建设才能打破算法决策程序的内部封闭性,形成面向个人的

---

❶ 南博方.行政法[M].杨建顺,译.北京:中国人民大学出版社,2009:97.

❷ POLI R,SCOGNAMIGLIO C,TREMBLAY. The philosophy of Nicolai Hartmann[M]. Berlin:De Gruyter,2011:66.

❸ ZIPPELIUS R. Das wesen des rechts:eine einführung in die rechtsphilosophie[M]. München:C. H. Beck,1997:116.

❹ PASQUALE F. The black box society:the secret algorithms that control money and information[M]. Cambridge:Harvard University Press,2015:21-53.

开放性程序,以规避算法相对方因机器学习型算法的黑箱特征而无法对代码规则和决策结果表达异议或者提出建议,只能被迫服从算法设定的目标❶。那么,将算法行政置于行政法治的框架内,其程序法治化的初阶目标是通过程序法定实现算法风险的制度化解,而进阶目标则是通过正当程序实现程序正义的价值建设。

一、算法行政中程序法治的初阶目标:从自定程序迈向法定程序

人工智能系统在交通执法、城管执法等领域的广泛部署,导致损益性行政处罚游离出《行政处罚法》设定的"面对面"(人际关系)的程序模式,即非现场执法程序。同样地,在行政许可、行政给付等领域,借助网络平台进行线上申请和自动处理的情形也日趋频繁,如"无人干预自动审批"。在缺乏人工介入的情形下,传统个案性的行政程序向着批量化的集团程序❷发展,借助算法决策的自主性和高效性,行政程序的权利性程序和义务性程序出现不同程度的压缩,个人获悉、参与、表达、沟通、申诉等程序性权利在实践中被空置,行政机关基于个案而开展的调查、告知、听证、记录、说明理由、反馈等程序性义务在技术依赖中得以自定免除。由此,随着算法决策程序在行政实践中的普遍性适用,行政程序逐渐迈向机器决定的自定程序,其中,"机器决定"作为定语修饰,意指算法学习和演进的能力让其自主作出决策,随之,行政机关重述算法决策的结果并将其作为行政决定,实质上是机器作出了具有法律效力的行政决定;"自定程序"作为被修饰对象,是指算法决策程序并非线性一对一且可识别的程序,而是扑朔迷离的异步性时空场景❸,同时,行政机关通过法规政策明确了该程序准则性,形成算法行政中的自定程序。进而言之,在行政法中,自定行政程序被定义为行政机关自我设计或者规定的一种程序机制,是一种法外程序。随着算法决策的普遍适用,算法决策程序因此成为行政机关自定程序的一种表现形式,对传统行政程序进行了改

---

❶ 梁正.算法治理的基本路径与核心理念[J].国家治理,2020(36):41.

❷ 马颜昕,等.数字政府:变革与法治[M].北京:中国人民大学出版社,2021:156.

❸ PERE M, ELKIN-KOREN N. Black box tinkering: beyond disclosure in algorithmic enforcement [J]. Florida Law Review,2017,69(1):181-222.

造,并获得行政机关的自我确认。❶如同前文所述,算法决策程序对行政程序形成的冲击实质揭示了此种自定程序缺乏行政程序中有规则的、无偏见的和公平的"规则正义"❷,因而不具有充分的权利保障能力。

(一)自定程序的法治失范

算法决策程序作为行政机关的自定程序,业已引发了诸多程序法治上的危机。通过规范分析和追踪调研,有学者以行政处罚中非现场执法的"自定程序"作为研究对象,指出在法律规制缺失的情形下,非现场执法性的"自定程序"通常将行政效率和秩序维护视作程序唯一的价值,却在相当程度上偏离了行政程序法更为重要的价值,即程序公正和程序正当。❸公允地说,算法决策程序不具备传统行政程序的对等性和确定性。在实践中,一方面难以在公民与行政机关之间形成平等交流状态❹,算法决策结果具有低程度的可接受性;另一方面也不能为法院和行政机关提供一般的、标准性的适用根据❺,对算法决策程序的合法性判断陷入困境。如果对算法决策程序不加以法定化,那就意味着行政程序数字化的程度取决于行政机关任意决定和算法的代码转译,行政机关在代码程序中寻求便利的同时也将责任予以转嫁,而功利性的趋利导向使得算法以弥散性权力的形式塑造行政主体与相对人之间"困在系统"的封闭程序,对个人而言,其只是被程序锁定的数据信息,并不能作为主体参与到程序,不能受到公正对待,也不能获得程序救济。以例释明,2017年12月,美国伊利诺伊州儿童和家庭服务部宣称,停止使用评估儿童安全和风险的预测系统。原因在于该算法预测不准确,导致了父母与子女被错误分离,并且父母难以针对算法预测提出异议以防止这种错误分离。同年早些时候,美国洛杉矶郡也因预测型算法存在黑箱问题以

---

❶ 胡建淼.行政法学[M].北京:法律出版社,1998:446-447.

❷ 约翰·罗尔斯.正义论[M].何怀宏,等译.北京:中国社会科学出版社,1988:233.

❸ 茅铭晨.从自定走向法定——我国《行政处罚法》修改背景下的非现场执法程序立法研究[J].政治与法律,2020(6):19.

❹ 汉斯·J.沃尔夫,罗尔夫·施托贝尔,奥托·巴霍夫.行政法(第一卷)[M].高家伟,译.北京:商务印书馆,2014:200.

❺ 室井力,等.日本行政程序法逐条注释[M].朱芒,译.上海:上海三联书店,2009:2.

及高误报率,终止了将预测型算法用于儿童受虐风险评估的项目。❶通过这些现实事件不难发现,在自定的算法决策程序中,智能系统以数据信息形成"促使理解"的弥散性权力❷,导致行政机关和司法机关潜移默化受之影响而笃定相信算法决策结果的正确性,而作为权益受损的个人,却无法在技术性的自定程序中找到"程序上的纠错制度"❸,个人只是被计算的对象,程序运行也是"以数据代替个人",一旦出现程序不当而导致的决策错误,在算法弥散性权力压制下,个人要"自证清白"是极其困难的。

从这一点来看,自定的算法决策程序在程序法治化的意蕴下失去正当性,行政机关交由和信任算法系统提供的决策结果,实际暗含着行政机关便利自我、规避责任和自利性的考量❹,导致政府行政丧失可接受性和可信任性。然而,行政程序的基本价值是通过法定程序建立安稳、可靠和可预测的行政秩序,毕竟,程序的一致性、连续性和稳定性是秩序的基本特征。❺与此同时,行政秩序作为人类秩序中的一种,是基于人际关系而建构形成的人造秩序❻,为避免人际关系中的随机性和不确定性带来行政权力运用任意或者压制,需要将公正融入行政秩序的考量范围,确保行政程序具有实现公正的伦理目标,因此,行政程序应当实现法定,这是秩序与公正的必然要求。只有行政程序法定,个人才能根据法定的行政程序规则作出可靠的预测,从而保障一致性、连续性和稳定性的行政秩序建立,才能将行政程序法内含的公正价值转化为行政现实。❼对比分析,可以得出:算法决策的自定程序过于机械化,只关注与输入结果相关的证据和因素,而不关注行政现实中具有价值判断的裁量因素,缺乏对公正的全面考虑,面对自定的算法决策程序带来的执法密度失衡、技术依赖过度、个人主体性丧失等问题,需要

---

❶ 张凌寒.算法自动化决策与行政正当程序制度的冲突与调和[J].东方法学,2020(6):11.

❷ 肖冬梅."后真相"背后的算法权力及其公法规制路径[J].行政法学研究,2020(4):8.

❸ 赵华强.行政程序法定——依法行政的关键[J].法学,1998(11):56.

❹ 茅铭晨.从自定走向法定——我国《行政处罚法》修改背景下的非现场执法程序立法研究[J].政治与法律,2020(6):24.

❺ 章若龙,李积桓.新编法理学[M].上海:华东师范大学出版社,1990:221.

❻ 即学者所言的人造的秩序和建构的秩序.参见哈耶克.法律、立法与自由(第一卷)[M].北京:中国大百科全书出版社,2000:57-60.

❼ 周安平.行政程序法的价值、原则与目标模式[J].比较法研究,2004(2):146.

坚守和回归"以人民为中心"的行政执法理念,而"以人民为中心"的执法理念需要通过程序法定予以实现。有鉴于此,算法行政的良性生长离不开程序法治的滋养,算法行政的法治化发展需要关注自定程序迈向法定程序,这一点具有着规范基础,我国《行政处罚法》第4条,《行政许可法》第4条,《中华人民共和国行政复议法》第64条,以及《行政诉讼法》第69条、第70条均规定,行政主体的行为活动应当遵循法定程序。同时,自定性的算法决策程序作为法外程序,存在着诸多正当性问题和法治风险,需要通过法定程序以确保算法决策程序的正当性和法治化,这一点也契合《中共中央关于全面推进依法治国若干重大问题的决定》中提出"推进机构、职能、权限、程序、责任法定化"的要求。

（二）迈向法定程序的必要性

算法行政的程序法治化目标由此得以明晰,即自定程序迈向法定程序,以避免自定程序失序性对稳定、信赖和合作的程序法治建设形成阻力。在法定的算法决策程序中,行政相对人拥有了解算法和控制算法的程序权利,为其在人机关系中的劣势法律地位提供有效的纠错和补救程序机制,实现"个人权利—行政权力—技术权力"之间的三角制衡。具体来说,政府作为国家意志的代表实施行为,政府行政的一项规则就是有义务以避免产生任何混乱的方式来组织和支配公共服务❶,而有序的政府行政应当是立基于行政程序,尤其是法定行政程序。法定程序在成文法上明确了政府行政必须履行的程序义务,并且赋予个人实质参与行政的程序权利,不仅避免行政主体盲目的技术迷信而导致治理失范,也避免相对人因技术俘获而困在"算法监狱"。换言之,"工具主义的绝对化必然导致程序虚无主义"❷,法定程序是程序法治的重要形式,目的是防止算法技术加持下的行政程序趋于经济分析的效率价值而忽略尊严模式下的公正价值。算法行政作为政府公共行政的新模式,是国家治理现代化的表征,自定程序中权利性程序与义务性程序的失衡,需要以法治路径实现对人的尊严的终极关怀和实现数字政府下行政程序的良法善治❸,"法治和程序是现代国家治理的一体两面,现代治

---

❶ 莱昂·狄骥.公法的变迁[M].郑戈,译.北京:中国法制出版社,2010:3,46.

❷ 陈瑞华.刑事审判原理论[M].北京:北京大学出版社,2003:35.

❸ 周尚君.提高运用法治思维和法治方式的能力[N].光明日报,2019-07-17(6).

理是借助法律实现的程序之治"❶。那么,从自定程序迈向法定程序,算法决策因此具有强力的规范性程序基础,构成算法行政中"程序之治"的法治根基,使得混乱和无序的无政府状态远离我们❷,最终,算法行政通过"程序上的合法性,进一步肯定了实质合法性"❸,程序上的合法性大大降低了公众对算法决策程序的疑虑和担忧,从而实现算法决策程序在算法行政实践中的良性运作。

二、算法行政中程序法定的功能目标:技术程序与法律程序的内在协调

算法行政构成行政法数字化发展的基本面向,面向算法的行政法由此生成和发展。那么,在算法行政视域下,作为构成行政法基石的行政程序法就面临着变革。前述论及"技法冲突"下的四重困境,实际以一种"算法独裁"的形式塑造和控制着政府与个人的行为方式,从而削弱行政程序中关于行政专业性和个人理智性的交互作用。其中,"算法独裁"是一种资本性的技术霸权,是指政府行政和社会生活日益依赖算法,而主导算法设计的私组织也就构建起对国家、社会和公民的技术优势,进而基于资本逐利的思维利用算法对政府行政和社会自治施加控制。由此,算法作为隐微、无所不在且多元化的"权力技术",对行政权力的攫取和对个人权利的侵蚀,已经成为现代法治所不能回避的问题。❹尤其是,自定性的算法决策程序在一定程度上与传统行政程序的法治内涵存在着技术性与法律性的割裂风险,为避免这种割裂风险导致数据特征的客观性压制人本主义的程序价值,同时也使得权力越强而权利越弱,基于程序控权与保权的"权力—权利"平衡结构遭至打破。面对于此,行政程序试图在必需的复杂性程度上的算法行政中获得稳定,即通过程序法定获得稳定,但是,这种程序法定的稳定性和有效性已经不再依赖于一种更高和更稳定的秩序,恰恰相反,它依赖于一种变化原则(Principle of variation),那么,算法行政中的法定程序的稳定性和有效性来

---

❶ 王若磊.治理现代化须恪守程序正义[N].学习时报,2016-07-28(4).
❷ HENDERSON L N. Legality and empathy[J]. Michigan Law Review,1987,85(7):1574-1654.
❸ 彭中礼.国家治理能力是什么:现代法治理论的框架性回应[J].东岳论丛,2020(4):135.
❹ 陈鹏.算法的权力:应用与规制[J].浙江社会科学,2019(4):55;郑戈.算法的法律和法律的算法[J].中国法律评论,2018(2):69.

自程序功能的可变性,而这种功能上的可变性则受制于行政程序自我再生的限制,而非不受限制的功能变化。[1]所以,在算法行政中,自定程序迈向法定程序的程序法治目标在变与不变之间寻求发展之道,程序法定之于算法行政的发展具有如下功能。

第一,程序法定对非规范性的算法决策程序予以统一化的功能。[2]政府行政过程的基调是人际关系,而非事实性分析与价值性判断的相互阻隔。如前所述,在行政程序趋于非现场化、自动化和自主化的倾向下,效率导向的算法决策程序存在诸多的法治问题,尤其是人际关系的割裂导致沟通的失效,取而代之的是机械化程式运算下的被迫认同。归根到底,原因在于自定程序游离出行政程序规范秩序的框架,致使算法失控甚至主导。由此,程序法定的统一化功能旨在对算法决策程序的非规范性问题予以制度性化解,消除自定程序的粗略性、混乱性、失范性、侵益性和扩张性,从而保障技术性程序与法律性程序之间的内在协调,具有普遍同质性且场景化区分的程序得以有序集合,使算法行政程序法治体系建构更具科学性、合理性和连贯性。

第二,程序法定确保算法决策过程具有可接受性的功能。程序法定,意味着相关程序制度得以体系化塑造,形成基本原则与基本制度有效联结的专门性程序集合。唯有理念化、具体化和系统化的程序法制度建构,才能实现算法行政中决策程序的透明性、标准性和信任性,使得程序上的适用具有规范基础,因而最终获得算法决策行为及其过程的可接受性。对技术性程序与法律性程序进行成文法上的体系规范化,从而确保依法行政中的程序合法之要求得以成为算法决策合法的基本要求,亦即建立适用于算法行政的程序法治体系,以提高行政主体对算法决策行为的负责任程度和提供人民有序参与算法决策的机会,"使所有利害关系人得以间接监督行政裁量的行使"[3],算法决策行为及其过程的正当性因而提高。

---

[1] 马丁·洛克林.公法与政治理论[M].郑戈,译.北京:商务印书馆,2013:356,364.
[2] 行政程序法的制定具有行政程序统一化的功能。参见汉斯·J.沃尔夫,奥托·巴霍夫,罗尔夫·施托贝尔.行政法(第一卷)[M].高家伟,译.北京:商务印书馆,2014:200.
[3] 翁岳生.行政法(下册)[M].北京:中国法制出版社,2009:926.

第三,程序法定对人机关系规范调整的定向功能。随着算法的自主学习能力不断提升,其因此具有与人沟通和交流的能力,这也就意味着"自动化执法不再是一种越轨而是一种可选择"❶。在行政程序法中,基于"人性"的行政决策主体,对个人进行评估以决定是否给予福利资格或者作出承担不利负担的决定之时,必须遵循"人际关系"的规范性要求,例如决策结果的正义性考量、行为程序的合法性认定、交互中的个人权利保护的充分性判断等。这些调整人际关系的规范要求通常是经由法定化而实现规范价值的定向,即民主性、权利性、效能性等。但是,自动化执法中的典型关系是人机关系,人类决策权交由算法行使亦表明算法成为了行动上的"代理人",如果刻意避免谈及对算法决策系统类似的规范性要求,将导致"智能行为既不遵循行为与效果之间的直接对应,也不遵循行为与主体之间的必然联系"❷,那么,在新型的人机关系中,人类已然从"中心滚向了X"❸。有鉴于此,程序法定试图在法律规范层面对算法行政中的人机关系予以规范的定向调整,一是重申传统程序规范要求的重要性,确保这些规范要求成为人机关系中的可视正义;二是内在地反映人机关系这一新型行政关系,让算法成为法律上可苛责的代理人,人类对其决策行为以及过程进行透明度、解释性和救济性等的规范塑造。

三、算法行政中程序法治的进阶目标:从法定程序迈向正当程序

在程序法治视域下,正当程序不仅是行政权力运行所应遵循的基本原则,同时也是保障个人主体尊严的重要机制。可以说,正当程序在行政机关和行政相对人之间提供了一个"权力—权利"的平衡格局。随着算法行政的兴起,算法决策程序更多地表现为一种"计算主义"的程序,即将行政程序视作是各种信息流的交汇结果,将其中关于道德、伦理以及公共事务等人类问题予以技术标准化和程式化处理,试图通过智能技术实现行政程序的可计算化。这种"计算主义"的

---

❶ 瑞恩·卡洛,迈克尔·弗鲁姆金,伊恩·克尔.人工智能与法律的对话[M].陈吉栋,董惠敏,杭颖颖,译.上海:上海人民出版社,2018:239.

❷ 刘劲杨.人工智能算法的复杂性特质及伦理挑战[N].光明日报,2017-09-04(15).

❸ 戴维·鲁本.法律现代主义[M].苏亦工,译.北京:中国政法大学出版社,2004:导言23.

程序一旦与行政领域日益增长的复杂性糅合在一起,难以控制且不可预测的变化就使个人越来越难进行传统行政程序中最为基本的行为活动(如沟通、异议等),行政程序的多种功能作用的协调合作也难以实现。与此同时,程序法定只能对可以预见和具有稳定性的程序规则予以固定,机器学习型的算法决策程序能够通过不断更新的数据而动态调整程序模型,而这一过程基本处于黑箱状态。程序法定难以对黑箱中和变化中的程序模型作出明确规定,在程序规定不存在或者有所不足的情况下,为避免算法决策程序中个人理性和自主性被彻底压制,正当程序能够通过"程序正当性"来评判算法决策程序是否体现公平正义,程序正当性要求"是弥补合法性不足的重要依据"[1],这意味着可以借助正当程序这一分析工具以打开算法决策程序中的"黑箱状态"。

有鉴于此,正当程序是算法行政中程序法治发展的进阶目标:一方面,正当程序意味着算法决策程序本身应当遵循一系列的基础性原则[2],如平等原则、公正原则、透明原则和参与原则等。基于"法律归化"理念,通过正当程序的正当化作用和革命性作用[3],同基于技术规律之下的程序正当性元素与算法技术性元素的有机和良好融合,以推动算法决策被正当性转化,"使其顺利实现从陌生的、可能有危险的物转化成能够融入现代社会文明的驯化之物"[4]。另一方面,正当程序自身应当适应算法行政的兴起而进行回应性发展,通过对算法决策应用与发展的内在规律予以积极主动吸纳和溶解,建构一个具有时代性的算法正当程序,以有效应对和解决算法行政实践中的复杂性、动态性和不确定性。通过建构算

---

[1] 唐文.正当程序原则在中国——行政诉讼中原则裁判理论与实践[M].北京:法律出版社,2019:90.

[2] 正当程序对算法行政进行原则导向的治理,实质是"追求一种治理目标或治理结果的过程和方式",并非简单的治理"底线"或者"基本原则",因此,正当程序强调在系统开发、程序应用、算法设计以及自主决策的过程中,对于存在的道德风险和法律问题,应当进行有意义的说明、广泛的意见交流等,在最大范围内达成对算法行政道德性和法律性判断的共识。参见徐玖玖.人工智能的道德性何以实现——基于原则导向治理的法律进路[J].现代法学,2021(3):33-35.

[3] 正当化作用是指正当程序为算法决策程序提供一种价值理性的正当性证明,革命性作用则是指正当程序为算法决策程序创造出一个全新的法律秩序。唐文.正当程序原则在中国——行政诉讼中原则裁判理论与实践[M].北京:法律出版社,2019:88.

[4] 张新平.智能视频监控之法律与技术的嵌合治理[J].法制与社会发展,2020(5):127.

法正当程序,不仅能够加强算法决策程序中的透明性、可问责性、可解释性及代码转译规则的准确性等,而且能够建立"技术性正当程序权利"[1],以构成对算法行政的实体正义和程序正义的双重性约束。

---

[1] 有学者认为,其是对算法权利束的其他权利种类的体系性统筹。参见温昱. 算法权利的本质与出路——基于算法权利与个人信息权的理论分疏与功能暗合[J]. 华中科技大学学报(社会科学版),2022(1):59.

第四章　正当程序面向算法行政的回应与发展

正当程序作为程序正义的基础性价值判断,是将程序的"内在善"视作行政法治建设中程序正当性、合法性和合理性设计的精神依归,亦即程序的"内在善"表明行政程序并非只是行为形式在法律技术层面上的静态预设,其实质是以自然正义作为公正要求,基于权力性质和特定行政场景的不同而形成涵盖新情形的程序动态原则。由此,动态化、情景化的正当程序具有着鲜活的生命力,能够基于行政现实的转变和发展进行适应性调整而赋予"内在善"时代性内涵。那么,在算法行政背景下,算法助推(Nudge)行政机关服从于其运算结果,接受算法设计的默认选项[1],存在着替代行政机关而作出决策的倾向。在某种程度上,权力与技术进行了融合,同时行政程序因融合而得以"再造"。然而,即便权力与技术相融,正当程序的规制作用仍显得至关重要。毕竟"技术是人的自我构造和世界构造的一个环节"[2],正当程序不仅可以消解算法带来的技术风险,而且能够将算法决策与政府、公众的关系置于"权力—权利"的框架之中进行重塑,从而对算法决策程序起着规范和指引的作用,以防止行政机关陷入盲目的技术崇拜之窠臼中。

第一节　面向算法行政:正当程序的回应

行政程序作为行政法治的关键制度,对其正当性的构建被视为现代行政法治建设中的核心议题。随着公共行政从传统的管制模式迈向强调合作的治理模式,关于行政法治的控权理念相应地进行革新,从聚焦在行政结果的规则性控制

---

[1] 理查德·H.泰勒,卡斯·R.桑斯坦.助推:事关健康、财富与快乐的最佳选择[M].刘宁,译.北京:中信出版社,2009:94-93.

[2] 吴国盛.技术哲学演讲录[M].北京:中国人民大学出版社,2016:11.

转变至注重行政过程的程序性控制。肇始于"自然正义"的正当程序在古典自由主义时期得以明确为"高级法"(The higher law)的一般性法原则,即在没有法律程序明文规定的情况下须遵循正当程序的基础要求和通过正当程序衡量和判断某一法律程序是否合乎"程序正义"。之后在福利国家和服务行政的形成过程中,正当程序得到长足发展,"正当性"价值作用的发挥空间随着行政权力扩张和民主政治的需要进行了适应性调整。可见,正当程序在控制权力和保障权利上提供了原理性的规范框架。正当程序的内涵甚至内容并不是固定和一成不变的,而是在司法实践中和行政发展中形成不言自明的原则性要求,具有着相当的"弹性",基于行政模式、法制框架和行政情形进行理念和规范层面的内涵调整。

那么,算法行政是行政治理发展的新阶段,算法行政加速了行政治理的发展步伐,主体多元化、关系网格化、行为扩展性以及活动持续性等在以机器学习为特征的算法决策助力之下得以迈向新的层次,尤其是行政算法化并不能看作是与价值无涉的行政程序再造,相反,权力数据化运作和权利数字化辐射正改变和成为我们所存在于公共生活领域的世界观。[1]有鉴于此,面临算法行政的降临,作为程序正义观的正当程序需要进行更新与修正,作出相应的调整和变化以满足算法行政发展的需要,即正当程序围绕着公共行政的转型和变迁而进行回应性发展。

一、发展中的正当程序

作为前提性的共识,正当程序起源于英美法系,表现为英国法上的"自然正义"和美国法上的"正当法律程序条款"。从"自然正义"和"正当法律程序条款"的意蕴和演变来看,正当程序与公民基本权利的保护密切相关,本质是一项程序性原则,赋予个人宪法意义上的程序权利以对抗或控制政府的权力行为,因此,美国联邦法院大法官威廉·道格斯对正当程序的正义性作用作出了如此描述,权利法案中绝大多数条款均与程序相关,意味着程序对于权利保障意义重大;正当

---

[1] 维克托·迈尔·舍恩伯格,肯尼斯·库克耶.大数据时代:生活、工作与思维的大变革[M].盛杨燕,周涛,译.杭州:浙江人民出版社,2013:207.

程序塑造了政府权力运作的法治进路,与随心所欲或者反复无常的人治方式存在着基本差异。

(一)行政法上正当程序的形成

回顾正当程序的发展历程,其规范意义探寻可以追溯至1215年英国《大宪章》第39条之规定,其初步勾勒出"自然正义"内涵的轮廓,即"凡自由民除经其贵族依法判决或遵照国内法律之规定外,不得加以拘留、监禁、没收财产、剥夺其法律保护权、或加以放逐、伤害、搜索或逮捕"❶。随后,"正当程序"在成文法上的明文表述,出现在1345年的爱德华三世第28号法令第3章的规定❷。同时,正当程序提供了确保日常司法工作纯洁性的各种办法,如审判与调查应当公正开展,逮捕和搜捕应当适当采用,必要的法律援助需及时且顺利获得,以及消除不必要的延误等。❸因此,基于"自然正义"的正当程序最初的适用范围仅局限于司法行为或者准司法的政府行为,且产生了"程序至上"的法律理念,导致英国法治依赖于各种诉讼程序,"程序力求达到一个唯一的目的:提出事实问题,送交陪审团"。❹但是,随着"政府权力持续不断地急剧增长,只有依靠程序公正,权力才可能变得让人能容忍"❺,正当程序相应地在控制日益膨胀的行政裁量权中得以普遍适用,自然正义也就从司法程序扩张至行政程序中。特别是,1791年的美国《宪法修正案》第5条将其作为宪法性原则予以成文表述:"未经正当法律程序不得剥夺任何人的生命、自由或财产。"❻至此,正当程序的适用范围进一步明确为国家行为,包括了立法行为、行政行为和司法行为。就行政法视域下的正当程序而言,美国《联邦行政程序法》对正当程序进行了系统性的法定化,直接推动了彰显程序正当的行政程序法典化运动。可见,正当程序具有着成文法上的规范渊源,而其程序正当性的价值渊源落脚于英国的自然正义原则,该原则是应然层面

---

❶ 木下太郎.九国宪法选介[M].康树华,译.北京:群众出版社,1981:17.

❷ 丹宁勋爵.法律的正当程序[M].李克强,等译.北京:法律出版社,1999:1.

❸ 肖蔚云,等.宪法学参考资料(下册)[M].北京:北京大学出版社,2003:937.

❹ 勒内·达维德.当代主要法律体系[M].漆竹生,译.上海:上海译文出版社,1984:300.

❺ 威廉·韦德.行政法[M].徐炳,等译.北京:中国大百科全书出版社,1997:93.

❻ 沃克.牛津法律大辞典[M].李双元,等译.北京:法律出版社,2003:787.

的正义是非观,即天然性的程序正义,包括了两方面的规则:一是避免偏私规则,即任何人不得成为自己案件的法官,通过回避制度以消除利益关系的不当和行政人员的成见或偏见;二是听取辩护规则,即在政府对个人施加不利行政行为之时,应当允许个人进行辩护并公平听取相对人的申辩意见。❶而且随着程序法治发展的势头迅猛,正当程序的作用发挥呈现出适用范围行政化趋势、法律地位宪法化趋势,以及主体关系平等化趋势等。

"正当程序作为行政程序法的高级法或者母体法"这一理念,在经历了司法和立法两方面的实践发展后得以成为现代行政法的基本共识。尤其是美国联邦最高法院在20世纪70年代作出的划时代意义的判决,极大地扩充了正当程序在行政法领域的适用范围,破除以"权利—特权"标准来限制正当程序对于福利保障等社会权利保障的壁垒,被称为"正当程序的革命"。❷具体来说,这场革命对"财产和自由"进行了适用性的扩大解释。对财产而言,在 Goldberg v. Kelly 一案中,最高法院认为,政府通过法定授权而赋予公民的社会福利是一种"财产",应当受到正当程序的保护;❸对自由而言,在 Wisconsin v. Constantineau 一案中,最高法院认为,政府行为若存在着玷污个人名誉的可能性,那么政府行为构成对个人自由的剥夺,亦即违反了正当程序的要求。❹当然,为了避免正当程序无限地扩充权利保护范围而导致行政行为的低效甚至消极,正当程序适用经历了扩展与限制的艰难平衡,"甜加苦"理论❺的提出为政府福利性行政裁量权的行使提供了一定的规范支撑,即政府既然能够享有是否给予某一主体福利的裁量权,那么它也拥有着决定授予福利的范围,以及拒绝或者终止某一福利的裁量权,而这一裁量权的行使程序必须符合正当程序最低限度的公正要求。

---

❶ 威廉·韦德.行政法[M].徐炳,等译.北京:中国大百科全书出版社,1997:103,131.

❷ 王锡锌.正当法律程序与"最低限度的公正"——基于行政程序角度之考察[J].法学评论,2002(2):24.

❸ Goldberg v. Kelly, 397 U. S. 254(1970).

❹ Wisconsin v. Constantineau, 400 U. S. 433(1971).

❺ Arnett v. Kennedy, 416 U. S. 134(1974).

(二)行政法上正当程序的理论变迁

程序本位主义塑造的"过程性价值"[1],将对行政行为的结果关注转移到对行政行为的过程关注。换言之,某一行政程序不仅是具有产生"好结果"的程序效能,更为重要的是应当具有行为过程中的"程序理性、人道主义、尊严和隐私保护"等过程性价值。行政程序的正义与否、合法与否取决于过程性价值的实现程度。在此基础上,"过程性价值"发展成为"过程性利益"[2],在"效益—成本"的分析方法下,行政程序需要将行政成本、试错成本、道德成本与程序性权利予以利益上的系统分析,只有确保效益与成本合乎比例且基本均衡,才能称为合乎正当和正义的程序。

由此可见,行政程序的正当性并不来自行政实体结果正义的赋予,相反,行政程序本身具有着独立的正当性基础,即正当程序是行政程序的正当性维度,程序正义是行政程序的内在价值。在正当程序提供的"过程性价值"和"过程性利益"的加持下,基于行政国的发展,行政法中的正当程序得以进一步明确。借由美国行政法学者马肖提出的程序正义理论,一是适当性的程序正义被视为正当程序的适当性模式,要求对类似案件的同一法律程序予以尊重,反对因人而异的程序设计,即形式上的法律面前人人平等;[3]二是类似于"过程性利益"的正当程序效能模式,要求在行政决策的过程中实现个人利益与公共利益的某种和谐,让正当程序成为基于"效益—成本"分析与决定的正当性基础,即关注这种形式或那种形式在行政决策过程中的成本和收益。[4]这两种模式存在着一定的弊端,适当模式过多关注到正当程序的"同一程序"的正义运用,虽能够提供稳定的法律预期,但容易陷入形式主义的狭隘视角,难以灵活应对不同行政场景的程序问题,毕竟同一程序导致正当程序过于抽象,对其进行具象化解释会面临着连贯性孱弱和理解缺乏民主基础的风险。而对效能模式而言,正当程序成为个人利益

---

[1] SUMMERS R S. Evaluating and improving legal processes plea for process values[J]. Cornell Law Review,1974,60(1):1-52.

[2] 迈克尔·D.贝勒斯.程序正义——向个人的分配[M].邓海平,译.北京:高等教育出版社,2005:155-164.

[3] 杰瑞·L.马肖.行政国的正当程序[M].沈岿,译.北京:高等教育出版社,2005:53.

[4] 杰瑞·L.马肖.行政国的正当程序[M].沈岿,译.北京:高等教育出版社,2005:109.

与公共利益对比关系的计算实践,一方面,通用性的利益表述程式并不能借助正当程序得以明确,而技术性的计算方式能否回应正当程序的权利关怀也存有疑惑;另一方面,无论是在行政过程抑或是司法审查中,过多地关注到对比关系的计算,则会忽略掉对某些基本权利的保护。所以,为应对行政国家中复杂事务以及统筹个人在行政中的权利保护,正当程序的第三条实现路径应运而生,即尊严价值模式,也就是对"过程性价值"予以凝练和提升。在此模式下,某一行政程序是否具有正当性,应当聚焦到程序对个人尊严的维护。换言之,正当程序的尊严价值是将人性作为行政程序的出发点和落脚点,"维护法律程序自身的公正性、人道性或者合理性,其最终目的在于使那些受裁决结果直接影响的人的尊严得到尊重"[1]。

可以明确的是,尊严视角展示出这样的前景,即正当程序回归到对个人主义关怀的家族中去,这些关怀表现为个人的自主权、表达自由等宪法价值。[2]现代意义的正当程序坚守着那些关于人本主义的价值理念,正当程序因此是起始于一个基本的关于个人自决的道德前提,即个人应当是程序的目的而非实现集体目标的工具,尊重当事人个性和维护适当的人格尊严之程序才是正当的和正义的。[3]据此,以人性为基础且关乎人的尊严地位的正当程序,在瞬息万变的治理时代,具有着如下内在价值:其一,正当程序应当体现主体性,并对参与者的人格尊严予以尊重。程序的主体性是法的主体性,即以人为主体的法意识,表明程序法既是为主体而生,自然也应为主体利益而发展。[4]那么,将人作为程序之目的,意味着需要发现人性尊严和形成个人程序权利的自决性,进而确保相对人参与行政是有意义的,其人格获得相应的尊重。其二,正当程序应当富有理性。程序的理性意味着正当程序不是机械的标尺,其内涵是置于不同时期的具体行政实践中而理性形成的,在"精细调整的过程"中[5],通过行政、司法和个人之间的理性知识交换以描述正当程序的要义。其三,正当程序应当具有时代性。时代性表

---

[1] 陈瑞华. 程序正义的理论基础——评马修的"尊严价值理论"[J]. 中国法学,2000(3):145.

[2] 杰瑞·L. 马肖. 行政国的正当程序[M]. 沈岿,译. 北京:高等教育出版社,2005:179.

[3] 杰瑞·L. 马肖. 行政国的正当程序[M]. 沈岿,译. 北京:高等教育出版社,2005:175-176.

[4] 邱联恭. 司法之现代化与程序法[M]. 台北:三民书局,1992:9.

[5] Joint Anti-Fascist Refugee Committee v. McGrath,341 U. S. 123(1951).

明正当程序需要在系统性演进路径上对人性尊严的程序要求予以适应性调整,而非依靠拼接的方式来填充程序内容。程序不仅是构筑多样社会现实的聚合体,而且是政府与公民进行信息交换的制度中介,通过积极有效的信息交换以不断塑造正当程序的时代性标志。

(三)算法行政中正当程序的理念发展

论及至此,我们发现:正当程序作为一个古老的正义法原则,经历了司法和行政多方面的历史积淀而不断对其自身进行理念塑造和规范解释,从工具主义到本位主义,正当程序形成了基于自然正义而吸纳外部实践的各种因素的自觉思路,能够适应不同的现实情形而灵活赋予程序正义的具体内涵。那么,正当程序的主体性、理性和时代性在坚守尊严价值模式的基础上,应当对治理时代的行政新模式予以回应并适用。西班牙行政法学者巴恩斯认为,第三代行政程序是面向治理时代的程序法因应变革,那么,作为行政法治核心的正当程序在国家与行政转型的过程中,应当自觉有所转变以回应行政治理手段与模式多元化发展的需求。❶尤其是巴恩斯教授指出,不确定性、多变性和创新性的科学与技术问题具有规制上的困难和挑战。随着算法行政的降临,政府公共行政中的法律过程和科学手段具有兼容层面上的排斥性:一方面,法律过程或者法律程序一直以来被视作执行政治意识和协调利益的手段,科学手段却以数据收集和研究的方式并通过算法上的假说和模型生成解决问题的方法,两者在本质上具有明显的差异性。但是,另一方面,也需要看到正当程序并非固定或者一成不变的正义标尺,面对算法行政的转变与形成,"政府与公民现在越来越明显地生活在一个一体化的信息环境中"❷,在政府、个人与智能技术形成的利益格局中,正当程序的理念重塑如同公共利益一样,是在确定历史必然性与偶然性之间进行的一种具体选择。❸有鉴于此,算法行政中正当程序应当采取何种立场以及如何适用,已然成为探寻算法行政中程序法治的原则性议题。

---

❶ 覃慧.治理时代行政程序法制的变革与因应研究[M].北京:北京大学出版社,2018:140.

❷ 安东尼·吉登斯.第三条道路——社会民主主义的道路[M].郑戈,译.北京:北京大学出版社,2000:77.

❸ TORCHIA L. La scienza del diritto amministrativo[J]. Rivista trimestrale di diritto pubblico,2001(4):1105-1132.

二、算法正当程序的初步提出

（一）正当程序回应的必要性

算法行政是人类风险社会形成和发展过程中行政模式的回应性转变，从宏观视角观之，其实质是行政治理大背景下政府行政活动与智能技术融合并进的治理术。诚如学者所言，行政程序的转型与发展必然与行政国家形态的变革相辅相成。❶那么，算法行政在某种程度上可视作行政国家经由技术赋能而发展出的阶段性新形态，行政程序因其是将行政法中其他制度予以有效落实的行政法制度，从而首先受到算法行政的冲击和影响。❷算法决策与传统行政决策不同，算法以技术治理的形式撼动着行政决策的"人性"，进而引发了决策样态转型中的正当性质疑。正如前文论及算法决策给行政程序带来了优化和精简的同时也形成了"技术俘获侵蚀中立性、黑箱机制危及公开性、嵌入模式架空论证性和操纵力量降低公正性"等时代性难题，这些危机事实上是算法决策在行政权力视域下的异化表现，从而动摇了正当程序的这一基本法原则，导致个人获得社会福利、公共服务的机会受到影响❸以及遭受不利对待的可能性极大提高。例如，公共场所大规模部署与应用监控器，从而导致个人面临着隐私空间限缩和信息自决权式微的困境，引发个人信息如何在算法治理中有序共享之疑问，即隐私利益、安全法益和个人信息的利益协调问题。算法决策在隐私权和个人信息层面造成的非正义介入，从实质上来看，这种非正义介入逐渐转变成算法歧视、算法偏见和算法操控等，继而波及正当程序中的平等保护要求，即传统行为主义逻辑的平等权保护模式无法与机器行为进行有效匹配。❹

---

❶ 戚建刚."第三代"行政程序的学理解读[J].环球法律评论,2013(5):152.

❷ BARNES J. Reform and innovation of administrative procedure[M]//BARNES J. Transforming administrative procedure. Sevilla: Global Law Press, 2008:16.

❸ SOLOW-NIEDERMAN A. Administering artificial intelligence [J]. Southern California Law Review, 2020,93(4):633-695.

❹ 刘艳红.公共空间运用大规模监控的法理逻辑及限度——基于个人信息有序共享之视角[J].法学论坛,2020(2):9;崔靖梓.算法歧视挑战下平等权保护的危机与应对[J].法律科学(西北政法大学学报),2019(3):33.

然而,危机即转机。不同时代背景下的行政模式,意味着行政程序的正当性原则应当相应地进行立场与适用的调整。依据巴恩斯教授提出的程序代际发展观,"面向行政"是第三代行政程序的核心内涵,明显不同于"面向司法"的第一代行政程序和"面向立法"的第二代行政程序。那么,在算法行政兴起之际,随着算法决策的普遍运用,导致"传统的行政程序在灵活多样的现代行政面前也暴露出其僵硬和不足",正当程序作为控制政府权力和保障公民权利的基本法原则,应当通过适应性机制和灵活性机理以应对变化莫测的行政现实,旨在"增加行政程序的弹性和柔性,发展非正式的行政程序理论制度的建构也将成为治理时代的一个新的增长点"[1]。由此可见,基于算法行政中算法决策程序的风险规制需要,正当程序应当在巩固和坚守传统价值的基础上来明确新时代程序的正义立场和适用模式,为下文建构算法正当程序的具体内容奠定基础。

(二)算法正当程序的"程序性"和"实体性"适用标准

算法决策程序使得正当程序的某些关键内容缺省[2],由于算法决策程序的内部性、自主性和迅速性钳制告知、说明理由、听证等的实现[3],因而导致个人在公共行政中的"离场"。面对算法决策程序导致正当程序趋于程式化、机械化的问题,正当程序对于实现算法决策中的共情要求仍然重要,所以应当赋予相对人"获得共情"的权利。[4]故而,在算法行政背景下算法与正当程序有关[5],仍然需要坚守正当程序以保障个人的权益伸张。[6]就正当程序的时代性发展而言,通过数字化引领法治,正当程序应当顺应算法行政塑造出新的正义理念。[7]因此,在算法行政中,正当程序应当顺应算法行政的趋势发展出"经由算法的程序正义"。

---

[1] 覃慧.治理时代行政程序法制的变革与因应研究[M].北京:北京大学出版社,2018:120.

[2] 胡敏洁.自动化行政的法律控制[J].行政法学研究,2019(2):59.

[3] 陈飏,裴亚楠.论自动化行政中算法决策应用风险及其防范路径[J].西南民族大学学报(人文社会科学版),2021(1):76.

[4] COGLIANESE C. Administrative law in the automated state[J]. Daedalus,2021,150(3):104-120.

[5] 陈景辉.算法的法律性质:言论、商业秘密还是正当程序?[J].比较法研究,2020(2):129.

[6] 王贵.算法行政的兴起、挑战及法治化调适[J].电子政务,2021(7):10.

[7] SUKSI M. Administrative due process when using automated decision-making in public administration: some notes from a Finnish perspective[J]. Artificial Intelligence and Law,2021,29:87-110.

"经由算法的程序正义"亦可概括为算法正当程序,是协调"机关—个人—技术"关系的智能程序正义观。算法正当程序的明确是立足于算法决策的"公私合作"和"准国家权力"的基本判断,前者说明算法具有公共性且与公共利益衡量密切相关,继而在公共领域产生的复杂关系应当受制于正当程序"内在善"的价值要求;后者则是说明算法权力的正当性需要与正当程序建立关联,形成道德上和规范上的联系,即算法权力行使的正当性基础源自满足正当程序的要求。

因此,算法正当程序的适用标准涵盖了实体性正当程序和程序性正当程序。一方面,实体性正当程序意味着算法决策程序是正当程序"民营化"的智能表征,需要在算法决策行为过程中找到政府行为确定的标准。具体来说,在以"公私合作"为内核的算法决策中,两种认定政府行为的标准❶提供了正当程序实体性规制的可能思路:一是公共职能标准,该标准认为如果算法决策系统作出的行为具有着传统政府职能的独有属性,那么这种算法决策行为构成行政行为,亦应当受到正当程序的约束。何为"政府公共职能"需采取谨慎立场,其应当局限在行政许可、行政强制、行政处罚、行政给付等与个人自由、财产权和福利权等相关的职能范畴内,避免过多的拓宽范围导致算法决策行为在定性上出现泛化现象;二是政府卷入标准,该标准主要是为了将政府行为延伸至算法设计阶段,这意味着私主体依据行政合同研发算法决策系统之时,因算法应用的公共性目的而与政府形成共生关系,研发行为应当视作为政府与私主体的共同行为,因此,算法决策行为得以从设计、研发、部署、应用延伸至评估阶段,正当程序在不同阶段中发挥着相应的规制作用。另一方面,程序性正当程序则关注算法决策程序中"人与人、人与机器之间的叙述性和可理解性交流"的实现。虚拟空间的算法决策程序事实上影响着现实世界的正当程序,意味着公共行政跳脱出人际交互的程序(Process)之治转向人机共存的程序(Program)之治。算法正当程序与传统正当程序是同源异构,"同"表现为算法正当程序坚守正当程序中尊严维护和正当性治理的法治原理,"异"则表现为算法正当程序对算法决策的技术理性予以兼容发展。因此,在程序性视角下,算法正当程序包括了三个治理目标:一是尊严性治理。该目标要求在算法决策的过程中构建新型正当程序权利体系,让参与其

---

❶ 高秦伟.美国行政法中正当程序的"民营化"及其启示[J].法商研究,2009(1):106.

中的个人拥有维护人类尊严的行权可能性;二是正当性治理。该目标要求建立一个"结构精心设计的纠问式质量控制模型"❶,以便于行政机关、专家和相关者通过广泛的参与和评论程序实现对算法决策的合法性或者可解释性的论证;三是工具性治理,该目标要求使用者和设计者通过内部程序的标准化设置以发现和消除数据瑕疵、价值失范、算法错误及算法偏见等问题。❷可见,算法正当程序要求的程序性控制,是一种"通过合作治理的系统性监管"和"体系建构正当程序性权利"双管齐下的算法治理形式❸,既要在行政内部形成政府机关与设计者之间合作的审核程序,又要在行政外部形成多元主体在适当时候对争议问题进行意见表达、有效沟通和及时救济的普通程序。

第二节 回应韧性:算法正当程序的建构机理及价值

在我国,正当程序作为基本法原则地位的明确,最早可以追溯到原国家商检局《关于印发〈商检部门做好行政应诉工作的意见〉的通知》(国检政〔1991〕304号)指出:"进行具体行政行为时,应当遵循正当程序规则。"随后,《国务院关于印发〈全面推进依法行政实施纲要〉的通知》等法规政策将其作为依法行政的基本原则。在司法领域,"田某诉北京科技大学案"中初现正当程序的轮廓,法院逐渐将其作为行政审判的标准和依据,这掀起了正当程序"原则之治"的潮流。❹这些说明,正当程序"既可以作为超验的'法的一般原则'而存在(原理意义),也可

---

❶ CITRON D K. Technological due process[J]. Washington University Law Review, 2008, 85(6):1249-1313.

❷ 陆凯.美国算法治理政策与实施进路[J].环球法律评论,2020(3):8.

❸ KAMINSKI M E. Binary governance:lessons from the GDPR's approach to algorithmic accountability[J]. Southern California Law Review,2019,92(6):1529-1616.

❹ 诚如学者指出,2014年,当"田某诉北京科技大学案"作为第38号指导性案例予以公布时,最高人民法院更加清晰地表达了确立正当程序原则作为"法的一般原理"在司法判决中的法源地位。同时,自该案起算,正当程序原则在我国行政审判实践的发展已近20年的历史。参见蒋红珍.正当程序原则司法适用的正当性:回归规范立场[J].中国法学,2019(3):62.

以在实定法中具体体现(规则意义)"❶。基于正当程序在我国立法、司法的实践考察,不难发现,正当程序的内涵界定与适用要素因"依法行政"的时代意蕴以及个案的具体情形而不断发展,故此,无论是学术界或者实务界,均达成一个共识:正当程序具有相当程度的"弹性",而这种弹性是建立在"最低限度公正"的稳固内核之基础上的,即正当程序的"弹性"是在稳固且具有价值导向作为原则性要求下才具有合理性,"缺乏某种原则作为基础的'弹性',并不能看作是灵活性的,因为这样的'弹性'只不过是恣意或者反复无常的代名词"❷。有鉴于此,前述提出的"算法正当程序可视为正当程序对算法行政的回应与发展,是具有实践基础和理论基础的,实践基础来自正当程序在行政与司法中的动态演变;理论基础则是来自正当程序的"最低限度公正"的价值导向提供的一定程度的弹性空间。可见,算法正当程序并非"无源之水"的假想,而是基于特定现实与时代需要发展出的一种新程序正义理论,而且相较于"弹性",本书认为,进阶的"韧性思维"提供了更为宽广的建构力量,在包含弹性之基础上,体现出正当程序受到行政转型之冲击时具有的抗压能力、适应能力、复原能力及建构能力。

一、正当程序的"韧性":一种建构原则

公允地说,相较于其他行政模式,算法行政是以技术风险为特征,而这种风险具有认知上的不确定性和不稳定性,因此,为有效应对日益频繁且难以预测的技术风险,"韧性"从自然科学的概念引入到人文科学中。那么,在政治学和行政学范畴内,"韧性"被定义为系统具备吸收外界冲击的能力,并通过重组的方式以维持系统功能的持续性和有效性。❸"韧性"在公法学范畴也得到了重视,例如墨西哥城将"韧性"写入宪法文本,通过宪法的"韧性"来在复杂多元的现实环境中创造出一个更为公平、准备充分的社会。同样地,巴西《宪法》自1988年以来历经了106次的修改,是某种"规范的不稳定性",但也表现出宪法文本上的适应能

---

❶ 蒋红珍.正当程序原则司法适用的正当性:回归规范立场[J].中国法学,2019(3):48.

❷ REDISH M H, MARSHALL L C. Adjudicatory independence and the values of procedural due process[J]. Yale Law Journal,1986,95(3):455-505.

❸ 杨学科.弹性治理:枫桥经验生发的阐释[J].治理研究,2018(5):30.

力❶,有学者提出"宪法韧性"的这一概念,意指在"韧性"的概念框架内,需要审视宪法的适应性,一方面是为了适应新的政治环境、经济环境和社会环境,并应对环境改变所带来的复杂任务;另一方面也需要坚守宪法的规范底线,保持宪法必不可少的基本要素,在基础价值导向下提供观察宪法变化的不同视角。❷

在历史发展中,正当程序具有自然法和成文法上的规范地位,其本身也是宪法意义上的基本原则,这意味着关于"通过变化保持其稳定"的"韧性"方法论具有可行性和可适用性,那么,"宪法韧性"的概念框架对确立算法正当程序而言同样具有重要意义。尤其是算法行政兴起之际,以算法决策程序这一实践形式改变着正当程序的正义要求。传统的正当程序蕴含着政府行为的合理判断的人文价值,但是,算法决策程序却在某种意义上将行政行为中的"政治考量、政策决断和个案处理"交由机器❸,导致政府失去对行政过程的控制,既不理解其中的算法运行和数据信息,也无从得知决策具体的生成逻辑。此种正当程序人文价值的塌陷,表明行政机关及其工作人员过度依赖算法决策,人本正义被机器正义取而代之,技术不再服务于人类而转变为人类依附于技术,程序的自主性、独立性因此消散,而在行政中出现技术依赖、技术崇拜、技术恐惧等。因此,基于"韧性"思维为重新审视算法正当程序的回应性建构提供了概念视角。

第一,正当程序的"韧性"应当作何理解,这是建构算法正当程序的前提问题。如前述,"韧性"思维并非人文科学中惯有的概念,而是在伊里纽尔·华勒斯坦所描绘的"开放的社会科学"的推动下,将自然科学的"韧性"概念有针对性地引入到人文科学中来。从跨学科视角来看,"韧性"具有普遍的适用性,较为全面的概念是:"韧性"用来描述一个社会或者生态系统能够吸收外部干扰,并维持其基础结构和基本功能的能力。进而言之,这些能力可以细化为抵御干扰的能力、适应变化的能力、恢复运作的能力和自我建构的能力。❹因此,在理论发展的维

---

❶ 杨学科.数字宪治主义研究[D].长春:吉林大学,2020:113.

❷ CONTIADES X, FOTIADOU A. On resilience of Constitutions. What makes Constitutions resistant to external shocks[J]. ICL Vienna Journal on International Constitutional Law,2015,9(1):3-26.

❸ 宋华琳,孟李冕.人工智能在行政治理中的作用及其法律控制[J].湖南科技大学学报(社会科学版),2018(6):88.

❹ 潘小娟,李兆瑞.行政韧性之探析[J].中国行政管理,2019(2):99.

度,"韧性"思维被费耶阿本德视作是"多元理论"的基础。根据其哲学观点,"韧性"是检验某一理论是否具有发展潜能的标准,理论应当是可发展和可改进的,亦即我们从某一理论中找到其最为关键的特质,并在坚持理论基础要素的同时寻找解决困难的方法。❶

第二,正当程序的"韧性"能力如何在坚守和发展之间实现平衡,是算法正当程序建构的关键所在。对正当程序而言,作为程序正义考量基础内容的行政模式因技术与治理的高度融合而发展成算法行政,算法行政形成的风险相应成为影响着正当程序的外部干扰,具有"韧性"的正当程序需要对这些风险进行事实性描述,让其置身于特定的情景中,即"情景中的法",这意味着正当程序需要对事实维度与规范维度予以适应性整合。那么,"韧性"赋予了正当程序在调节和缓和事实性与有效性之间张力的可能空间。依循哈贝马斯提出的商谈法哲学,在算法行政背景下,正当程序作为现代法,不仅要吸纳来自生活世界的事实性法律(诸如算法、代码等),而且需要在复杂的法律系统中实现对自我理解的"自我更新(算法正当程序是正当程序发展的新阶段)"。❷

二、算法正当程序的建构力量:多维的"韧性"能力

通过对正当程序的"韧性"进行系统地阐释,可以发现,在算法行政背景下,正当程序的"韧性"意味着算法规制虽然需要坚守正当程序的基础要求,但是与此同时,也需要对其进一步的发展和完善。因此,"韧性"意味着理论的发展,而且需要发现算法行政的不同技术向度具有着相对的自主性,表明借助程序韧性从不同视角去探讨技术向度与正当程序的互动模式,即一种"技法互动"立场。那么,在"技法互动"的立场下,韧性是一种能力,且是具有层次的能力,正当程序的理论发展因此具有参差性。面对不同的技术向度,正当程序的回应韧性也是有所差异的,表明算法正当程序的建构过程基于韧性能力差异性而体现出梯度。有鉴于此,算法正当程序的建构力量源自正当程序多维的"韧性"能力。

❶ 牛秋业.费耶阿本德的理论多元论[J].中南大学学报(社会科学版),2012(6):119.

❷ 杨静哲.法律多元论:轨迹、困境与出路[J].法律科学(西北政法大学学报),2013(2):9.

(一)正当程序的抗压能力

正当程序的抗压能力是指正当程序应对技术风险时所表现出的忍耐力,是正当程序韧性的基础特征,即在可忍受的程度内对技术风险予以化解,是一种被动的反应。例如,在程序法无规定时,正当程序通常被法官用来判断行政行为的合法性,有韧性的正当程序提供了"最低限度公正"的正义性框架,在可忍受范围内对缺乏程序规定的行政行为予以最低程度的控制,即由规范缺失和行为失范构成的外部干扰,在特定情形中能被正当程序吸收并消除不利影响。从这一角度来看,面对算法行政的技术风险,正当程序的最低公正限度、公正要求若能在可控范围内解释和化解技术风险,此时的正当程序发挥着抗压能力的韧性。

(二)正当程序的适应能力

正当程序的适应能力是指正当程序对算法行政的新理念和新要求进行灵活适配,是正当程序发展的潜力,即在坚守基本价值的基础上回应外在的行政变化,是一种积极的反馈。例如,随着人工智能算法在金融领域的广泛应用,我国制定了《人工智能算法金融应用评价规范》,旨在形成以评价程序为核心框架的算法治理模式。这一点契合巴恩斯教授提出的治理时代中的"第三代行政程序",意味着正当程序因应治理方式的转变而不断拓展其自身的程序功能,使之更加地符合算法行政的过程性控制的需求,特别是算法决策过程中的公众参与、风险可控和有效沟通等。[1]那么,围绕着安全性、可解释性、精准性和性能方面开展的算法评价,实质是将正当程序的"任何人不能做自己的法官"适应性转变为"第三方机构进行评估",即"同行评审"成为算法正义保障的一部分,算法决策的可靠性交由专业的机构主体予以评定。将"当事人申辩表达"适应性转变为"算法主体对安全性、可解释性、精准性和性能的全面说明",即关于算法本身以及个人权利的"充分说明"在很大程度上降低了算法决策过程中相对人的不满或者异议,算法信任氛围则由行政机关负责任地说明行为以提供正当基础。

(三)正当程序的复原能力

一般认为,某一系统在受到外部干扰后,会积极回应发展进而反弹至原有的

---

[1] 覃慧. 治理时代行政程序法制的变革与因应研究[M]. 北京:北京大学出版社,2018:182.

秩序。据此,正当程序的复原能力所指向的是基本规则适应性发展后的"人本正义"法秩序的回归。例如,美国《人工智能风险管理框架》指出,公共部门应当负责任地研发和使用算法系统,强调以人为本的核心理念,坚持人类控制和人类归责的程序正义原则。其中,人类控制权是指人工智能系统(包括算法决策程序)出现不可预料的行为、遭到黑客攻击、意外干预或者任何可能影响运行的情况下,相关主体可以随时纠正、停止甚至禁用系统,同时还包括了系统预设人类监督的规则;人类归责则是指任何人工智能系统都不得免除人类的责任,即系统背后的特定主体应当对决策过程和决策结果负有最终责任。❶可见,正当程序的复原功能最终是为了维持"人本正义"控制和问责规则的基本运行。

(四)正当程序的建构能力

与其他"韧性"能力相比,正当程序的建构能力则更具有持续性和发展性,即正当程序对算法行政中的关键内容予以反思性学习,创造性地形成新的程序正义。因此,算法正当程序不仅具有正当程序原有的正义内容,而且通过持续地学习和适应,与时俱进地赋予算法正当程序新的内容。换言之,鉴于建构能力的持续性和发展性,算法正当程序建构之正当性在于保证程序理性与算法权力、政府权力、个人权利之间的动态平衡,即正当程序的韧性被理解为学习、适应和建构的过程,并不局限于原有程序正义状态的简单回归。那么,通过"韧性"建构形成的算法正当程序,是将算法决策程序的技术价值与正当程序的法治价值进行双向的融合与协调,即根据算法行政的现实情境变化对算法正当程序进行灵活的调整;同时,也能通过算法正当程序的调整内容来引导算法行政的发展趋势。在此意义上,对算法行政的程序治理应当避免算法风险的弥散以及算法责任的漂移,正当程序的建构韧性意味着构建一体融合的程序正义体系,探索算法规制的新方式,塑造自主且精细的治理秩序。❷那么,算法正当程序所展现出算法规制的完整价值图景❸,不仅对算法行政的危机进行回应治理,而且更为主动和积极地介入算法行政进行价值的重整和平衡。

---

❶ 崔亚东.世界人工智能法治蓝皮书(2021)[M].上海:上海人民出版社,2021:80-81.

❷ 马长山.智能互联网时代的法律变革[J].法学研究,2018(4):20.

❸ 郑玉双.计算正义:算法与法律之关系的法理建构[J].政治与法律,2021(11):102.

三、算法正当程序的建构价值：兼具工具理性与价值理性

需要指出的是，算法决策程序想要展示出智能特征，那么其必须要与现实世界交互。为了实现这一点，其必须有一个可以用来表示外部现实的正规框架，而与世界交互也蕴含着一定程度的不确定性。❶那么，在算法行政中，算法决策程序通过产生式规则的逻辑指令来实现利益的知识表示，即 IF（条件）、THEN（动作）或者 IF（条件）、THEN（事实）。当然，这些产生式规则的处理过程存在着模糊逻辑，即在代码架构中，并不全是非黑即白、非正即负的运算结果，相反是取决于现实情况的程度变化而运算得出"在一定程度上的结果"。❷可见，算法决策程序之于行政程序，在规则推演和裁量判断上存在着一定程度的耦合，这对于新时代下算法正当程序的价值建构提供了可能性。

（一）工具理性和价值理性的厘清

在算法行政下，正当程序的工具理性和价值理性的双重价值亟须发展。正当程序的工具理性表现为程序结果的有效性，是典型的程序工具价值观。那么，行政程序在时空层面上为行政行为的作出进行了有次序、有步骤、有时限的程序设计，其运行是朝着一个预定的实体目标发展的，是为了实现法的目的。从这层意义来看，对行政程序的工具价值判断需要基于程序设计对法的目的之实现的作用意义，即"如果一项法律程序是实现某一好结果的有意义的手段，它就在这一方面成为好的程序"❸。而正当程序的价值理性则是对形成实体目标的过程本身的评价，"对法律程序即形成这种结果的过程本身的评价也是具有可能性的，并且可以有独立的价值标准"❹。可见，工具理性和价值理性共同构成正当程序的双维价值体系，前者关注的是结果的形式有效性问题，后者关注的则是过程的

---

❶ 史蒂芬·卢奇，丹尼·科佩克．人工智能[M]．二版．林赐，译．北京：人民邮电出版社，2018：15.

❷ 史蒂芬·卢奇，丹尼·科佩克．人工智能[M]．二版．林赐，译．北京：人民邮电出版社，2018：454.

❸ SUMMERS R S. Evaluating and improving legal processes plea for process values[J]. Cornell Law Review,1974,60(1):1-52. 转引自陈瑞华．通过法律实现程序正义——"萨默斯程序价值"理论评析[J]．北大法律评论,1998(1):183.

❹ 陈瑞华．通过法律实现程序正义——"萨默斯程序价值"理论评析[J]．北大法律评论,1998(1):182.

实质正义性问题;前者显现出"程序结果之于人"的间接价值关系,是形式主义的发展延伸,后者则体现"程序过程之于人"的直接价值关系,是实质正义的集中体现。❶那么,如前所述,在算法行政背景下,算法决策通过代码规则和数字建模所产生特定决策结果的过程和程序,虽然能够满足行政高效发展的需要,即最快制定行政方案并予以自动执行,但是其决策程序是不确定性的,且处于不透明、不公开的"算法黑箱"状态。因此,面对关乎个人权益的算法决策是基于代码和建模而非既定的程序规则,算法正当程序的提出就是为了保障算法决策程序公平正义之实现,继而在新时代和新背景下实现传统正当程序双维价值的回应性建构。因此,算法正当程序的建构价值需要进行规范意义上程度区分,这种区分不是一种纯科学判断,而是基于程序价值和技术价值的综合性判断,表现为算法正当程序双维价值建构的具体内容。

（二）价值之一："技术代码"下算法正当程序对工具理性的极致追求

在程序工具价值视角下,程序运行遵循严格的形式规则模式,即程序正当性源自对实体规则的严格执行并保证法律运行过程的"经济效益最大化"。❷那么,基于此理念下的行政程序具有着显著的技术性,这种技术性表现为对关系主体的理性人预设并对行为过程进行理性设计,亦即,行政程序是由一系列的程序制度所组构而成,例如听证制度、说明理由制度、告知制度、公开制度和审裁分离制度等,这些制度是程序运行过程中功能分化后的结果,客观上表现出一种普遍化和去人格化的特征。理性设计和编排的程序制度因此形成程序运行俱全的技术链条,一环扣一环的技术链条保证了程序运作协调、精确和高效,而且这种纯粹的技术编排使得程序将参与者的人格性予以排除,仅作为不同程序节点中的角色而负有特定的权责义务,去政治化和去道德化的制度装置力图实现行政程序的自身净化,成为纯粹的技术性制度逻辑。❸从这一角度观之,正当程序的工具

---

❶ 崔卓兰,曹中海.论行政程序的内在价值——基于对行政程序底线伦理的探索[J].法制与社会发展,2006(3):64.

❷ 周佑勇.行政法的正当程序原则[J].中国社会科学,2004(4):118-119.

❸ 张步峰.正当行政程序研究[M].北京:清华大学出版社,2014:68-69.

价值具有着明显的机械性和标准性,机械性是指程序的制度运作依赖于既定的规则设计,需要按部就班地予以落实;标准性是指特定程序的制度运作是置于标准化的流程设计中的,如时限、步骤等的标准化设计,尽可能地消除其中的道德因素和政治因素。可见,程序工具价值将规则的普遍性和适用的一致性视为程序正义的理性安排,对于程序正义的判断则依赖于技术规则是否产生结果上的正义性。换言之,正当程序的工具价值实质关注结果输出对形式逻辑的遵从,即将政府行政活动及其方式与界定明确、条件完备和逻辑简明的法律规则进行"输入—输出"的机械设计,参与者只是程序过程中某一行动的触发者或者传递者,推动程序渐次发展的法律规则是普遍的、规律的、可理解的和可计算的。所以,正当程序的工具价值源自法律规则的忠诚服从,需要一个"可靠的法律制度和按照形式的规章办事的行政机关"[1]。

  可以看出,在形式理性的法理念下,行政程序是政府部门演绎推理法律逻辑规则的技术步骤。法律规则被看作是行为的价码,是没有道德谱系而只有规则谱系的规则体系,行政程序通过对形式法的严格遵循以获得行为结果的理性算计,即结果的可能性以及"成本—收益"的数据分析。[2]因此,芬伯格将这种形式化、非人格化和机械化的规则体系称为"技术代码(Technical code)",他认为技术代码至少具有两层含义:一是分清允许的或者禁止的活动;二是能够将这些活动与一定意义的目的所联系起来。从这个角度出发,算法正当程序最初追随着技术代码的工具理性,即"在用技术上连贯的方式对一般类型问题的解决中的利益的实现。这种解决方式为技术活动的整个领域提供一个范式或样本"[3],从而不仅使技术规则与组织功能产生实质联系,而且确保行政的社会功能和构建功能获得合法性的存在形式。这在某种程度上与算法行政的代码程序机制具有形式层面的契合性,算法行政本质上是对传统行政工具理性的延续和发展,传统行政决策需要通过严格的形式规则而作出,这样的程序过程确保行政秩序的稳定形

---

[1] 马克斯·韦伯.新教伦理与资本主义精神[M].于晓,陈维纲,等译.北京:生活·读书·新知三联书店,1987:导论14.

[2] 霍姆斯.法律的道路[M]//斯蒂文·J.伯顿.法律的道路及其影响:小奥利弗·温德尔·霍姆斯的遗产.张芝梅,陈绪刚,译.北京:北京大学出版社,2005:10,45.

[3] 安德鲁·芬伯格.技术批判理论[M].韩连庆,曹观法,译.北京:北京大学出版社,2005:23.

成;算法决策则是通过代码编程和数字建模实现对行政结果的有序排列,实现技术理性的客观中立之目标。由此,在"技术代码"的理念支持和"工具理性"的形式追求共同作用下,算法与程序工具价值下的形式规则进行深度融合,形成行政运行刚性程序化和刚性规则化的技术系统:一方面,行政的技术性程序被转移至算法决策系统之中,程序的规则逻辑和信息流动的规律形式被编译为一种算法决策的数理逻辑,将行政行为、法律关系、权责义务等形式化为可计算的问题,政府行政因此必须遵循已经客观化的算法行政系统所设定的代码程序,"使用计算机科学的思维和方法来设定概念和建立计算框架"[1],这些计算代码具有着自我执行的属性,"规则创制、规则执行和规则司法"在代码中实现三位一体的建构;[2]另一方面,程序"非人格化"的规则设置被进一步巩固,政府的行为方式、行政过程等被规范在代码所给定的代码空间而形成数理运行的规则体系中,这种"技术规则是一种'内在的'规则,如果不遵守技术规则。程序将返回一个错误值并停止运行,并且代码总是严格地按照规则运行,是一种事中执行机制"[3]。

(三)价值之二:"设计代码"下算法正当程序对价值理性的实质追寻

如前所述,一项程序毫无疑问具有实现法律规范目标的技术性功能,而构成政府行动合法性基础的正当程序被视作是对理性主体提出的公共规则体系[4],一个逻辑上符合工具理性的程序规则又被看作是"规范性指导的中立而自主的源泉"[5],行政机关的干预行政、管理行政抑或是福利行政则能够在逻辑化、体系化和形式化的程序技术中实现对法律形式理性的彰显。因此,算法的技术逻辑与行政程序的技术作业存在着耦合性,即作为结果的行政行为可以通过算法决策系统自动作出,鲜有关注运行过程中的作为主体的参与者的感受和判断,尤其在这过程中,算法决策很大程度上是为了服务于主权者,其提供的技术程序实质是

---

[1] 赵万一,侯东德.法律的人工智能时代1[M].北京:法律出版社,2020:277.
[2] 余盛峰.全球信息化秩序下的法律革命[J].环球法律评论,2013(5):112.
[3] 唐文剑,吕雯,等.区块链将如何重新定义世界[M].北京:机械工业出版社,2016:49.
[4] 约翰·罗尔斯.正义论(修订版)[M].何怀宏,等译.北京:中国社会科学出版社,2009:185.
[5] 图依布纳.现代法中的实质要素和反思要素[J].矫波,译.北大法律评论,1999(2):594.

对程序"工具主义"观念的固化和执行,过程与结果的截然分离导致过程与结果的"二律背反"❶,也就使得算法决策从客观的技术理性转变为失却正义的算法独裁。基于计算逻辑的算法决策虽然能够实现"输入—输出"结果导向的模型建构,但是却忽视了"输入—输出"中被隐匿的"处理"过程"必须符合对个人的最低公正标准"❷的程序要求,政府与个人之间的论辩实践因此被算法黑箱程序所替代,"它们对一些特定公共价值(如一致性和效率)的考虑,远甚于公平和诚实"❸。于是,有学者指出,算法决策与大数据等的结合似乎为我们打造了一个更为安全且更为高效的社会,但是也否定了人之为人的重要部分——自由选择的能力和行为责任的自担,放弃了作为道德主体的自由意志。❹

由此,"技术代码"下程序规则经过算法程式化实现编码设计,其自我执行的过程充斥着"操作自主性"(Operational autonomy),即算法决策程序独立地就如何展开行政业务而自动运行和自主决定,"而不管下层的行为者和周围社区的利益或观点"❺。例如,在2004年9月至2007年4月期间,私营科技公司的程序设计员将九百余条不正确的政策规则编译植入美国科罗拉多州的公共福利系统,导致成千上万人遭受到不利对待,"错误的编码导致法律条文被严重扭曲,其效果也发生了改变"❻。在算法行政初始阶段中,代码化的程序规则对形式法的绝对遵从而丧失个人对程序正义的感知和需要,个人作为尊严主体的价值理性被物化、矮化和异化,"凡是具体的个人被贬为客体、纯粹的手段或是可任意取代的数值

---

❶ 王锡锌.行政程序法理念与制度研究[M].北京:中国民主法制出版社,2007:74.

❷ 欧内斯特·盖尔霍恩,罗纳德·M.利文.行政法和行政程序概要[M].黄列,译.北京:中国社会科学出版社,1996:119.

❸ 迈克尔·维勒,伊琳娜·布拉斯.算法行政?公共管理与机器学习[M]//凯伦·杨,马丁·洛奇.驯服算法:数字歧视与算法规制.林少伟,唐林垚,译.上海:上海人民出版社,2020:137.

❹ 维克托·迈尔-舍恩伯格,肯尼斯·库克耶.大数据时代:生活、工作与思维的大变革[M].盛杨燕,周涛,译.浙江:浙江人民出版社,2013:207.

❺ 卫才胜.技术代码:芬伯格技术批判理论体系构建的基石[J].华中科技大学学报(社会科学版),2010(5):99.

❻ 卢克·多梅尔.算法时代:新经济的新引擎[M].胡小锐,钟毅,译.北京:中信出版社,2016:140.

时,便是人性尊严受到侵犯"❶,算法决策程序更多地聚焦在非个人化、技术行动中与生活疏远的主体力量,抵消了正当程序过程价值"多重设置中的动态抗争,而这种多重设置正是个人关系和/或民主合作更为倾向的"❷,导致"越来越多的机器执法和裁断,越来越少的人际互动和交流,有公民变成'驯服的身体'的危险"❸之显现。

如同学者所言:"人既具有道德性又具有功利性。作为道德主体的人可能会更关注公平对待、尊严等程序公正方面的价值;作为理性主体的人可能更关注过程对于结果的有效性。"❹也就是说,现代意义上行政活动的正当性、权威性和可接受性要素源自参与主体之间的对话交流、理性说服和互谅互解而产生的确信和同意,行政的过程应当在主体之间进行证明和说服,而这一过程就包含了自我决定、异议主张、利益权衡和价值衡量等正当程序性要素❺,即卢曼所言的"通过程序获得正当性"。因此,在算法行政中,算法正当程序需要重点关注价值理性,就程序运行算法化和代码化的过程而言,应当吸纳道德伦理价值,以彰显出在协调关系中人们最基本的正义诉求。面对"技术代码"下程序运行过度地偏向于工具价值的形式转化之不足,芬伯格提出实现技术民主化的"设计代码"(Design code)理论,设计代码相较于技术代码具有一定的进步性,技术设计不仅涉及行动规则的代码转译和逻辑编程,还涉及对技术规训的塑造,并提出实现技术民主化的可行方案,譬如技术争论、创新对话、参与设计和创造性再利用等。❻那么,在"设计代码"倡导民主和"价值理性"尊重人性的共同作用下,通过算法编译和运作的行政过程需要引入"更民主的控制和重新设计技术,使技术容纳更多技能和可能性"❼,核心即公众对算法决策程序从设计与运行全过程的参与以保障技

---

❶ 黄桂兴.浅论行政法上的人性尊严理念[M]//城仲模.行政法治一般法律原则(一).台北:三民书局,1999:10-11.转引自韩大元.生命权的宪法逻辑[M].南京:译林出版社,2012:107.

❷ 安德鲁·芬伯格.技术体系:理性的社会生活[M].上海社会科学院科学技术哲学创新团队,译.上海:上海社会科学院出版社,2018:233.

❸ 马长山.迈向数字社会的法律[M].北京:法律出版社,2021:209.

❹ 王锡锌.行政程序法理念与制度研究[M].北京:中国民主法制出版社,2007:78.

❺ 王锡锌.行政程序法理念与制度研究[M].北京:中国民主法制出版社,2007:49.

❻ FEENBERG A. Questioning technology[M]. London:Routledge,1999:121.

❼ 安德鲁·芬伯格.技术批判理论[M].韩连庆,曹观法,译.北京:北京大学出版社,2005:序言2.

术规则与程序价值之间的融贯,最终形成赋有价值理性的算法正当程序。

具体而言,一是形成"技术争论"。激起公众对公共算法的技术问题和规范问题的广泛关注,并积极参与讨论、提出主张和表达异议等,促使技术设计者顺应民意而适当修改技术代码,例如,苏州推行"文明码"的过程中引发了诸多争议,公众积极对文明码的量化标签、文明码的惩戒作用等问题展开讨论,苏州政府对技术争议予以主动回应,并对相应代码作出修改。❶二是促进"创新对话以及参与设计"。在传统行政活动予以算法设计的过程中,行政机关主动与相关利益者形成沟通和对话,让他们参与到技术代码的编译过程,使得算法决策程序容纳更为广泛的多元利益,例如国家政务服务平台的适老化改造实质是让政府、科技企业和老年人等共同参与到算法系统的设计和优化中来,让老年人的利益诉求得以在系统中充分体现,并且不再被算法系统拒之门外。❷三是推动"创造性再利用"。公共性和普惠性的算法决策应当提供公众意见反馈和再利用的渠道,以持续优化算法决策的系统功能和民主功能,例如多地政府通过数据开放和共享的形式提供数据接口和API接口❸,不仅让"数据多跑路"以精简程序步骤,而且激活了公众的数据应用能力和保障公众参与算法行政的正当程序权利。

(四)算法正当程序应当兼具双维价值

综合而言,在算法正当程序双维价值建构方面,现代化的算法思维方式与传统的正当程序理念相融合进而形成技法兼并的价值思维❹,在算法决策程序与正当程序之间建立起互塑互构的关系,即正当程序的工具理性与价值理性、算法决策程序的代码规则与数理逻辑共同构成算法正当程序的建构价值,为技术与法治的和谐交融奠定基石。因此,在算法行政中,面对算法决策对传统程序规则的

---

❶ 苏州回应"文明码"争议:自愿注册,正向激励,不作处罚依据[EB/OL].(2020-09-06)[2024-04-11]. https://baijiahao.baidu.com/s?id=1677090610670285776&wfr=spider&for=pc.

❷ 国家政务服务平台适老化功能有多方便? 让老人也能感受"指尖办"的便捷和智能[EB/OL]. (2021-02-10)[2024-04-11]. http://www.citnews.com.cn/news/202102/124136.html.

❸ API接口,即应用程序编程接口,表现为具体的应用程序编程代码,通过具体的函数、变量等程序编写,以便于他人能够访问一组例程。参见贾磊.应用程序编程接口"可版权性"的否定——以甲骨文诉谷歌应用程序编程接口版权争议为例[J].科技与法律,2020(5):33.

❹ 张文显.构建智能社会的法律秩序[J].东方法学,2020(5):8.

技术化改造,正当程序的工具价值(形式规则和效率导向)以及价值理性(实质正义和权利保障)不能顾此失彼,应当实现双维价值理念的融贯,不仅是对算法决策行为的形式合法性以及行动标准提供有效指引,而且需要探索决策程序中结果与过程兼顾的平衡机制,以"防止了预防制那种'提前阻却'所带来的自由限制"和"防止了追惩制那种'事后修复'所带来的伤害难题"❶,即构建算法正当程序中场景化、过程化和智慧化的正义实现机制。

第三节 算法正当程序的具体内涵

随着行政事务的复杂性不断迭代加剧,事务数量冗杂、法律确定性羸弱,以及客观数据庞大使行政机关有效治理成为难题,而通过算法决策程序进行判断,计算治理事务中的公平正义日益被看作是一种可行思路。但是,公共行政的可接受源自个人的知情和认可,知情和认可则需要遵循基础的程序正义原则才能实现。故此,算法的技术性程序不得游离出正当程序的正义框架,在"技法互动"的情形下,正当程序为算法决策程序的法治化建设提供了原则性的价值维度,即由算法正义、算法信任和算法透明组构而成的算法正当程序。

一、"一切为了人类"的算法正义

在行政与算法交融的背景下,正当程序不仅关注治理实践与算法决策的硬性结合,而且应当关注交融时代的实质所在,即算法权力的形成。对于算法权力的讨论,有学者从其技术性特质出发,认为算法权力包括了算法本身的权力性和附着于数据的权力,对传统的国家治理秩序产生了巨大冲击力。还有学者从算法的自主性出发,认为具有自主学习和决策能力的算法已经溢出工具化范畴,基于海量数据的运算分析实现对社会资源的配置,直接发挥着对个人行为的规范控制,甚至取代公共行政机关作出决策,发展成为一种新兴技术权力。有学者从媒体领域出发,认为算法具有权力性和政治性,对其定性不在于如何确定算法构

---

❶ 马长山.智慧社会背景下的"第四代人权"及其保障[J].中国法学,2019(5):23.

成和算法运算,而在于算法对个人和社会的实际影响。❶在综合现有观点的基础上,需要明确的是,不同智能程度的算法运用所催生的算法权力也是具有差异性的,在弱人工智能中,表现为附庸于行政权力的算法;而在强人工智能中,表现为具备权力构成的算法。因此,需要从不同程度的人工智能应用出发,基于技术间性(Technology's in-betweenness)❷理论来分层次地阐释正当程序与算法技术之间的深层耦合,继而在算法决策、权力、权利之间实现算法正义。

第一,在弱人工智能运用的行政治理领域中,行政机关使用算法决策是受制于客观任务的需要,算法决策表现出技术工具的特质,是"权力的算法"。所以,行政机关、行政相对人和算法决策之间形成一阶技术关系或者二阶技术关系。具体而言,一阶技术关系是指行政机关基于治理的客观需要来关联技术从而形成的初步关系,二阶技术关系则是指行政机关在技术运用中去关联另一技术从而形成的复杂关系。❸但是,无论是一阶技术关系还是二阶技术关系,行政机关与行政相对人是处于行政程序的闭环中,技术只是介入其中并未成为其中的要素之一。质言之,行政实践依旧是"人际关系",正当程序仍旧以个人与行政机关作为程序的参与双方,而算法决策只是作为催化酶的工具存在。

一般而言,行政机关所开展的行政活动实质上是执行法律的过程,是立法机关意志执行的"传送带"。法律是合法/非法的正负效应二值代码所构组而成的"自创生系统"❹,自生性和应变性是作为社会系统的法律规范理应具备的功能特性,旨在稳定法律实践中人们的规范期待。为回应治理事务多样化的需要,促使行政机关将弱智能型的算法决策作为辅助工具,借助以符号学作为推演逻辑的算法决策即可得到较为稳定且具有预测性的结果。因此,在这一过程中,实质仍是"以人类在场为核心"的行政关系,算法决策实际上是对简单的行政治理进行功能性演绎,而非具有自我意识和自我执行的主体性,是居于协助行政机关裁量

---

❶ 陈鹏.算法的权力和权力的算法[J].探索,2019(4):183,187;陈鹏.算法的权力:应用与规制[J].浙江社会科学,2019(4):53;张凌寒.算法权力的兴起、异化及法律规制[J].法商研究,2019(4):63.

❷ FLORIDI L. The fourth revolution: how the infosphere is reshaping human reality[M]. Oxford: Oxford University Press, 2014:25.

❸ 成素梅,张帆,等.人工智能的哲学问题[M].上海:上海人民出版社,2020:86.

❹ 尼克拉斯·卢曼.社会中的法[M].李君韬,译.台北:五南出版社,2009:3.

判断和价值分析的辅助地位。例如,交警利用"电子眼"收集违法证据,基于此作出的行政处罚是行政主体的意思表达,并非机器的自主决策。从这一点来看,治理工具的变革实质上并未对传统的行政程序构成结构性冲击。但是,算法决策工具性利用具有明显的功利主义色彩,算法通过语义网技术(Semantic web technologies)❶随之构造出自成体系的算法规则,一旦出现法律模糊或者法律失范的局面,弱智能型算法能够提供规则体系,这在一定程度上缓解秩序失范的困境,与此同时,其也存在着规则异化的危险,成为"法的范式转移"。❷规则的异化直接促成算法决策的不正当运用,从而威胁着行政正义的实现。

随着时代发展,算法正当程序需要对算法决策带来的非正义风险进行消解。换言之,正当程序对负载着价值和蕴含着认知的算法决策具有调适作用。具体而言,一是算法决策所得出的运算结果,并不直接代表行政机关的最终判断。弱智能型的算法决策是机械化的程序运算,只是对规则和任务的代码化分析,存在着分析出错的可能。正当程序要求行政机关理性看待算法决策得出的结果,需要对运算结果进行合法性和合理性说明,防止盲目信任而导致的"算法愚昧"。二是正当程序的介入可以规整行政机关与相对人的"权力—权利"格局,避免算法利益分配的不均等。行政活动具有公共利益性,算法应用在提高公共利益精准化的同时也可能改变利益格局。技术导向的行政治理不能忽视对政府与社会、个人之间的利益解读,正当程序对利益格局的形成起着监测作用。那么,在算法应用于利益分配时,行政机关对涉及个人利益和公共利益判断的公共事务应当形成自我判断,"一切为了人类"的算法正义要求划定算法应用的程序边界,设定算法决策的空间余地和条件限度,避免技术收集的事实材料越过人类而成为决策结果。

第二,在强人工智能运用的行政治理领域中,算法强大的分析能力促使行政机关频繁运用强智能性算法来进行治理,算法决策继而具有明显的行为控制力,能够对行政机关和社会公众的行为活动进行塑造、促进和限制,形成"算法的权力"。所以,算法决策不再是置于行政程序的闭环之外,而是与行政机关、行政相

---

❶ 语义网技术确保算法能够理解信息的语义,实现系统间信息共享和协同工作。参见金海,袁平鹏.语义网数据管理技术及应用[M].北京:科学出版社,2010:2.

❷ 鲁楠.科技革命、法哲学与后人类境况[J].中国法律评论,2018(2):102.

对人置于同一平面上,构成三阶技术关系❶,正当程序需要应对的是政府、个人和技术三者之间立体化的程序关系,而不再是政府与个人之间点对点的线性程序关系。

随着公共事务在数量上的增长和内容上的扩充,行政机关的行为活动表现出任务复杂性、情景依赖性和关系不确定性。❷强智能型算法是以人工神经网络作为基础,具有深度学习的功能,能够建构出动态规则结构,在预测技术和通信技术的加持下,形成一种新形式的力量——"微观指导(The microdirective)"❸,融合规则和标准的各方优点,不仅可以减少执法的成本,还可以提供应对各种情景的事先处置模式。这一"微观指导"模式在我国行政执法信息化转型中得到了应用❹,其形成的规则指引力,不仅具有体系性,还具备一定的自主性,使其逐步具有"类人性"的主体地位。可以预见,算法正攫取传统权力的构成要素并通过数据技术重构权力形态,形成支配性的"算法的权力"。作为新形态的权力,算法权力与福柯所言的"权力—知识"观有着一定程度的契合,算法在知识积累与权力生成之间建立起一种内在的创生关系,"知识就是权力,权力就是知识"❺。强智能型算法具有技术上的自主性,逐步摆脱了服膺于行政工具的角色定位,以"巨机器"(Megamachine)的形态融进行政程序中。一旦算法决策具有自我学习的能力,那么,其运算逻辑不再是能够为设计者和使用者所清晰认知的,算法决策在

---

❶ 成素梅,张帆,等.人工智能的哲学问题[M].上海:上海人民出版社,2020:87.

❷ 哈贝马斯.在事实与规范之间:关于法律和民主法治国的商谈理论[M].童世骏,译.北京:生活·读书·新知三联书店,2003:533-534.

❸ CASEY A J, NIBLETT A. The death of rules and standards[J]. Indiana Law Journal, 2017, 92(4):1401-1447.

❹《国务院办公厅关于全面推行行政执法公示制度执法全过程记录制度重大执法决定法制审核制度的指导意见》(国办发〔2018〕118号)指出,应用行政执法裁量智能辅助信息系统,以约束规范行政自由裁量权,同时深化应用,通过提前预警、监测、研判,提升行政立法、行政决策和风险防范水平,提高政府治理的精准性和有效性。

❺ 约瑟夫·劳斯.知识与权力——走向科学的政治哲学[M].盛晓明,邱慧,孟强,译.北京:北京大学出版社,2004:23.

自我发现和自我转化的过程中"脱离了有机存在的限度和限制"。❶"类人性"的算法攫取公共行政中的权力要素,形成新型支配性权力,而这正侵蚀着公共行政的"人本"逻辑。可见,人类决策权让渡给算法系统,导致公共行政陷入"人在圈外"的决策程序。

正当程序是关于人的智性、心性和灵性的制度安排,是对人类社会中的价值共识予以明确和设计,始终将"人"作为行政活动的起点和归宿。算法决策只是人类"智性单向发展的最新成果"❷,个人在运算程式中被高度解析的同时面临着客体化的危险。虽然通过编程学习的机器能够作出正确的道德判断,但是缺乏必要的原则以论证和解释其判断,意味着机器仍不具备成为道德代理人(Ethical agent)的条件。❸不难发现,要想赋予算法决策在伦理和法律层面的正当地位,需要共识性的原则指引。正当程序为尊严保护和利益判断提供了可行思路,对强智能型算法面临的正当性风险进行消融,要求算法具有"人本"的伦理之善。具体来说,一方面,基于个人的主体性判断,行政相对人不能被算法决策的代码程序所解析客体化。正当程序强调主体间通过沟通交流而达成统一认识,那么从沟通和服从的角度出发,应当形成符合人机交流逻辑的沟通机制,以促使人机关系从淹没压制走向共生发展。另一方面,基于行政机关的价值判断,正当程序要求行政机关不能放弃属于其行政自治领域内的价值裁量。价值判断是多种价值综合对比分析的过程,而"算法以工具化的方式帮助法律更好地实现自己的任务"❹。所以,行政判断和算法决策应形成良性互动关系,避免陷入以算法为中心的"人在圈外"决策程序,通过正当程序的正义性和人性要求,增强制度设计以构建人为核心的"人在圈内"决策程序,即个人在"人机关系"中不能被淹没压制。

综合而言,算法的学习能力正导致人与机器的关系从主从关系转向主体间

---

❶ 刘易斯·芒福德.技术与人的本性韩连庆,译[M]//吴国盛.技术哲学经典读本.上海:上海交通大学出版社,2008:505.

❷ 於兴中.算法社会与人的秉性[J].中国法律评论,2018(2):57.

❸ ANDERSON M, ANDERSON S L. Machine Ethics: Creating an Ethical Intelligent Agent[J]. AI Magazine, 2007, 28(4):15-26.

❹ 陈景辉.算法的法律性质:言论、商业秘密还是正当程序?[J].比较法研究,2020(2):123.

的关系,人的主体性地位因此降低。算法与行政的结合,因自主程度的不同而生成"权力的算法"或者"算法的权力"。正当程序是"人的正义",算法亦是人类的技术,无论是"权力的算法"抑或是"算法的权力",均需要通过算法正当程序来坚守公共行政的"人本"理念,形成"一切为了人类"的算法正义。

二、"理性沟通和信任交谈"的算法信任

行政治理与算法决策的融合呈现出方式智能化、目标精细化和服务定制化的现实面貌,同时,行政权力的稳定性与算法决策的不确定性共同塑成行政秩序和算法秩序的重混时代,正当程序与算法决策程序因此处于"共生对立、相互转换的内部结构和运动过程"[1]。尤其是在程序重混背景下,算法借助统计真实(Statistical real)尝试降低权力的可能性(The probable)及组织之间的模糊性(Indistinctness)[2],在重塑程序步骤的同时以科学外衣裹挟下的代码程序实现正当程序的理性要求。然而,看似美好的背后却也存在着风险。算法决策中的代码程序是由供应商和程序员设计出来的,在设计之初的价值融入阶段难免会遗漏法律性价值的衡量,而这种价值衡量失调会导致正当程序的理性模式被单一化。

可见,客观、理性和科学的程序设计是正当程序所欲追求的重要面向,而非唯一目的。行政秩序是在维护公共利益的基础上建立起来的,行政的过程是对公平、公正、福祉和效率等公共利益的实现。那么,行政的过程需要正当程序提供行政主体与相对人沟通、交流和执行的商谈语境,是一种"人格化"的程序互动,也是信任生成的基础。计算主义下的算法决策是一种"非人格化"的程序,意味着公共行政中的"技术进场而人类离场",缺乏政府与个人主体间的沟通交流导致信任滑坡。换言之,算法决策是一个封闭型的程序,个人难以参与,也无法表达意见。因此,当法律性程序与技术性程序相遇并碰撞出火花,初始阶段的硬性结合必将形成顾此失彼的信任裂缝。那么,从行政的过程性来看,算法决策程序应当融入正当程序的价值理念,与时俱进的理念发展是

---

[1] 大数据战略重点实验室. 数权法1.0:数权的理论基础[M]. 北京:社会科学文献出版社,2018:10.

[2] ROUVROY A, BERNS T. Algorithmic governmentality and prospects of emancipation: disparateness as a precondition for individuation through relationships?[J]. Réseaux,2013,177(1):163-196.

为了让个人与政府、个人与技术,以及政府与技术之间处于算法信任的秩序关系中。

算法决策程序与正当程序之间是一种互补交融的关系,算法决策在形成程序制度风险的同时,也促使正当程序积极反思并消除算法信任危机。进一步来说,行政机关的执法过程强调步骤性和时限性,而算法决策提供了一种"完美执法"的可能性,对行政的过程性问题予以化解。算法决策为"完美执法"预设了两种模型:一是事前预测分析模型,二是事后决策分析模型。在事前预测分析模型中,算法通过将个人身份信息数据库和监控传感数据库予以联通,借助代码底层技术能够精准识别即将实施违法行为的个体或组织,例如,长沙市公安部门通过"雪亮工程"实现了实时管控和预警,破案作用率高达90%。❶技术性程序确实让处置时间大幅度缩减且抹除过多的人为干预,但是事前分析模型可能忽略正当程序要求行政过程性实现的各种制度,从而导致交互式微、信息不平等和技术不信任的局面,如前述提及的上海"声呐"电子警察案中,当事人对声呐技术既不了解也不信任。那么,正当程序蕴含的"信息告知"功能就应当嵌入事前预测分析模型中,确保个人获得必要的信息资源,填补两者之间的信息沟壑。在事后决策分析模型中,算法能够串通多个并行执法系统,在瞬间内对行政事实进行分析得出可靠的决策结果,但是,算法"倾向于"(Lean in)自己的偏见,可能错误地预设其决策的正确性,继而在运算程序中逐渐偏离公平性。❷基于此,正当程序的"信息质疑"功能可以缓解决策输出的不确定性和不公正性,通过必要信息的共享和商谈促使个人在决策中的自主性地位得以维护。

算法决策的专业性、动态性和复杂性在行政治理领域内的不断蔓延,使其应用场景表现出全方位的渗透。在技术全面渗透行政决策的过程中,算法实际上对公众的行为选择和结果预测产生了决定性影响。无论是事前预测分析模型还是事后决策分析模型,由技术性程序催生出的信任危机问题越发频现,一方面,

---

❶ 杨洁规.长沙公安"雪亮工程"显威:视频破案作用率高达90%[N].三湘都市报,2020-08-12(A03).

❷ ISRANI E. Algorithmic due process: mistaken accountability and attribution in State v. Loomis[EB/OL].(2017-08-31)[2024-01-26]. https://jolt.law.harvard.edu/digest/algorithmic-due-process-mistaken-accountability-and-attribution-in-state-v-loomis-1.

个人的行动空间、控制能力、影响范围及救济渠道处于不断消解的过程中;另一方面,与个人程序相关的知情权、参与权、异议权及救济权也面临着失效境地。❶正当程序所彰显出的"信息发送""信息沟通"及"信息纠正"❷等功能为算法决策程序中的沟通理性和信任交谈提供了价值指引,尤其是在事前预测分析模型和事后决策分析模型中建构起数据处理和算力分析的"信息沟通"中间过程,将"信息发送"和"信息纠正"进行链接,避免功能传递出现断层。可见,算法正当程序将三重功能予以有机联结,能够消弭算法决策中程序缺省所带来的信任危机,从信息的分享、交流和纠错三方面确保相对人参与到算法决策的各个流程,打破"信息茧房"形成的回声室效应和同质化效应❸,实现公共行政的"人格化"回归,从而形成人机关系中"理性沟通和信任交谈"的算法信任。

三、"代码公开、理解和追溯"的算法透明

算法决策逐渐成为行政机关进行事务治理的基础结构,可以执行越来越复杂的任务,从而解决公共部门面临的新挑战。可以预见,人们越来越形成技术治理和法律治理二元共治的话语共识❹,代码和架构成为统治虚拟空间的规则。❺在完成任务解蔽和执行的过程中,算法决策技术机理的复杂性和可扩展性导致其本身运作的程式以及机制并非总是透明的。但是,公开性是正当程序对公共行政所预设的正义要求,是对行政治理所预设的规范取向,要求行政活动是在阳光下开展的,让权力依据和执法活动的实现是可以被感知到的,意味着算法决策的代码机制也应当是阳光透明的,可称为"算法透明"。算法透明意指代码应当

---

❶ 张欣.从算法危机到算法信任:算法治理的多元方案和本土化路径[J].华东政法大学学报,2019(6):19.

❷ 张凌寒.算法自动化决策与行政正当程序制度的冲突与调和[J].东方法学,2020(6):8.

❸ 回声室效应是指算法决策中同类信息不断循环显现,导致使用者以碎片化的认知得出"表里不一"的决策结果,致使信息多元和信息自由原则的适用空间受压;同质化效应是指算法决策中认知过程倾向于与预设观点相一致的信息,导致决策结果出现信息极化和相异观点下沉的局面。参见孙建丽.算法自动化决策风险的法律规制研究[J].法治研究,2019(4):109.

❹ 郑智航.网络社会法律治理与技术治理的二元共治[J].中国法学,2018(2):125.

❺ 劳伦斯·莱斯格.代码2.0:网络空间中的法律[M].李旭,沈伟伟,译.北京:清华大学出版社,2009:28.

是可开放、可理解和可追溯的。在算法与法律共治的语境下,算法决策的开放性、理解性和追溯性需要契合正当程序的公开性要求。同时,这种公开性应当在算法决策的不同阶段中实现,侧重于公开的贯穿性和联动性,而非仅是一种静态的公开。可见,在算法决策中,公开理念的核心在于动态性和实时性,能够让真相在虚拟世界和现实世界得以同步存在,避免人们陷入"后真相"(Post-truth)时代,"只相信自己愿意相信的东西"❶。也就是说,互联网舆论生态具有鲜明的"群落"特点,通过算法程序打通时空上的区隔,对人们意见进行类型化聚集,形成一个又一个"意见群落",若整个流程处于一种封闭且暗箱的状态,那么聚集性的观点将取代个人的独立判断,导致个人的"态度倾向"被引导,进而改变整个社会共识。面对于此,算法透明要求行政机关应当公开算法"黑箱"的代码和底层数据,并通过算法解释让大众获得一定的理解,实现对决策过程的可视化追溯。

第一,算法正当程序要求算法决策的代码机制应当具有公开性,这是算法透明实现的前提。对算法决策最显著的批评是其尤为复杂的"黑箱"底层机制,涉及数百万个数据信息和数千行代码。随着算法决策日益具备机器学习的能力,其背后的运作机理不再是固定的,而是对新数据进行一定程度的调适,形成新的代码逻辑。这种算法的底层数据和代码逻辑往往并不容易被大众所理解,但是,保障公民获悉算法决策的技术逻辑是正当程序的应有之义。为化解新技术给正当程序提出的信息公开难题,算法决策的代码开放应将法律意义上的数据开放与技术层面上的代码释放相结合,在衡量不同变量的基础上实现有意义的算法公开。特别是在公共行政领域,算法的代码公开需要走出"技术中立"所形成的免于公开的避风港。"算法属于技术,但它并非系绝对'中立的'"❷,算法在形成的过程中不可避免地受到设计者价值观的影响,所以,那些"对我们生活有重大影响的算法模型,包括信用评分(Credit scores)和电子评分(E-cores),应该向公众开放"❸,而且"必须确保透明度,披露正在使用的输入数据以及所标记的结

---

❶ 李军."后真相时代",凝聚共识靠内容而非流量[N].新华日报,2018-03-28(14).

❷ 杨延超.机器人法:构建人类未来新秩序[M].北京:法律出版社,2019:447.

❸ O'NEIl C. Weapons of math destruction: how big data increases inequality and threatens democracy[M]. New York: Crown, 2016: 157.

果"❶。例如,法国于2016年制定的《数字共和国法案》,要求行政机关公开所使用算法的源代码、数据库以及与公共利益相关的其他数据。与此同时,该法案进一步明确了三大目标:一是通过开放促进数据和知识的流动,提高数据和知识流动的自由度。一方面,需要进一步增强、扩大国家和政府当局公共数据开放的政策力度,并构建面向数据的公共服务;另一方面,积极推进"具有普遍利益"的数据概念,以充分利用符合公共利益的数据,同时促进知识经济。二是保障数字社会中数字化个人的平等权利。通过营造开放环境,以维护网络中立性和数据可转移性为原则,同时明确"数字服务平台公平"的理念,为个人建立有关其个人数据和访问数字服务的新数字权利。三是建立一个"向所有人开放"的数字社会。通过制度设计促进公共数字服务的可访问性。❷由此可见,算法正当程序为算法决策的代码公开提供了规范性框架,任何使用算法决策的系统都应该在一定程度上公开其源代码以供公众访问、审查以及使用等。

第二,算法正当程序要求算法决策的代码公开应当具有理解性,这是算法透明实现的关键。某种程度上来说,解决算法决策的代码公开问题只需要在代码的法律属性上进行利益衡量以明确其在政府信息公开中的价值定位❸,但是,代码公开并不等于算法透明的实现,相反需要对算法逻辑、算法数据等进行解释,提供可理解的说明。新西兰制定的《新西兰算法章程》,要求行政机关解释算法,确保算法可理解以提高算法的透明度。该章程承诺通过明确解释算法如何为决策提供信息以保持透明度,包括了提供简明的算法文档、提供有关数据和流程的信息和发布关于如何收集、保护和存储数据的信息。❹同时,还需要从公众的理解力出发来保证代码公开是具有解释性的。算法决策的理解性实现需要关注到公众的"信息素养"(Information literacy),是指个人能够识别何时需要信息,而且

---

❶ O'NEIl C. Weapons of math destruction: how big data increases inequality and threatens democracy[M]. New York: Crown, 2016: 160.

❷ Explanatory Memorandum[A/OL]. [2024-01-26]. https://www.republique-numerique.fr/pages/digital-republic-bill-rationale.

❸ 陈景辉. 算法的法律性质:言论、商业秘密还是正当程序?[J]. 比较法研究, 2020(2): 125-126.

❹ Algorithm charter for Aotearoa New Zealand[A/OL]. (2023-06-15)[2024-01-26]. https://data.govt.nz/toolkit/data-ethics/government-algorithm-transparency-and-accountability/algorithm-charter/.

能够精确定位、严谨评估和有效使用信息的能力。[1]正当程序具有人性关怀的价值取向,要求在行政活动中的各个程序环节给予相对人获得信息并开展学习的空间,那么,信息素养的培育则应当通过公共部门在使用算法决策时向个人提供相关的"有意义信息"(Meaningful information)并采用解释算法的各种方式来阐明代码运作的逻辑和决策作出的理由。在这样的交互过程中,算法决策的代码公开才具有价值,当公众具有了一定的理解能力,政府部门公开算法和解释算法的活动才能真正地形成算法透明的制度环境。

第三,算法正当程序要求算法决策的利益调整过程具有追溯性,这是算法透明实现的目的。算法决策过程的透明程度对确保决策结果不偏不倚有重大意义,公共行政部门因此需为算法决策建立可追溯系统,对算法的数据收集和处理方式进行流程化控制,确保利益调整的过程具有可视性。在可追溯系统中,行政机关需要记录算法设计之初的基础代码架构和基本数据库来源、执行任务时的分析程式,以及作出结论时对事实因素和法律规则的取舍判断等一系列痕迹,旨在让设计者、使用者和利益相关者能够对算法决策进行全过程观测。这契合正当程序的过程识别要求,确保算法决策活动中的不同程序可被相对人识别,让相对人有意识地与算法系统进行交互。根据《新西兰算法章程》的规定,算法决策程序应当确保过程中的"人类监督"(Human oversight),以便让算法决策始终处于可控的程序范围内,一是指定公众查询算法的联系人;二是为算法决策的质疑或者申诉提供一个渠道;三是清楚地解释人类在算法决策中的作用。可见,算法决策全过程的追溯性,旨在实现人类对算法程序的了解,进而基于特定的信息环境行使程序权利,以了解程序运作中的利益衡量和人类作为决策主体的作用发挥。[2]所以,可追溯系统使算法决策的过程不再如同黑洞般神秘,让不同处理流程中所可能产生的违法后果和法律责任得以精准定位和清晰区分。

---

[1] WILLIAMS M H, EVANS J J. Factors in information literacy education[J]. Journal of Political Science Education, 2008, 4(1): 116-130.

[2] Algorithm charter for Aotearoa New Zealand[A/OL]. (2023-06-15)[2024-01-26]. https://data.govt.nz/toolkit/data-ethics/government-algorithm-transparency-and-accountability/algorithm-charter/.

第五章 算法行政中程序法治的系统建构

在算法行政背景下,法律治理与技术治理的二元共治日益成为行政法治的共同认识。然而,令人担忧的是,"历史上,事关重大的行政决策是由人类作出的,而现在正被计算机系统取而代之。但是,在这转变过程中,机器的问责制和法律标准并没有跟上技术发展的步伐"[1]。面对算法决策技术性程序的未知领域,关于个人与国家之间关系的公平正义的行政程序之疆域得以扩宽,行政程序应当对算法行政这一新型行政模式作出积极回应,形成属于"不同范式"的行政程序。[2]有鉴于此,行政程序在"专门的技术程序"[3]的指引下"考虑在其所处环境中的各种新的力量"[4],汲取和融合正当程序的法治原理和算法决策程序的技术理性,通过"技法融合"的理念来建构算法行政中程序的中立性、公开性、论证性和公正性,实现系统性的法治建构,以消解算法决策程序带来的法治困境,并促成行政治理、个人行为和算法决策的"三重交互"。

第一节 算法行政的程序中立性之构成

行政程序应当在行政主体和行政相对人之间保持中立,这是行政程序中立性要求的基本意蕴。一方面,在行政程序运行的过程中,行政法律关系双方主体应当具有地位上的平等;另一方面,行政程序的运行不受制于行政主体的偏好认知和利益关系,始终坚守程序的理性设计。其中,关键在于要求行政主体应当是不偏不倚的决策者。然而,如前所述,算法决策成为主导后,决策负责人长期处

---

[1] KROLL J A, BAROCAS S, FELTEN E W, REIDENBERG J R, ROBINSON D G, YU H. Accountable algorithms[J]. University of Pennsylvania Law Review, 2017, 165(3):633-706.

[2] T. S. 库恩. 科学革命的结构[M]. 李宝恒,纪树立,译. 上海:上海科学技术出版社,1980:71.

[3] 哈特穆特·毛雷尔. 行政法学总论[M]. 高家伟,译. 北京:法律出版社,2000:442-443.

[4] 诺内特,塞尔兹尼克. 转变中的法律与社会:迈向回应型法[M]. 张志铭,译. 北京:中国政法大学出版社,2004:85.

于缺位或者模糊状态,程序中立性便也成为"空中楼阁"。对此,算法行政的程序正义不得忽视程序中立性的要求,需要坚持人在公共行政中的主体地位和明确算法的有限理性,以适应构造算法行政的程序中立性表达。

一、回归程序的中立性:算法的拟制人格及有限理性

程序中立得以成为现代行政国家程序法治的重要侧面,概因若一项程序制度对参与程序的双方主体的一方存有肯定而对另一方存有否定,尤其是决策者的利益倾向于特定一方,那么会让行政程序的参与者感觉到一种"抛弃感"。程序中立之于行政法治的价值在于,明确了程序参与者是能够主导行政走向和对行政结果产生实质影响的道德主体。从这一点来看,算法行政中的机器行为仍应当服从于尊重性的程序中立要求,行政主体、行政相对人和算法之间的关系应当回归到合作的起点,"合作是一个过程"[1],这意味着算法行政中的数字化行政行为也应当被看作是一个过程,即从意思表示发生、形成到作出的时空运动过程。[2]那么,整个行为的过程是行政意志、相对人意志与相对程度的智能意志之间相互吸纳、转化和融合的过程。换言之,算法行政是对行政主体、行政相对人与智能化算法相互作用和相互影响的行政过程,一方面,多元参与主体得到了一定程度拓展,从组织与人变成组织、人与机器;另一方面,主体多元化也就形成自由选择的复杂机制,造就了程序中立不得不面临着多重价值的相互博弈。可见在整个过程中,我们无法回避算法在其中的角色定位,这个问题是算法行政的程序中立性法治化建设过程中所绕不开的,涉及算法之于程序主体的拟制化人格和算法之于程序理性的有限性定位。

(一)算法"技术人"的拟制人格之判断

在算法行政中,作为"技术人"的算法应当具有拟制人格。依据狄骥之观点,行政的本质是提供公共服务的行为活动,也就是说行政行为的性质源自其目的,

---

[1] 罗·庞德.通过法律的社会控制:法律的任务[M].沈宗灵,董世忠,译.北京:商务印书馆,1984:67.
[2] 叶必丰.行政行为原理[M].北京:商务印书馆,2019:23.

即一种出于公共的目的而实施的个人行为。❶而作为公务层面的"个人",应当是一种国家组织,即公共服务是"由国家组织的,固定、持续地向公众提供的服务"❷。国家的组织外化为行政机关,成为"固定、持续的"公共服务过程的程序主体之一。与此同时,行政的实质是公共服务,这也让行政机关逐渐摆脱了与特殊利益站在敌对立场的角色定位❸,个人对公共服务享有分享权进而成为了"在国家公权力范围下个人参与的方式"。❹论及至此,行政程序成为了承载民主与公正的交涉场域,表明公共行为并非形式,而是主体间的交涉过程。"主体间"意味着行政机关具有着行政法律关系上的法律人格,即由成员组成的组织体、享有自身利益、具有独立的权利和义务、具有独立意志和能够独立承担责任。❺而作为法律主体的相对人则具有社会性、主体性和独立性。以上从本质主义赋予了行政机关和相对人在行政法律关系上的主体资格,然而随着算法智能化崛起,导致应用于公共行政的算法系统逐渐脱离于工具性地位,能够在一定的空间范围自我行动,这引发本质主义下主体资格判断的失灵。本质主义解决了机关即主体、人即主体的先验判断,是一种形而上学的法理思维,一旦从实践视角切入观测算法行政下的法律关系,这一点就会发生改变,无论算法的本质如何,其只要在法律关系中发挥着相应的法律作用和产生可评价的法律效果❻,那么,算法亦可具有某种程度上的法律地位。

由此可知,在算法行政法律关系中,智能算法自主意识得到技术飞跃,从而

---

❶ 莱昂·狄骥.公法的变迁:法律与国家[M].郑戈,冷静,译.沈阳:辽海出版社,春风文艺出版社,1999:122.

❷ 莫里斯·奥里乌.行政法与公法精要[M].龚觅,等译.沈阳:辽海出版社,春风文艺出版社,1999:17.

❸ 福斯多夫,陈新民,译.当作服务主体之行政[M]//陈新民.公法学札记[M].台北:三民书局,1993:66.

❹ 福斯多夫,陈新民,译.当作服务主体之行政[M]//陈新民.公法学札记[M].台北:三民书局,1993:89.

❺ 薛刚凌.行政主体之再思考[J].中国法学,2001(2):31-32.

❻ 不同于本质主义,这种关注于功能、作用、效果上的等同性而成就特定的主体地位的理念被认为是功能主义。参见程广云.从人机关系到跨人际主体间关系——人工智能的定义和策略[J].自然辩证法通讯,2019(1):11-12.

使其摆脱了作为人类纯粹工具地位而获得主体身份。❶对以算法为基础的智能体进行主体资格判断时，较为合理的认识论是"部分式"结构的中间路线，算法智能体具有"类人型"或者"近人型"的构成要素，即准主体。"技术性人格"与法律主体资格具有一定的兼容性，从"技术性人格"视角观之，算法智能体仅仅具有技术上接近于人格形式的"身体要素"，未涉及作为思维上的主体性伦理。❷也就是说，目前的算法智能体只具有行为体（Agent）的弱概念，并未发展至强行为体具备的心理反应和情感的考虑阶段。❸因此，从权利能力、行为能力和责任能力来看，算法智能体仅能具备有限人格。在算法行政法律关系中，算法的有限人格是设计者、制造者、使用者等主体共同参与并赋予部分权能所构成的，是一种拟制人格而非现实人格。而这种拟制人格是以"公共服务"为标准，从而是一种以提供公共服务为导向的主体观，实现政府行政的"公共性"得以移植至提供公共服务的算法系统。算法具有现代行政法中多元主体的公共性品格，但为避免行政中的拟制主体泛化危机的出现，算法与政府机关的主体关系应当是一种行政代理关系。一方面，算法经过授权或者认证程序而具有行政活动中的拟制主体地位，能够解决算法系统的公共品性之主体合法性难题，为搭建算法行政的程序问责制而预先明确行为与责任之间的主体关系；另一方面，算法之于政府机关，应当是政府的代理人（"非人类"的代理人），那么算法具有公权意义上的行为资格，"行政代理"仅是一种行为能力的转移，并不产生职权职责、主体资格、法律后果等的转移，算法所自主进行的行为活动仅在特定权力事项中得到规范人格化，由此具有规范层面的拟人行为，可以纳入法律规制体系中。

概而言之，算法的"拟制人格"能够让我们透过"技术人"的面纱以厘清行政主体、行政相对人和算法的程序角色定位，这是算法行政的程序中立性得以形成

---

❶ 马长山.智能互联网时代的法律变革[J].法学研究,2018(4):28.

❷ 王春梅,冯源.技术性人格：人工智能主体资格的私法构设[J].华东政法大学学报,2021(5):70,73.

❸ 弱概念是指自主性（Autonomy）、社会能力（Social ability）、反应性（Reactivity）和主动性（Proactiveness）。但是，强概念则是聚焦到智能体能成为具有情感和欲望的行动体。WOOLDRIDGE M, JENNINGS N R. Intelligent agents: theory and practice[J]. The Knowledge Engineering Review, 1995, 10(2): 115-152.

的基础:首先,通过有限人格路径赋予算法"代理人"的拟制主体地位,能够解决算法自主决策的法律效力问题。算法决策行为产生的法律后果由使用它的行政主体承担,具体的行为过程及结果接受相对人的评价。其次,通过拟制主体地位赋予算法行动能力,但行为产生的法律责任应当归属于行政主体,同时对行政主体而言,这是典型的主观无过错归责和客观技术瑕疵归责。最后,通过拟制的行政代理关系以形成行政主体的监管职责,算法虽具有一定的自主性,但其行为从外观上是行政主体的权力和意志的延伸,中立性品格也就从行政伦理嵌入至算法伦理,行政主体需要对"代理人"的算法是否履行中立的要求进行监管。

(二)算法的技术理性是一种有限理性

在算法行政中,算法的技术理性并不等同于人的理性,其具有自身的有限性。人的理性是程序中立的重要内核,指的是程序参与双方应当是理性人,通过行政程序的设计与作业,确保参与双方基于利害关系和基于理性思维对程序的未知结果进行能动的选择。从这层意义来看,理性是参与双方通过程序获得理性认知进而作出决定的一种特质,即卢曼所言的"在某些容忍的界限内接受内容上尚未确定的决定"[1]。不难发现,程序理性是工具理性和交往理性的统一体[2],而程序中立性依赖于程序理性(Procedural reason)提供的理想交谈情境(Idea speech situation)。所以,在康德哲学中,具有理性的生灵方能视作是人,且依其本质即为目的本身,而不能仅仅作为手段来使用。[3]那么,在程序设计的理想交谈情境中,每个参与者都具备沟通和交流的能力,才能促使他们进行理性讨论,以理性思维贯彻程序中立。可见,行政程序中人的理性包括了理论理性和实践理性,前者亦称为理性思维,即"人类认识可感知世界的事物及其规律性的能力";后者则是等同于理性讨论,即"人类识别道德要求处世行事的能力"。[4]与此同时,适格的程序主体不仅应是理性主体,而且须是欲望主体,"唯有如此,他才

---

[1] 奥特弗利德·赫费.政治的正义性——法和国家的批判哲学之基础[M].庞学铨,李张林,译.上海:上海译文出版社,1998:147.

[2] 王学辉.超越程序控权:交往理性下的行政裁量程序[J].法商研究,2009(6):30.

[3] 卡尔·拉伦茨.德国民法通论(上册)[M].王晓晔,等译.北京:法律出版社,2003:46.

[4] 卡尔·拉伦茨.德国民法通论(上册)[M].王晓晔,等译.北京:法律出版社,2003:46.

能成为适格的利益负担者"[1]。

但是,算法的技术理性是逻辑思维的符号化形成的计算主义。对行政程序而言,算法仅能模拟人的显性智慧,其决策活动只是形式逻辑与数理逻辑等单向思维过程,虽然能对事物和环境进行规律性认识,但是排除了对经验、感知、顿悟等情感的裁量,"机械化的思维方式是离散的、精确的和不自觉的",这"与人脑思维的目的性、容错性和自觉性大为不同"[2]。可见,算法的技术理性至多等同于人的理论理性,并不能证成其具有同法律主体的人类理性,自主性不意味着算法具有了自主意识,智能决策也不意味着理性得以生成。进而言之,机器学习型算法尽管具有一定的自主判断能力,但是,这种能力仅是认知能力的一部分,而且没有产生自我意识和生成自我目的,因而,技术理性之于程序中立的人的理性而言,只是一种有限的理性,不具备成为自由自律理性主体的实践理性。[3]算法决策智能体不具备识别和分辨欲望的能力,故而也无法成为利益的负担者,难以成为适格的程序主体。[4]总而言之,算法的有限理性对于重申算法行政的程序中立性尤为重要,一方面,有限理性意味着算法并不能主导行政程序的走向,相反,程序的操作应当遵循职业主义原则,即主持者应当是专业的,不仅精通法律层面的程序法治规则,而且精通算法中的技术性原理;另一方面,有限理性还意味着算法决策与行政程序的兼容性是有限度的,并不是所有的行政程序都可以算法化,而是需要设定行政主体不同职能分离阶段中算法决策应用的空间和限度。

二、算法行政中基于反自动化决策权的回避制度

在公共行政中,行政相对人可以基于判断而决定是否申请回避,以消除行政主体偏好和利益对行政正义的影响,例如我国《行政处罚法》第43条和《行政许可法》第48条的规定。"申请回避"是个人理性判断对其主体性的维护,回避制度能够在以人类行为为核心的行政交往中实现。然而,面对算法的"拟态人"决策活动,相对人的回避判断却显得滞后。所以,为维护个人在公共行政中的主体性

---

[1] 龙文懋.人工智能法律主体地位的法哲学思考[J].法律科学(西北政法大学学报),2018(5):26.
[2] 张劲松.人是机器的尺度——论人工智能与人类主体性[J].自然辩证法研究,2017(1):53.
[3] 刘洪华.论人工智能的法律地位[J].政治与法律,2019(1):16.
[4] 龙文懋.人工智能法律主体地位的法哲学思考[J].法律科学(西北政法大学学报),2018(5):26.

地位,确保行政程序的中立性,算法行政需要拓展设计出个人对算法决策系统的申请回避,即个人反自动化决策权。例如,欧盟《通用数据保护条例》(General Data Protection Regulation,简称GDPR)第22条赋予了个人反自动化决策的权利,即如果一项自动化决策会对当事人产生法律效果(Legal effects)或者其他类似重大影响(Similarly significantly effects),个人有权拒绝仅(Solely)基于自动化处理作出的决策。类似于反自动化决策权,我国《网络信息内容生态治理规定》第12条规定,使用算法模型进行信息筛选、分析以及推送的,网络平台应当建立个人自主选择机制。我国《信息安全技术 个人信息安全规范》(GB/T 35273—2020)第5.3条也规定,个人可以基于自愿而作出选择"out-in"。在此基础上,《中华人民共和国个人信息保护法》(以下简称《个人信息保护法》)第24条进一步明确,个人有权拒绝仅通过自动化决策方式作出的决定。可见,在算法行政中,作为"数字化生存"的个人可以基于判断而决定算法决策的适用与否,"实乃关系人类共同命运的最后一道屏障"[1]。

首先,对完全自动化决策的否定。算法行政的兴起应看作是治理方式的变革,其应当发挥着辅助决策的作用,而不是替代机关作出决策。如果将拒绝算法决策置于完全自动化情形下,这无疑提高了"申请算法系统回避"的门槛。所以,"有权拒绝自动化决策"应当是指向全自动化或半自动化且对个人有着实质影响的算法决策,决策最终仍须由明确的职能部门予以法律和道义上的背书。换言之,作为应用于公共领域的算法决策程序,智能算法是履行公共事务的行动主体,具有行为能力上的拟制主体地位,成为公权力的代理者。那么,行政机关作为算法决策程序的控制者和使用者,应当将中立性贯通到技术中去,直接参与算法的设计和研发,确保发挥治理作用的核心算法是置于行政机关的监控视野中,避免算法被私权主体所垄断而成为私权力的代理人。

其次,拒绝算法自动化决策的后果并不一定是完全排斥算法系统的使用。当行政相对人提出拒绝算法自动化决策的申请之时,行政机关需要对算法决策系统进行"偏见"和"利害关系"[2]上的判断。在算法行政语境下,法律上的"偏见"和"利害关系"即表达为"算法决策的价值是否中立以及运算结果对个人有着

---

[1] 唐林垚."脱离算法自动化决策权"的虚幻承诺[J].东方法学,2020(6):33.
[2] 章剑生.论行政回避制度[J].浙江大学学报(人文社会科学版),2002(6):28-29.

法律上的实质影响",这里的"偏见"和"利害关系"如同公正概念一样,并非单一性的,而是以一般的社会普遍性观念为前提,即算法决策"不存在被怀疑为恣意、武断的要素",同时也不是"基于偏颇的信息"。❶那么,算法虽然基于代理地位的存在而成为外在的程序操作者,对其拒绝适用的偏见和利害之判断,应当在普遍性观念的基础上对设计的中立性、能力的胜任性和影响的实质性进行综合研判,其主要包括以下三点。

第一,对算法设计的中立性判断是一个相对的概念,亦即绝对的技术中立并不存在,纯粹的价值中立本质就是一种附着偏见的认识,表现出技术与伦理的分裂。❷同时,算法具有描述现状、解释现象和预测未来的功能,本质是"对现象的有目的地编程(Programming)",将一些现象"编程"在一起进行合作,是一些现象的"合奏"❸,其运算得出的结果具有塑造行政秩序的力量,因此,设计的中立性判断包括了以下三方面:一是对人类编译的程序代码进行功能中立性评价,是指对算法在发挥决策功能和作用的过程中是否遵循预设的运算机制和原理;二是对算法所依赖的原始数据进行纯净度分析,这需要依据人的价值偏好对数据集进行分级和分类规制;三是对算法的技术价值与法律价值进行理解次序上的联合关注,是指算法产生的社会性价值需要纳入法律价值的论辩空间,"技术自身的功能价值由技术客观属性所决定,技术所产生的社会价值则由社会规范所决定"❹。

第二,对算法能力的胜任性判断则是聚焦到行政机关的决策权能在多大程度上让渡给算法系统。算法决策权的行使范围并非由行政机关单方面进行划定,毕竟涉及公共利益的事项是与个人权益相联系的。因而,算法能力的胜任范围需要基于可让渡的范围和事项:与生命权、人身自由等重大基本权利密切相关

---

❶ 盐野宏.行政法总论[M].杨建顺,译.北京:北京大学出版社,2008:189.

❷ 安德鲁·芬伯格.在理性与经验之间:论技术与现代性[M].高海青,译.北京:金城出版社,2015:225.

❸ 布莱恩·阿瑟.技术的本质:技术是什么,它是如何进化的[M].曹东溟,王健,译.杭州:浙江人民出版社,2014:54.

❹ 郑玉双.破解技术中立难题——法律与科技之关系的法理学再思[J].华东政法大学学报,2018(1):94.

的行政决策权不得让渡给算法,算法不得具备此类决策的"利害关系",即能力胜任的绝对禁区;在同一事项中,区分不同阶段算法决策与行政权力的关联程度,那些与相对人权益有着直接关系的核心领域应当进行程度区分以划定算法接管决策的限度,即能力胜任的相对可能。例如,加拿大移民局在使用算法决策系统进行移民资格审查的过程中,会采用预审核的方式对移民案件进行难易区分,被标记为"易"的案件可直接交由算法决策系统进行审核;而被标记为"难"的案件则会交由人工进行审核;❶同一事项而人机决策结果不一致的,或者决策结果明显不当的,那么行政决策需要回归人类判断,行政机关应当收回决策权,交由专家审核系统❷,即能力胜任的人类控制,例如我国《关于规范金融机构资产管理业务的指导意见》要求,当人工智能算法模型存在缺陷或者系统异常且造成重大影响时,金融机构应当及时采取人工干预措施。

第三,对算法决策结果在法律意义上的影响进行实质性判断。根据新加坡个人数据委员会制定的《人工智能治理框架模型》的相关规定,在非基本权利范围的决策领域,算法参与公共决策的限度需要根据算法决策对相对人的权益影响的可能性和严重性进行划分。❸其中,法律意义上的"影响"可以解释为算法决策介入程度的差异性,而数字化程度是决策正当性观测的重要变量。因此,鉴于算法介入程度的不同,行政行为自动化类型可分为"程序实施"数字化和"程序实施+实体决定"数字化,"程序实施"数字化应当通过实体决定的内容来逆推和验证程序方式自动化的正当性,同时,在结果掌控方面,具体决定完成环节并对外实施公权效果具有人的属性,那么决策的实质影响遵循着"组织—人员"的正当性链条,即程序中立仍可以回溯到对决策负责的具体主体上的控制,行政机关应

---

❶ 2018 International Human Rights Program, the Citizen Lab. Bots at the Gate: A Human Rights Analysis of Automated Decision-Making in Canada's Immigration and Refugee System [R/OL]. (2018-09-26) [2024-01-27]. https://citizenlab.ca/2018/09/bots-at-the-gate-human-rights-analysis-automated-decision-making-in-canadas-immigration-refugee-system/.

❷ 蔡星月.算法决策权的异化及其矫正[J].政法论坛,2021(5):30-31.

❸ Singapore Personal Data Protection Commission. A proposed model artificial intelligence governance framework [R/OL]. (2020-01-21) [2024-01-27]. chrome-extension://bocbaocobfecmglnmeaeppambideimao/pdf/viewer.html?file=https%3A%2F%2Fwww.pdpc.gov.sg%2F-%2Fmedia%2Ffiles%2Fpdpc%2Fpdf-files%2Fresource-for-organisation%2Fai%2Fsgmodelaigovframework2.pdf.

当对决策内容存在的结构性歧视进行识别和排查,同时对决策内容的公平公正予以核查并作出必要说明,以人的理性来验证算法的技术理性,确保程序的中立性。"程序实施+实体决定"数字化的实质影响判断需要回溯到"嵌入软件"编程阶段,即人的控制前置到程序编程阶段。行政意志活动融入算法编译和功能设计阶段,通过前置的意思表示活动反过来衡量行政行为对特定主体的影响。❶毕竟对依靠、利用自动化决策结果的公务人员而言,代码偏见会强化算法决策的错误性,导致相对人遭受不公对待。❷那么,检测代码编译过程中是否存在利益认知上的倾向态度和不必要的关联因子,以验证整体数字化的行政过程的程序中立性。

最后,考虑到"数字鸿沟"的客观存在,"申请算法自动化决策的回避"应当允许人工决策程序的重启。算法决策程序的展开,还需顾及行政相对人的信息素养,如果相对人对算法决策系统缺乏必要的知识储备,那么,其提出的回避申请应当看作是完全拒绝算法自动化决策的使用,人工决策程序成为唯一的选择。例如,在立法上,英国《数据保护法》规定,应用于执法的自动化决策,相对人可以要求控制数据者斟酌和思考该决策,或者要求其排除算法系统的运用,完全基于人工程序作出新的决策。同时,行政机关应当对使用智能技术困难的群体提供必要帮助,保障和改善服务体验,让其有能力参与到算法决策程序中来。例如,我国《浙江省数字经济促进条例》第46条的规定,行政机关应当坚持优化传统服务与创新数字服务并行的原则,制定缩小"数字鸿沟"的保障措施,让其有能力参与到算法决策程序中来。❸

总而言之,在算法行政的回避制度中,个人反自动化决策权贯彻"人本"逻辑。一方面,算法技术只是赋能者而非决策者,个人有权拒绝算法的自动化决策;另一方面,行政机关需要培育个人的信息素养,确保其能在算法决策程序中积极行使权利。

---

❶ 展鹏贺.数字化行政方式的权力正当性检视[J].中国法学,2021(3):125-128.

❷ 刘东亮.技术性正当程序:人工智能时代程序法和算法的双重变奏[J].比较法研究,2020(5):71.

❸《浙江省数字经济促进条例》(浙江省第十三届人民代表大会常务委员会公告第44号)第46条和《关于切实解决老年人运用智能技术困难的实施方案》(国办发〔2020〕45号)均强调"传统服务与智能创新相结合"。

三、算法行政中基于技术能力的职能分离制度

程序中立性的实现还表现为行政机关职能的有序分离和相互衔接,一般是指调查职能、沟通职能和裁决职能分别交由行政机关内的不同公务人员来行使。换言之,为避免带有成见的行政决定在职能混合的情形下作出,"将调查或控诉职能与决定职能混合在一起,可能导致对相关事实形成预先判断"❶,中立性的程序结构应当体现职能分离,即"调查或追究权与制作决定权分离"❷。前述提及算法决策程序的瞬时性特征影响着行政程序的步骤要求,将职权行使的步骤和时限予以压缩,而这看似高效的行政过程其实模糊了职能分离的程序边界,侵蚀着不同职能下行政人员的积极性、独立性和自主性。虽然有些国家的行政法对算法决策程序的适用予以了宽松规定,例如根据瑞典《行政程序法》第28条规定,行政决定可以由公务员单独作出,或者由数名公务员共同作出,或者通过自动决策程序作出❸,但是,未明确算法在行政程序中的职能定位将会阻碍算法行政的程序法治化建构。有鉴于此,基于技术能力来明确算法决策在职能分离制度中的程序定位,是为了纠正适用的场域问题,让行政机关始终"在场"控制技术,避免技术无条件取代行政。

算法智能化和自主化程度的演进,导致行政程序朝着精简和高效的方向发展。行政流程借助技术实现再造,在提高效率和优化服务的同时,也为程序中立的职能分离制度提供了法治改革方向。需要明确的是,算法行政的职能分离需要以行政裁量为标准,进而通过技术能力来明确算法决策在职能分离中的定位。遵循此思路,算法行政的职能分离制度的具体样貌如下所述。

第一,羁束行政和裁量行政的区分是明确算法理性定位的前提条件,不同类型的行政行为所构造的职能分离也是有所差异的。羁束行政和裁量行政两者的概念需要通过抽象之法规适用于具体事实关系的涵摄之形态来定义。进而言之,法律规定了行政行为之特定构成要件事实存在,行政机关即应作出特定法律

---

❶ 迈克尔·D. 贝勒斯. 程序正义——向个人的分配[M]. 邓海平,译. 北京:高等教育出版社,2005:38.
❷ 王锡锌. 行政程序法理念与制度研究[M]. 北京:中国民主法制出版社,2007:171.
❸ SUKSI M. Automatiserat beslutsfattande enligt den svenska förvaltningslagen[J]. Tidskrift utgiven av juridiska föreningen i Finland,2018,154(6):463-472.

效果之行为，即羁束行政；反之，特定构成要件事实虽然明确存在，但是行政机关有权选择作为或者不作为，或选择作出其他法律效果之行政行为，即裁量行政。❶可见，两者的关键差异在于行政机关对于行政行为的选择幅度，在羁束行政中，行政机关如同"传送带"一样，只能忠诚且无偏差地执行立法机关的意志，而在裁量行政中，行政机关具有自主空间（判断余地），即是否作出行政行为的决策裁量或者选择不同法律要件的效果裁量。在厘清行政类型的基础上，方能进一步塑造不同类型行政中算法职能的理性定位。

第二，在羁束行政中，由于不确定法律概念和裁量得以完全排除，算法能够将调查职能、沟通职能和裁决职能集于一身，实现行政程序批量化和程式化。德国《行政程序法》第35条a款和韩国《行政基本法》第20条均规定，若属于羁束行政，行政机关可以交由算法决策作出处分。那么，在标准化、规模化的行政程序中，羁束行政通常是重复性和技术性的行政活动，算法决策程序可以具有替代性地位。在功能等同方面，一项行政活动的调查职能、沟通职能和裁决职能可以转化为行政程序中观测、分析和行动三个阶段❷，即观测阶段需要对相关信息进行识别和收集，分析阶段需要对收集的信息进行分析和交流，以及行动阶段需要通过分析信息与法律规范进行匹配而作出具有法律效果的决策。由于羁束行政与算法决策的结合，从而产生"无裁量能力的完全自动化行政"❸，也就是说，算法决策程序对于那些排除裁量和不确定法律概念的行政活动可以自动处理。例如，在投资备案、津贴申请、人才引进等行政领域，深圳市已实现"无人干预秒批"。但是，"无人干预"或者"完全自动化"只是狭隘意义上的程序代码化，行政机关通过自动化的方式作出的决定，并不影响行政行为的成立，即行政机关仍旧是行政程序的主体，且自动作出的决定仍然是自己的行为。❹换言之，尽管算法决策系统承担起传统意义上的三项职能，但是，在不同职能阶段中，行政机关作为真正的程序主体必须承担起相应的程序职责。

---

❶ 吴庚. 行政法之理论与实用（增订第八版）[M]. 北京：中国人民大学出版社，2005：77.

❷ HARTZOG W, CONTI G, NELSON J, SHAY L A. Inefficiently automated law enforcement[J]. Michigan State Law Review, 2015(5): 1763-1796.

❸ 马颜昕. 自动化行政的分级与法律控制变革[J]. 行政法学研究，2019(1)：83.

❹ 哈特穆特·毛雷尔. 行政法学总论[M]. 高家伟，译. 北京：法律出版社，2000：442.

因此，以"无人干预秒批"为代表的行政自动化程序为例，对此进行过程拆分以明确行政程序全自动化中行政主体必须在场的范围：在申请程序中，相对人在政务平台上提交材料，系统对相关材料进行预审和固定，属于信息的识别和收集，行政主体的调查职能可以交由算法系统自行履行。但是，行政主体应当避免一刀切使数字弱势群体的权益受损，需为线下申请保留人工通道❶，为相对人提供选择权。随后在审批处理程序中，系统对于材料清晰且无争议的，可以直接作出审批，属于信息的分析和处理。但是，这并没有免除行政机关对算法技术的安保义务，行政机关应当同步规划、同步建设和同步使用信息系统的安全保护措施❷，需要保留人工程序备份，以便于在产生争议或者安全事故时，行政机关能够履行沟通职能。同时，算法系统还应当具有特殊情况识别机制，一旦触发特殊情况提醒，应当立即转为人工审核程序。在认可发证程序中，算法系统对于符合规定的申请自动发放批准文件或证明文件，属于决定的输出与实现。行政电子证照具有同纸质证照同等的法律效力❸，行政机关则需要保障电子证照的时效性、准确性、真实性和完整性❹，应被视为"符合法律、法规规定的原件形式要求"和"加盖本行政机关的行政许可证件"。❺最后，为避免完全自动化出现"人工愚笨"的情形，还需要增设事后纠正程序，建立人工检查、交叉检查、公开监督、相对人反馈应答等监督和补救方式。❻综合而言，算法优越的技术能力，让其在多数羁束行政中能够替代人力，最大化提升法之确定效果的完成度、中立度和客观度。在全自动化的算法决策中，程序中立的职能分离转变为人与算法职能的合理分离，即算法统一执行三项职能而行政主体承担起全过程监督、安保和纠正❼的职能。

---

❶ 根据《上海市公共数据和一网通办管理办法》（沪府令9号）第36条第3款的规定，行政相对人可以自由选择通过线上或者线下的方式人提出申请，行政机关不得无正当理由以限定申请方式。

❷ 参见《关键信息基础设施安全保护条例》（国务院令第745号）第12条的规定。

❸ 参见《国务院关于在线政务服务的若干规定》（国务院令第716号）第10条的规定。

❹ 参见《天津市电子证照管理暂行办法》（津政办发〔2019〕6号）第13条的规定。

❺ 宋华琳.电子政务背景下行政许可程序的革新[J].当代法学,2020(1):87.

❻ 马颜昕,等.数字政府：变革与法治[M].北京：中国人民大学出版社,2021:166.

❼ 参见《关键信息基础设施安全保护条例》（国务院令第745号）第12条的规定。

第三,在裁量行政中业已出现裁量自动化的情形,应当将算法定位于辅助决策功能地位。一般认为,由于沟通职能和裁决职能往往涉及行政主体的意思表示,存在着行政机关视个案情形作出个性化判断的裁量空间,所以,算法决策一般不得介入到这两个领域,避免出现行政自动化取代行政自主性的情形。可见,为确保职能分离的中立性结构,在裁量行政中,算法决策适用的场域通常限制于事实调查阶段,据此作出的决策也需要获得法律的允许,即对事实认定不存在裁量余地。换言之,行政机关调查义务交由算法履行,需要对此作严格的法律解释,即在批量性程序中,行政活动的涵摄模式相对稳定,调查的事实对于法律结果仅具有形式意义,那么,调查职能可以交由算法决策进行自动化处理。在社会法等领域中,特定事实具有不确定性且对决策结果具有实质意义,即通常会出现实质影响法律结果的不确定事实,行政机关需要开展广泛的事实调查,算法虽然能够协助发现更多的事实,但是行政机关需要经过判断以发现哪些是对相对人有实质意义的事实。❶

然而,裁量并不排斥自动化,"禁止自由裁量权"的适用限制只是武断地将算法决策和行政裁量权进行割裂,裁量一定程度的自动化不仅能够提升行政效能,还能够规范行政裁量权的行使。需要注意的是,这里的"一定程度"含义是排除了裁量的全自动化,原因在于:立法上赋予行政机关裁量权,旨在促进行政机关在职能范围内通过程序积极对个案特殊情形进行具体化的理解和因果式的判断。行政机关一旦完全依赖于算法的关联统计和运算结果,则会导致不同职能因果式的涵摄联系出现断裂,陷入裁量怠惰的境地;或者,行政机关基于算法决策提供的结果平均值作出行为,而放弃了全观性和体系性的人类思维对不同职能中的具体事实进行创造性理解,也将陷入裁量滥用的境地。❷无论是哪种情形发生,强调合理裁量来实现调查、沟通和裁决的有序分离和有机关联的中立性程序结构便不再有任何意义。因此,在裁量行政中,应当将算法决策定位于辅助性地位,这一点在行政执法领域中得到了规范层面上的明确,即研发、部署和应用

---

❶ 哈特穆特·毛雷尔. 行政法学总论[M]. 高家伟,译. 北京:法律出版社,2000:444.

❷ 查云飞. 行政裁量自动化的学理基础与功能定位[J]. 行政法学研究,2021(3):120-121.

行政执法裁量辅助系统,实现对行政裁量权的指导和约束。❶

可以预见,在某些裁量领域,如果恰当使用算法决策,能够帮助行政机关更好地履行职能。例如,南京市部署运用的"环保行政处罚自由裁量辅助决策系统",通过算法的程式化裁量和机关的人为裁量之间的相互佐证,极大地提高了办案效率,并实现了个案正义。该系统运作逻辑体现出职能分离中立性结构的特征:行政执法人员在辅助决策系统中通过对违法行为、违法后果等裁量因子项目下进行相应勾选,随后选择与之相对应的法律规定、处罚种类、其他处理和修正裁量因子,辅助决策系统便能自动生成处罚结果。而且,这一裁量自动化过程具有适应环境的技术能力,即系统的二维架构,以严重程度为标准,将违法事实划分为"无、轻微、一般、较重、严重、特别严重"六个等级,在此基础上,将每个违法事实予以二维形态拆分,包括违法行为和违法结果,随后又将拆分后的每个违法行为和违法后果进行再次拆分,形成若干个子行为和子后果,通过对若干个子行为和子后果的分别叠加,得出初步的总行为和总结果。最后对初步的总行为和总结果进行又一次叠加,辅以修正系数,继而得出客观和公正的处罚裁量结果。同时,为了避免出现单一的"人治"或者"机治",系统内设有"会议裁量",既确保操作过程全留痕,又实现人与机器的互动交流。❷简而言之,处于辅助地位的算法裁量辅助决策系统具有以下功能:一是能够提供类案推荐,为个案指明大概的处理逻辑;二是能够提供裁量结果参考,作为参考依据来合理收缩裁量权;三是能够预警和监督裁量是否偏离。

第二节 算法行政的程序公开性之塑造

一直以来,"黑箱性"都用来描述算法决策程序运作的隐蔽性和代码机制的复杂性。如同前述,在公共行政领域中,从整体过程观之,算法决策程序是一个

---

❶ 参见《关于全面推动行政执法公示制度执法全过程记录制度重大执法决定法制审核的指导意见》(国办发[2018]118号)。

❷ 人机共同规范行政处罚裁量权[EB/OL].(2010-08-13)[2024-04-12]. https://news.sina.com.cn/o/2010-08-13/064717958388s.shtml.

相当密闭的"黑箱"操作过程❶,导致决策结果不仅难以为相对人所直观了解,而且不足以转换为描述行政机关行动理由的因果解释。由此,在人工智能时代下,深度学习的智能算法本身也存在着公开性和透明性问题❷,成为算法行政的核心问题之一。算法黑箱会进一步加剧行政机关与社会公众之间的信息不对等的程度,让传统的程序公开赋予个人知情权和说明理由权以及政府阳光透明建设均陷入技术统治的"算法监狱"中,那么,法律是人类社会共同体得以维系发展的契约共识,相应匹配的法治原则应当是具有"韧性"的,算法行政需要对算法黑箱难题予以回应规制。易言之,为消除算法黑箱,应当通过规则形塑算法行政的程序公开性,"算法公开制度首先应当是有意义和有特定指向的决策体系的公开,而非一般性的算法架构或源代码的公开与解释"❸。从这个角度来看,算法行政的程序公开性是指有意义的算法公开和有特定指向的算法解释。因而,算法行政的程序公开性塑造尤其需要关注"可公开"和"可解释"之间的关系,而"可理解"则是公开价值实现的最终归属。

一、建构算法公开与解释程序的动因:算法黑箱的本质和算法透明的目的

美国1967年出台的《情报自由法》的"声明序言"对程序公开进行了论述,判断政府是否真正是一个民有、民治、民享的政府,关键在于人民是否能够详细地知道政府的活动,同时,没有什么比秘密更能损害民主,如果公众无法得知和了解情况,所谓自治和最大限度的公众参与也只是一句空话。所以,在强调治理而非统治的行政法治时代,保障公民知情政府活动的权利,比任何时代都显得更为重要。❹由此可知,行政程序法上的公开理念对政府治理而言,至少有两方面的法律功能:一方面,通过对行政信息的公开,增强对权力机关的监督,提高公共行政的可问责性;另一方面,通过对行政信息的共享,保障公民的知情权,让其有能

---

❶ COGLIANESE C, LEHR D. Regulating by robot: administrative decision making in the machine-learning era[J]. Georgetown Law Journal,2017,105(5):1147-1224.

❷ 王利明.人工智能时代提出的法学新课题[J].中国法律评论,2018(2):3.

❸ 丁晓东.论算法的法律规制[J].中国社会科学,2020(12):16.

❹ 王名扬.美国行政法[M].北京:中国法制出版社,1995:959-960.

力参与到行政活动中,避免政府的独断。在算法行政中,算法黑箱成为程序公开不得不应对和解决的时代问题。作为"阿西洛马人工智能原则"之一的透明度原则,要求在算法决策的过程中,有关个人权益的技术机制和数据信息应当是公开的和透明的,通过原则引领制度的回应性发展,以应对算法黑箱形成的黑箱政府和个人与行政机关之间的信息失衡,意味着需要对算法化的行政活动建立起新型的公开和透明规制体系。算法行政的程序公开性包括了公开和解释两个层面,即对算法的公开和对公开算法的解释,是技术与法律之间的双重变奏。应该说,以公开和解释为基础的算法透明原则是对程序公开性内涵和制度与时俱进的更新,一是要对算法黑箱进行本质理解;二是要对算法透明与程序公开进行融合理解。

(一)基于程序公开以透析算法黑箱的法律本质

算法决策导致公共行政在虚拟空间的运行逻辑出现新的风险,即算法不透明。这种技术上的不透明并不能直接解释为行政权力的不透明。在技术层面,算法黑箱通过封装代码以简化决策程序的技术复杂性,在一定程度上避免宽泛信息公开带来的噪声干扰。若将算法黑箱与代码的"暗箱操控"等同视之,确属过于武断。在算法行政中,算法黑箱不一定是代码深度学习后带来的复杂结果,有可能是减少行政活动中不必要噪声的结果。也就是说,算法黑箱将技术细节隐藏在系统界面之后的模型和数据中,形成稳定且简洁的系统界面,有利于建立起公众对算法决策的稳定预期,有效避免因法律、技术和行政的三重复杂性而产生的不必要噪声。[1]然而,如果以避免噪声干扰而赋予算法黑箱合理性,又会走向另一个极端,即前述提及的"法律保护下的黑箱"。置于算法透明下的算法黑箱,指的是非重要且与个人权益无涉的代码逻辑、数据库等内容可以不公开,通过封装技术形成对个人隐私、商业秘密和国家秘密的黑箱保护。

可见,黑箱的复杂性简化是有条件的,而非一刀切的黑箱,这意味着对算法黑箱的法律本质应当进行有区分的解释。进而言之,对算法黑箱本质进行区分解释的前提是区分算法决策程序的类型。根据算法是否服务于特定的政策议程,可以将算法区分为政策中立算法(Policy-neutral algorithms)和政策导向算法

---

[1] 衣俊霖.数字孪生时代的法律与问责——通过技术标准透视算法黑箱[J].东方法学,2021(4):81.

（Policy-directed algorithms）[1]，不同的类型中算法黑箱的规制立场也有所差异。

政策中立算法不会在设计之初嵌入设计者的价值判断，其目的是整合大量数据以大幅降低行政机关在检索内容时的负担，即一种输出结果确定的算法模型。例如，在类案推荐算法中，通过采集已结案的行政执法案件，借助算法技术对文本信息进行预处理，形成已结案件与未结案件的文本向量矩阵，工作人员输入关键词以获取相似案件处理情况的检索结果，便于其执法的"同案同判"。可见，诸如"类案推荐"之类的政策中立算法，其运作目的并不体现设计者和行政机关对于特定个案的价值判断，即算法背后的代码逻辑对个人权益无显著影响，因而对其可以不施加过高的公开要求，算法黑箱仅具有技术层面的意义而不涉及法律上的程序公开。无意义的公开只会增加行政机关的程序负担，分散行政机关对于个案的关注度，个人获知不必要的信息噪声并不会提升行政决定的可接受性，反而可能会导致个人对技术的过多关注而抑制行政效率。

政策导向算法在设计之初则会输入行政机关的行政目的、行政经验和行政规则等，这些输入的内容具有行政机关特定的价值判断，以实现特定政策为目的，通过对"元数据"和"原始数据"的实时收集与分析，基于机器学习对数据、事实、规范等进行组合和匹配，形成触发自动化和决策自主性的响应机制，运算得出具有价值偏向的决策结果。如在美国芝加哥，警方利用一种预测未来暴力犯罪可能性的算法决策来列出一些关注对象的名单，并依据名单进行探访和监控，随之引发了算法是否透明和公正的争议。虽然，美国芝加哥警方一定程度上公开了该算法系统的运行机制，但是算法设计者和警方并未对算法系统的设计理念、数据来源和代码机制等进行有意义的公开和解释，从而导致信息闭环的"回音室"和"自我实现的预言"。[2]可见，在这一类以秩序维护为目标的风险预测决策系统中，因其"涌现性"和"自主性"[3]而导致算法黑箱的规则隔音，即行为规则

---

[1] 王静，王轩，等.算法：人工智能在"想"什么[M].北京：国家行政管理出版社，2021：42.

[2] "自我实现的预言"即一种使预言成为现实的社会心理现象，卡尔·波普尔称之为"俄狄浦斯效应"。参见邱仁宗.数据伦理学的基本问题[J].医学与哲学，2021(7)：6.

[3] "涌现性"是指算法的智能性决策是由底层代码生成的复杂行为，其行为效果是由集体行为的演化形成的；"自主性"则是算法的智能性决策行为的自组织性，深度学习可以让算法在海量数据中进行自我学习和自我进化。参见全国信息安全标准化技术委员会，大数据安全标准特别工作组.人工智能安全标准化白皮书（2019年版）[R/OL].(2019-10)[2024-04-13]. http://www.sntec.org.cn/20191104.pdf.

(引导和规范行为的法律规范等)通过界面向公众公开,而决策规则(具体行政活动中算法决策的代码逻辑、数据集等)却隐藏在算法黑箱之中。❶对此,需要通过程序公开而形成有意义的算法公开和解释以刺破算法黑箱的规则隔音,实现算法行政公开性和清晰性的内在道德建设,避免"规则如果无人懂,守法如何行得通?"❷的风险。

(二)算法透明的目的:一种可信算法的形成

通过对算法黑箱进行法律本质上之区分性厘清,可知,程序公开意义上的算法透明指的是一种可信算法的形成。可信算法是算法行政法律关系具有可接受性的基础,也是促使人机关系处于信任状态的关键。通常而言,在程序公开意义上,可信算法具有技术层面和治理层面两方面的内涵,前者是指通过安全输入输出、认证密钥等一系列"可信计算"信息安全技术实现算法决策程序的可信任性建构;后者则是指那些对个人权益和公共利益有影响或者有威胁的算法决策程序,应当通过基于"可信规制"的公开与解释制度建立具备合法性和正当性的可信算法。❸所以,为了应对算法黑箱导致的人与技术的疏离和质疑,甚至不信任和对抗,"技术规制技术"和"法律规制技术"相融合的算法透明试图将人与技术拉回相互信任的关系圈内。需要认识到,信任需要通过展示获得,而不是通过要求得到❹,由此,公共行政中算法可信度的获得需要关注到两种透明模式的要求:一种是"金鱼缸式透明度"(Fishbowl transparency)❺,强调公众对政府使用的算法

---

❶ 遵循规则隔音理论,算法决策的"内部信息—外部信息"大致对应"决策规则—行为规则"。披露黑箱内部信息就是拒绝规则隔音,强制要求对决策规则进行公开;相反地,披露外部信息则默许规则隔音,仅仅强调对行为规则的公开。参见衣俊霖.数字孪生时代的法律与问责——通过技术标准透视算法黑箱[J].东方法学,2021(4):86.

❷ 富勒.法律的道德性[M].郑戈,译.北京:商务印书馆,2005:43.

❸ 袁康.可信算法的法律规制[J].东方法学,2021(3):8.

❹ O'NEILL O. Linking trust to trustworthiness[J]. International Journal of Philosophical Studies, 2018, 26(2):293-300.

❺ COGLIANESE C. The transparency president? The Obama administration and open government[J]. Governance, 2009, 22(4):529-544.

决策程序进行全貌性了解;另一种是"合理的透明度"(Reasoned transparency)[1],强调公众对涉及利益且有实质影响的算法决策的逻辑和机理进行有目的性的了解。

对于两种类型的透明模式的选择,需要回溯到程序公开的法律意义。程序公开作为一项基础性的法律制度,具有着如下法律意义:一是满足公众参与行政的意愿;二是规范和控制行政权力的滥用;三是确保行政行为的可接受性。[2]那么,从这一角度来看,算法透明应当是技术与法律有机融合的程序公开,"有机融合"意味着机械和简单的鱼缸式透明既不现实也不具有实效性。究其原因,一方面,全场景的算法公开会导致公开陷入对"量"的追求,而失却对"质"的关注。相关算法运作的逻辑和数据全部公开,并不契合行政法上的成本效益原则,全面公开的成本远高于有效透明度带来的收益;另一方面,全场景的算法公开会导致行政权力的"寻租",不负责且无效的算法公开实质是行政机关说明和解释的不作为,以简单的全公开覆盖了多层意义的程序公开。而基于合理透明的算法公开则是回归到程序公开的价值目的:一是合理的透明可以获得公正的理解,以确保个人能够真正观测和了解行政活动;二是合理的透明为政府清晰划定公开和解释的职责,防止不作为的出现;三是通过公开与解释的来回循证,以提高政府算法决策行为的可接受性。

有鉴于此,算法行政的程序公开性应当定义为合理的算法透明,因此,围绕着可信算法的公开与解释制度具有以下特点:一是可理解性,即提供的公开内容和解释模型应当以公民需求和理解能力为导向,确保易访问、易解释、易表达和易反馈的"四易"理解路径;二是稳健性,即算法公开与解释需要具有法律意义上的准确、公正和安全,避免因公开不当引发不必要的偏见与歧视,也应避免因解释不当而引发系统安全危机;三是可控性,即行政机关应当对算法公开和解释产生的风险具备监管能力,从预防的角度设定算法公开与解释的政府风险防控职责。

---

[1] COGLIANESE C, LEHR D. Transparency and algorithmic governance [J]. Administrative Law Review, 2019,71(1):1-56.

[2] 章剑生.论行政程序法上的行政公开原则[J].浙江大学学报(人文社会科学版),2000(6):101.

二、基于"有意义透明"的算法的可公开范围

算法公开是为了实现有意义的透明度,以提升公众查阅行政机关的数据信息和审阅行政审议的能力。虽然算法透明被视作是解决算法黑箱的基础性、直接性和有效性的手段,以及实现算法问责制的保障❶,如通过公共数据平台开放各类数据资源已在实践中逐步推广。但是,以合理透明为导向的算法公开涉及可行性判断,也就是说,"可行性"构成算法可公开范围的划定基准。

算法公开的可行性关注的是公开的限度与范围。如前述,算法黑箱造成的规则隔音体现在行为规则和决策规则两方面,因此,算法公开需要围绕着行为规则和决策规则以划定可公开范围。

(一)对行为规则的公开

当前,相关法律法规通过规则调整,在一定程度上实现了行为规则的公开。例如,根据我国《行政许可法》第33条规定,行政许可数字化审核过程中,行政机关应当在网站上公开行政许可相关事项和信息。从这一点来看,基于传统程序公开理念的算法公开完成了对行为规则的披露,即对算法决策涉及的事项进行清单式公布。这一点已在"无人干预秒批"类算法决策中得以落实,深圳市推行的"秒报秒批一体化"已经实现250余个政务事项"无人干预秒批"。❷以"企业投资项目变更"为例,秒报秒批一体化平台对该变更事项涉及的基本信息、受理标准、办理流程、申请材料及收费信息等行政信息予以详尽公布,基本实现算法决策行为规则的可见性,即公布行政机关算法决策的"权力清单",让公众获悉哪些行政活动已交由智能系统自动化决策,了解智能系统是全自动自主决策还是存在人工的半自动化决策以及知晓算法决策中个人的权利义务和法律救济途径

---

❶ 美国国家科技委员会发布的《人工智能研发战略计划(2019年版)》强调AI系统的公平、透明和可问责性的保障。与此同时,我国国家新一代人工智能治理专业委员会发布的《新一代人工智能治理原则》也明确提出"人工智能系统应不断提升透明性"。

❷ "秒报秒批一体化"推动深圳数字政府再提速[EB/OL]. (2020-12-15)[2024-04-13]. https://www.gov.cn/xinwen/2020-12/15/content_5569464.htm.

等。❶可见,行为规则全面、清晰且准确地公开,是个人知情权对算法可公开范围的初步要求。

(二)对决策规则的公开

目前存在较大争议的是,由代码逻辑、数据集群和参数权重等组成的决策规则应当如何公开。其中,源代码是算法信息的核心,对其公开应当避免"一刀切式"的全披露。代码是公共价值数字化的结果,意味着现实世界中的公共利益与个人利益的博弈规则转变为虚拟世界中千千万万的代码指令。因而,源代码不仅成为公共行政虚拟空间中行政权力的运行规则,而且决定着个人权利获得保障的程度。在实践中,美国纽约市于2017年试图通过立法要求政府公开应用于公共行政的算法决策系统的源代码,因为政府利用算法决策系统实现行政目的时,政府必须毫无保留地公布源代码。❷尽管在虚拟空间中,代码作为决定性的规则,应当如同法律一样予以公开❸,但是,源代码的全公开并不具有实际效应,还存在规范、认知和功能三方面的约束:❹一是规范层面上的约束。源代码公开会因为商业秘密和国家秘密而遭受阻力,基于商业秘密进行公开约束已成为常态,例如,在Viacom v. YouTube案中,法院以保护商业秘密为由而驳回原告提出公开源代码的诉求。❺同时,"国家秘密"在约束源代码公开上更具有广泛性,例如,在德国税收自动化执法领域,如果公民能够访问税收系统中的源代码,可能会降低执法效率或者让有技术能力的个人干扰和入侵系统,基于此考量,《德国税务规定》明确规定"禁止访问税务系统风险管理系统的信息"。二是认知层面

---

❶ 张凌寒.算法自动化决策与行政正当程序制度的冲突与调和[J].东方法学,2020(6):11.

❷ POWLES J. New York City's bold, flawed attempt to make algorithms accountable[EB/OL].(2017-12-20)[2024-01-27]. https://www.newyorker.com/tech/annals-of-technology/new-york-citys-bold-flawed-attempt-to-make-algorithms-accountable; DWYER J. Showing the algorithms behind New York City services[EB/OL].(2017-08-24)[2024-01-27]. https://www.nytimes.com/2017/08/24/nyregion/showing-the-algorithms-behind-new-york-city-services.html.

❸ LESSIG L. Code: Version 2.0[M]. New York: Basic Books, 2006: 152-153.

❹ 托马斯·威施迈耶.人工智能和透明度:打开黑箱,载托马斯·威施迈耶、蒂莫·拉德马赫.人工智能与法律的对话2[M].韩旭至,李辉,等译.上海:上海人民出版社,2020:86-92.

❺ Viacom Int'l Inc. v. YouTube, Inc. No. 07-. 2103(S. D. N. Y. 2008 filed Apr. 24, 2008).

上的约束。源代码公开对于非专业人士的普通公众的知晓效用也是大打折扣的,尤其是随着算法决策系统的动态性越发频繁,即使源代码是透明的,强调公开是静态的而决策是动态的,此类公开难以应对动态,对此公开和解释仅具有短暂性效力。三是功能层面上的约束。个人知情权需要关注形式功能的"了解"和实质功能的"理解",即合理的算法公开应当将两个功能予以有机连接。然而,源代码的全公开仅能满足个人知情权的形式功能,并没有考虑到个人对源代码的理解能力,继而无法达成实质功能的"理解"要求。

既然明确披露源代码并无实际意义,那么就需要将决策规则公开的可行性范围置于与行政权力和相对人权利密切相关的代码化的法律规则、底层数据和参数权重等,确保有意义的算法公开。其实,早在1992年的 Don Ray Drive-A-Way Co. v. Skinner 案中,美国哥伦比亚地方法院基于《信息自由法》中阳光政府的信息披露职责要求,判决美国联邦公路管理局应当公布用于评判运营商安全等级的算法系统的参数权重。[1]因此,决策规则公开的可行性需要回归到对算法透明的"有意义"探寻,包括了主体、内容和程序三个方面。

第一,在主体层面,算法"有意义"的公开是多对象和多层次的,即面向行政机关、技术公司和社会公众具有不同的意义。对行政机关而言,算法"有意义"的公开促使行政机关能够检查算法中与利益相关的代码化规则的正当性,监管算法基于决策规则的运作流程的安全性,以及治理算法决策问题的有效性,是一种面向行政机关内部专业委员会的公开。例如,德国成立了"监控算法(Algorithm Watch)"的算法规制机构[2],目的是监控与公共利益相关的算法决策过程。对技术公司而言,算法"有意义"的公开需要平衡好知情权与商业秘密的关系,行政机关不仅负有审查和举证职责,还应当通过分级分类设定算法信息豁免公开的有限例外。对社会公众而言,算法"有意义"地公开确保其能够理解、监督和评价算法信息,意味着行政机关和技术公司应当提供类似于API接口的算法信息访问渠道,并提供必要的理解算法信息的辅助手册,确保其不仅是在"知"维度获悉算法信息的内容,而且是在"悟"维度了解算法信息的逻辑,让知情权融入对技术能力的关怀。

---

[1] Don Ray Drive-A-Way Co. v. Skinner, 785 F. Supp. 198 (D. D. C. 1992).

[2] 胡凌. 数字社会权力的来源:评分、算法与规范的再生产[J]. 交大法学, 2019(1):21.

第二，在内容层面，算法"有意义"的公开需要明确公开所指向的客体。从知情权的内涵观之，算法公开内容的"有意义"在于是否清晰展示和合理解释"数据、逻辑、目标、结果、合规、影响和用途"透明的多层次内容。展开来说，数据透明是指原始数据的来源、数据预处理的方式、验证数据无偏差且具有代表性的方法及数据的更新与培训等。逻辑透明是指行政机关用所掌握的输入模式去测试输出模式，减少变量以验证逻辑，通过反事实系统检测偏见数据是否影响结果输出，以及第三方对算法工作逻辑、内外部缺陷等的审查。目标透明是指公共行政目的（包括法律法规、行政经验、价值预设等）经代码化后的规则模型应当保持优先级的透明。结果透明是指系统的内部状态、对外部环境的影响及与其他算法系统的交互情况。合规透明是指定期提供算法系统遵守透明准则的合规报告便于大众审查。影响透明是指个人对决策过程和结果对其权利可能影响的知晓情况。用途透明则是指个人应当知情个人数据是如何被使用来获得个性化的决策结果。[1]可见，算法"有意义"公开的多层次内容是以个人知情权为轴心而铺陈开的，亦即算法公开的内容能够被个人更好地理解，理解是公开有意义的体现，解释涉及的公开内容应当将上述七个层次的抽象内容与特定的行政情形结合起来，即内容方向是确定的，而具体内容则需基于情形而予以具体规定。

第三，在程序方面，算法"有意义"的公开体现为不同情形的过程规制。作为前提，算法信息公开需要经历分级分类管理程序，例如，根据《上海市公共数据开放暂行办法》第11条规定，公共数据开放主体应当按照分级分类规则将数据划分为非开放类、无条件开放类和有条件开放类；而对于数据开放中的专业疑难问题，《浙江省公共数据开放与安全管理暂行办法》第13条规定，公共数据主管部门应当组织专家委员会进行论证。面对不同的开放情形，程序规则也有所差异。在无条件开放的情形下，公共数据开放主体应当按照分级分类规则，对不同公共领域编制出算法数据的开放清单，并审核无条件开放的数据。例如，《上海市公共数据开放平台操作指南》指出，开放清单包括了各类公共数据资源、数据接口和数据应用等。而且，还应当建立动态调整机制，及时更新和不断扩大开放清单，并确定开放类型、开放条件和监管措施等。如果涉及公众切身利益或者公众

---

[1] European Parliament. A governance framework for algorithmic accountability and transparency [R/OL]. (2019-04-04) [2024-01-27]. https://www.europarl.europa.eu/thinktank/en/document/EPRS_STU(2019)624262.

普遍关注的问题,《浙江省公共数据和电子政务管理办法》第26条要求公共数据开放主体应当采取听证会、座谈会和征求意见等方式听取公众的意见,以合理编制开放清单。在有条件开放的情形下,行政机关应当针对相对人的特殊请求进行法律上和技术上的判断,及时且准确地提供其所需了解的算法资讯,并通过数据利用协议的形式要求相对人反馈利用情况、明确用途、接受安全监督等,如《浙江省公共数据开放与安全管理暂行办法》第17条和《上海市公共数据开放暂行办法》第15条的规定。而就申请有条件开放的程序而言,公共数据开放主体需要对申请材料进行规范性审查,对需求进行审核和复核。

三、基于"说明理由"的算法的可解释性和可理解性

基于"有意义透明"进行算法可公开范围的划定,实质是算法行政中程序公开的客观法制度。在开放政府理念下,作为"一般法意义"的算法公开在公法视野中具有着双重面向,一是立足于公法自身而建构算法信息公开的客观秩序;二是与"主观权利"相对应,算法信息公开是以推进算法治理透明为基础的程序制度。❶那么,对于算法公开的有意义之于客观法上的规范性表达,需要经历从"知的需要"(Need to know)走向"知的权利"(Right to know)❷的转变过程。当然,作为算法行政中的"知的需要"和"知的权利",因时代发展而使得内涵有所发展,"知的需要"对算法信息公开进行了基本判断,"知的权利"则是顺应算法信息的特征赋予了"悟"的意蕴。具体而言,以"知的需要"为前提进而对算法的代码、数据库和运算程式等的披露,仅仅是实现了公民对信息获取的需求层面的满足,是主观权利在算法公开中的个别化表述。但是,这种宽泛意义上的公开是算法透明要求的错误规范性预设,会催生"公开即正当"的问责假象。

算法的"有意义"公开不应当拘泥于通常意义上的可见性,还应当迈向"知的权利"中的可解释性和可理解性。以"知的权利"为核心的有意义公开不再局限于算法信息的提供,而是需要更多地关注到主观权利的客观化表达,即通过信息

---

❶ 蒋红珍.面向"知情权"的主观权利客观化体系建构:解读《政府信息公开条例》修改[J].行政法学研究,2019(4):44.

❷ 蒋红珍.从"知的需要"到"知的权利":政府信息依申请公开制度的困境及其超越[J].政法论坛,2012(6):72.

公开使得算法行政置于公众监督之下，并通过说明理由具体化算法的可解释性以获得公众对算法决策的理解和信任。换言之，受到算法决策影响的个人或者群体能够读懂和理解公开的算法信息，并以有意义的方式对决策作出接受或者反对的权利回应。

（一）算法解释权的内涵分析

"读懂和理解"关注个人对公开的算法信息的领悟能力。也就是说，个人应当知道算法是基于哪些决策规则，并遵循怎样的代码逻辑来作出决策的。[1]其中强调领悟的"读懂和理解"，实质是将传统意义上的自我认知迁移成为应用算法的行政机关"说明理由"的解释，那么，这种"说明理由"成为程序公开的一种规则，即通过算法的可解释性以确保"每个参与者知道算法决策是如何适用于自己，并且该算法并没有设计成对其不利的方式"。[2]从这一视角观之，算法公开营造了算法行政中的透明氛围，目的是为算法的可解释性提供必要且丰富的信息要素。进而言之，算法的可解释性赋予了个人获得算法解释的权利，作用等同于传统行政程序中的"说明理由"，是一种基于解释的透明度。[3]就内涵而言，算法解释权（The right to explanation）作为一项新型权利，要求算法决策作出之后，行政机关应当对决策作出背后的系统逻辑进行有意义的描述。从构成要素细化算法解释权的子项内容，其体现出构成上的双重性，即包括了个人算法解释请求权和行政机关解释算法职责，而这"一权一责"均是为了实现算法的可解释性和可理解性。

基于历史维度以窥探信息法制的变迁历程，不难发现：有关个人算法解释权的规定肇始于法国1978年颁布的《关于数据处理、数据文件和个人自由的第78-17号法案》，根据其第39条的规定，在基于自动化程序作出的决策并产生与数据

---

[1] KROLL J A, BAROCAS S, FELTEN E W, et al. Accountable algorithms[J]. University of Pennsylvania Law Review, 2017, 165(3):633-706.

[2] KROLL J A, BAROCAS S, FELTEN E W, et al. Accountable algorithms[J]. University of Pennsylvania Law Review, 2017, 165(3):633-706.

[3] TAMÒ-LARRIEUX A, LUTZ C, VILLARONGA E F, et al. Transparency you can trust: transparency requirements for artificial intelligence between legal norms and contextual concerns[J/OL]. Big Data and Society, 2019, 6(1). (2019-06-27)[2024-01-27]. https://journals.sagepub.com/doi/full/10.1177/2053951719860542.

主体相关的法律效力的情况下,应当确保他们能够了解自动化决策所涉及的逻辑信息,并有权选择反对自动化决策。这一规定得以在1978年的《法国数据保护法》中重申和延续,法律层面上的"算法解释权"逐渐崭露头角。1995年欧盟通过的《数据保护指令》规定了个人获知算法决策内部逻辑的权利,并有权拒绝仅基于自动化处理且对个人产生法律上影响的决策结果。随后,在《数据保护指令》所构建的权利蓝本基础上,欧盟在2018年颁布了GDPR,并在第22条规定了个人获得算法自动化决策解释的权利。这意味着,相关数据控制者应当通过简单、透明、易于理解和易于访问的方式,并使用清晰直白的语言向相对人阐释算法决策规则。相关法律法规事实上为算法解释权提供跨域公私法的规范依据,那么,在行政法视域下,法国《数字共和国法案》聚焦到公共行政中,赋予个人对基于算法的行政决策有获得相关算法信息的权利,即有关决策规则的解释与说明;类似地,美国技术公共政策委员会发布的《关于算法透明性和可问责性的声明》中虽未直接明确个人算法解释权,但从软法层面鼓励和指导使用算法决策的机构对算法的自动化过程和特定决策结果予以解释,着重强调这一点在公共行政中尤为重要❶,这在某种程度上可视作是弱规范性的"准算法解释权"。而我国2020年实施的《信息安全技术 个人信息安全规范》第8.7条初步规定,个人信息控制者对于信息主体提出的权利请求,应当在30天内或法律法规规定的期限内作出答复及合理解释,我国2021年出台的《个人信息保护法》第24条第3款赋予了个人算法解释权。从文义上分析,个人信息处理者通过自动化决策方式作出对个人权益有重大影响的决定,个人有权要求个人信息处理者作出说明,那么,基于"说明"的信息指的是能够为个人了解决策规则的实质性信息,"说明"因此是对算法可解释的外在展示。综合分析立法中关于算法解释权的规定,个人想要获知算法决策的解释并非指的是对整个决策过程的全貌描述,而是指对个人产生实质影响的特定决策结果的原因和机理进行针对性的说明,即行政机关"以

---

❶ Association for Computing Machinery US Public Policy Council. Statement on Algorithmic Transparency and Accountability[R/OL].(2017-01-12)[2024-01-27]. chrome-extension://bocbaocobfecmglnmeaeppambideimao/pdf/viewer.html?file=https%3A%2F%2Fwww.acm.org%2Fbinaries%2Fcontent%2Fassets%2Fpublic-policy%2F2017_usacm_statement_algorithms.pdf.

一种可接受、可被普遍理解的形式对特定结论的决策过程出具算法解释报告"[1]。

可见,算法解释权是"知的权利"在算法行政背景下的客观发展。对其内涵的认识,包括了深层拓展与相互关系两方面,其一是基于对卢米斯案的反思,认为正当程序权利不仅应包括知情权,而且应当对知情权中的"知"进行深层拓展,也就是说,除了满足算法信息的公布之外,还包含着"知"延伸出的解释权,个人能够获知到底是何种机制影响和支配着特定的决策结果[2],亦即获悉和理解算法设计到运用过程中可能存在的错误、偏见以及对个人权益可能造成的潜在危害。[3]其二是基于权利间的相互关系,形成以算法解释权为轴心的程序权利束。作为知情权的一部分,行政机关在启动收集相关数据和进行数据处理后,应当告知个人是否会涉及使用算法决策;如果因数据错误导致决策不当,行政机关应当对数据问题予以说明,个人可以行使数据更正权或者数据删除权,并要求行政机关重新进行算法决策,此时出现了解释权、更正权和删除权之间的交错;若是因为代码逻辑出现错误而导致决策不当的,个人可以要求行政机关解释错误原因,并基于此选择修正或者拒绝算法决策权,此时解释请求权与个人反自动化决策权产生交错。[4]综合来看,个人的算法解释权是"说明理由"制度在算法行政中的时代化和具体化,除了拓展知情权的领悟要求之外,还设定行政机关对作出与相对人权益密切相关的算法决策的说明理由义务,促使权利与义务的有机互动以提高算法决策的可靠性和责任性。

(二)围绕"可解释性"和"可理解性"的权利行使

从立法实践和内涵探索上丰富和完善了算法解释权,算法解释权最为核心的问题是其权利内容,概因权利内容与行政机关的解释算法职责一一对应。但是,智能算法存在着"解释困难"的特性,导致算法的解释权路径区别于基于法律

---

[1] 姜野,李拥军.破解算法黑箱:算法解释权的功能证成与适用路径——以社会信用体系建设为场景[J].福建师范大学学报(哲学社会科学版),2019(4):89.

[2] BERIAIN I D M. Does the use of risk assessments in sentences respect the right to due process? A critical analysis of the Wisconsin v. Loomis ruling, Law[J]. Probability and Risk, 2018,17(1):45-53.

[3] 沈伟伟.算法透明原则的迷思——算法规制理论的批判[J].环球法律评论,2019(6):33.

[4] 解正山.算法决策规制——以算法"解释权"为中心[J].现代法学,2020(1):187.

原因和事实原因的说明理由,因此,关于算法解释权的权利配置仍然具有争议。有学者认为,算法解释权是一种双层结构的权利,第一层次为事后的"具体解释",包括解释与特定决策结果相关的系统功能(需求规范、代码逻辑、决策树及预设定义模型等)和解释作出特定决策结果的理由(基于的个人数据、参数权重等);第二层次为事后的"更新解释",是指相对人知晓算法决策系统错误的原因时,其可以要求算法使用者优化算法,若是数据出错,则可以选择更新数据或者退出决策。❶另有学者以算法决策的具体阶段来明确算法解释权的内容,即以算法模型为中心的解释权和以决策结果为中心的解释权,前者侧重于对算法逻辑的解释,类似于行政程序中的合法性审查,对起着决定作用的代码机制进行实质性的说明;而后者侧重于对结果的解释,类似于行政程序中的合理性审查,对运算如何生成结果进行可接受性的说明。❷无论是双层结构的算法解释权还是具体阶段的算法解释权,它们在权利内容配置上基本摒弃了本质主义算法透明引导下的全过程解释模式,均转向实用主义导向的事后解释模式,避免追求纯粹算法透明而降低了知情权对"理解和领悟"的实质关怀。由此可知,"如果政府解释不清算法作出的决定,那么政府就不应该使用算法"❸,算法解释权具有推动行政作为的积极面向,要求行政机关能够适宜地解释算法,增强算法的可理解性,做到说明理由与算法可解释、可理解的有机融合。

第一,解释算法作为行政机关积极作为的行政行为,与个人算法解释权的内容是相互对应的。那么,解释算法是一类相对独立的行政行为。如同行政机关对法律法规进行解释一般,算法的决策规则可视作是广义上的内生型法律,因此,行政机关对其进行解释具有正当性和必要性。同时,算法的决策规则通常是置于具体的算法应用场景中去理解,而算法决策是行政机关具体行政行为智能化发展的结果,本质上仍是行政行为,因此,行政机关对算法决策的解释是附属于具体行政行为的一种相对独立的行政行为。

第二,基于说明理由的算法解释所应具备的基本原则。对行政机关而言,解

---

❶ 张凌寒.商业自动化决策的算法解释权研究[J].法律科学(西北政法大学学报),2018(3):72-73.

❷ 张恩典.人工智能算法决策对行政法治的挑战及制度因应[J].行政法学研究,2020(4):43-44.

❸ NEW J, CASTRO D. How policymakers can foster algorithmic accountability [R/OL]. (2018-05-21) [2024-01-27]. https://datainnovation.org/2018/05/how-policymakers-can-foster-algorithmic-accountability/.

释算法应当具有说明理由的内核,即需要回答算法决策规则是什么和解释算法决策规则为什么,前者是清晰展示与特定决策结果相关的决策规则的具体内容;后者是充分说明决策规则的运作逻辑。那么,真实性、明确性、合法性及合理性成为解释算法的基本原则,真实性是指有关算法决策规则的解释应当是真实全面的;明确性是指解释能够明确指出算法决策规则中是否有差错、是否有歧义、是否有偏见等;合法性是指解释决策规则与行政活动之间的法律关系;合理性是指采取解释的方法及提供的解释内容应当是可接受的。

第三,算法的可解释性本质是"如何解释"(How)的问题,是关于采取什么方法解释算法决策系统如何工作的问题。对于如何解释算法决策系统运作的问题,英国信息专员办公室制定的《人工智能决策解释指南》提供了指引。❶基于对"解释"目标的不同理解,为行政机关提供了不同的解释方法,包括基于程序的解释(Process-based explanation)和基于结果的解释(Outcome-based explanation)。前者是指对部署应用的算法决策系统的设计、数据和逻辑等进行解释,是一种系统功能型的解释;后者则是对特定决策结果生成的算法逻辑进行解释,是一种具体决策型的解释。无论是何种类型的解释,行政机关都需要对算法决策系统的原理、责任、数据、公平、安全和影响等进行易于理解的解释。与此同时,算法决策不得隐匿公共行政对公平的追求,意味着数据公平、设计公平、实施公平和结果公平是进行有意义的算法解释的关键维度。然而,"公平性"难以在技术上予以量化。尤其是,如果算法决策程序所输出的结果是单一性的,就存在着反向推导的可能性;这样的可能性违反了正当程序或者程序正义的要求,因而能够基于正当理由要求算法决策予以说明或者改变。❷例如,在 K. W. ex rel. D. W. v. Armstrong一案中,美国爱达荷州政府多年来使用福利预算评估工具,由于原始规模的数据有66%未用于建模以及算法"存在着实质性未知错误"和"缺乏质量控制",导致用于救济的福利预算被不当削减,美国第九巡回上诉法院认为,爱达荷州卫生福利部没有具体说明和解释参与者预算被减少的原因,未能提供足够

---

❶ ICO. Explaining decisions made with AI[R/OL]. (2022-10-17)[2024-01-27]. https://ico.org.uk/for-organisations/uk-gdpr-guidance-and-resources/artificial-intelligence/explaining-decisions-made-with-artificial-intelligence/.

❷ 陈景辉.算法的法律性质:言论、商业秘密还是正当程序?[J].比较法研究,2020(2):13.

的细节回答参与者提出的质疑,这违背了程序正义的基本要求。[1]可见,算法解释是否达到相对人对特定决策持有足够细节的标准,与其能否基于充分理解进行行动选择有着密切联系。换言之,解释方法确保算法的可解释性目标的实现,不应只停留在纯粹性的技术规则解释,还需要通过"场景化"赋予解释的可理解性,即程序公开中具有规范意义的解释应当贯通行政机关的说明理由与相对人的认知理解,确保个人能够了解关键因素以准确判断"解释与权利、监督、救济等"的联系。

第四,输入端和输出端的解释算法活动,以"可理解"为归宿。前述论及的算法可公开范围的划定,广义上可被视作是算法信息的输入端公示。但是,算法解释中的输入端公示应当作狭义理解,相较于算法的可公开而言,算法解释中的输入端公示是一种微观化的信息公开,是围绕着具体决策而进行的信息公开,亦即公开算法应用场景、算法决策范围,可能涉及的个人数据,以及可能产生的有利或者不利影响等。输出端解释是以不利影响产生为节点,即对算法决策引发的过错进行事后认定,是一种针对不利影响而建立起的"场景化"的解释路径,以最终达成算法"合格透明度"(Qualified transparency)。[2]这也是解释算法的核心阶段,"场景化"解释避免了技术性解释带来的无意义描述,其主要是指可理解的算法解释需要根植于具体的行政环境,亦即个案导向的算法解释。换言之,基于行政环境并以人类思维去解释算法决策中的各种因素,将算法解释与个人权利、持续监督、司法救济等联系起来,以人类逻辑形成算法解释的可理解性。其中,起着关键作用的"因素",通常是指算法决策对个人以及社会所能产生重要作用的场景因素(Contextual factors),而不同程度的严重性和不同类型的因素,与特定场景中的解释密切相关,即存在着特定行政场景的解释要素,对相对人而言,这表明算法解释应具备汇集有用的和有目的性的可理解性基因。具体而言,这些场景因素包括领域因素(Domain factor)、影响因素(Impact factor)、数据因素(Data

---

[1] K. W. ex rel. D. W. v. Armstrong, 789 F. 3d 962(9th Cir. 2015).

[2] KAMINSKI M E. The right to explanation, explained[J]. Berkeley Technology Law Journal, 2019, 34(1): 189-218.

factor)、紧急因素(Urgency factor)、以及受众因素(Audience factor)。❶例如,GDPR第12条要求决策主体应当以可理解的方式进行信息交流,这意味着行政机关解释算法需要注意披露信息和说明理由的质量,以确保个人能够以获得的信息准确采取行动。❷所以,相较于行政机关的输入端公示义务而言,输出端的算法解释更加强调算法的可理解性,是一种"场景化"的行政解释,即在不同算法决策语境下,对起着决定性的因素(数据信息、演绎逻辑、决策应用等)进行有意义的解释。例如,在NJCM c.s./De Staat der Nederlanden案中,在未解释数据信息的使用状况的前提下,政府采用福利算法进行福利欺诈监测,荷法海牙一审法院认为,政府缺乏对数据信息进行必要的解释而导致算法不透明且无法验证,同时也侵犯了公民的隐私权。可见,在这个案例中,算法解释是否具有可理解性,在于是否对数据信息进行"权利本位"的解释。❸基于此,行政机关首先需要向相对人解释决策过程中所考虑到的因素、不同因素的各自权重,其次说明如何建立用于算法决策的配置文件和配置文件中的数据源,最后解释配置文件为何与决策过程相关,以及是如何用于决策的。

第三节 算法行政的程序论证性之实现

行政活动是行政机关和个人进行沟通交流的互动过程。所以,通过交谈达到共同的合意是行政决策的最佳状态。其中,决策过程需要保障个人获得及时通知,以实现有效的沟通。然而,算法决策的兴起正吞没着沟通与论证的实现空间:一方面,行政相对人难以获得及时通知;另一方面,面对算法处置机制,行政

---

❶ ICO. Explaining decisions made with AI [R/OL]. (2022-10-17)[2024-01-27]. https://ico.org.uk/for-organisations/uk-gdpr-guidance-and-resources/artificial-intelligence/explaining-decisions-made-with-artificial-intelligence/.

❷ 在行政程序中,行政机关需要对行政决策作出解释,为公众营造出一种代理感,例如,我国《行政处罚法》第44条和《行政强制法》第18条都要求行政机关应当就行政决定作出有意义的理由说明,《重大行政决策程序暂行条例》则是在公众参与环节建立了完善的解释说明制度。

❸ NJCM c.s./De Staat der Nederlanden (SyRI) before the District Court of the Hague (case number: C/09/550982/HA ZA 18/388).

相对人可能失去商谈话语权。对此,行政程序的论证标准不能消融在算法程序中,相反,"人机协作"是算法行政的基本关系,在结合技术特性的基础上,算法行政的程序论证性必须回溯至理性交谈和沟通论证。其关键在于,程序的论证性在规范层面首先是赋予个人过程介入的程序权利,也就是说,在算法行政中,作为行政法上的过程介入的程序权利反映出行政相对人对具体和特定的算法治理过程的介入,是对特定算法行政治理行为的介入;其次是程序介入并不只是行政相对人形式上参与到算法治理过程中来,而是意指其对这一过程的发展方向有着提出自己主张的程序能力。❶由此,基于"审计追踪"的有效通知是个人介入算法决策程序的前提保障,而基于"互动模型"的人机交流则是个人对算法决策程序的走向提出实质意见的沟通形式,通知和交流成为塑造算法行政的程序论证性的两个核心内容,旨在形成"人在圈内"的混合系统(Mixed system)。❷

一、算法行政中程序论证性构建的起点:"人机关系"中的交互

以传统行政程序法视角观之,双向互动型程序论证的价值导向摒弃了行政机关与相对人二元对立的对抗形式。如果只关注到行政利益关系的冲突与压制,行政活动在执行过程中必然会导致行政程序陷入形式主义的窠臼之中,因此,强势地位的公权主体通过遵循行政程序表面上的形式要求掩盖了参与和论证的实质要求。为了避免这一现象,狄骥提出的社会连带主义法学试图将这种对立且对抗的行政法律关系转变为协同与合作的行政法律关系。进而言之,行政程序中的政府与个人应当具有共同利益关系,即在冲突利益中找到利益交合之处,因而要求双方行为必须是共同协作的,即"为实现社会连带关系的合作,恰恰就是文化的合作,文明进步的合作。"❸由此可知,服务构成现代行政的整体,公共目标的实现有赖于政府与个人之间的共同协作与相互合作,这种协作与合作

---

❶ 关保英.论行政相对人的程序权利[J].社会科学,2009(7):103.

❷ GOUDGE A. Administrative law, artificial intelligence, and procedural rights[J]. Windsor Review of Legal and Social Issues,2021,42:17-50.

❸ 莱翁·狄骥.宪法论(第一卷)——法律规则和国家问题[M].钱克新,译.北京:商务印书馆,1962:483.

的观念表明以政府为权威来源的自上而下"命令—控制"的单一程序模式面临着瓦解,跳脱出以公权行为作为核心的强权关系进而转向政府与个人之间相互尊重和平等对话的主体间关系。通过合作获得行政的接受性和通过对话获得行政的民主性,共同构成行政程序论证性的基石。程序论证性是将行政程序看作政府与个人各自意志表达的规则:一方面,政府应当积极履行程序上的诚实义务,表达公共性的真实意思以谋求相对人的信任;另一方面,相对人应当在程序上作出诚实回应,与政府进行有诚意的沟通与交流,表达个人的期许利益以寻求诚实合作。所以,行政程序提供了主体间意志表达的诚实规则,通过程序上的理性交谈和沟通论证形成相互信任的公共行政状态,"感到程序上的合法性最终导致实质上赞同规则或我们所谓的信任"❶,并通过主体间协商与沟通的理性行为来建立公共行政中的"人际关系"。

一直以来,行政主体与相对人之间的"人际关系"构成了行政程序规范的核心,围绕着不同阶段中的关系形态而形成主体间动态的公共沟通话语空间。然而,随着算法应用的突飞猛进,其已成为公共行政中的重要构成部分,使得行政程序中的"人际关系"不得不审视"人机关系"的出现和形成。基于有机生命和无机物质的二分法思维模式,传统行政程序并没有将机器视为程序的构成要素,这意味着过去的"人机关系"仅能看作是事实性的从属行为关系,即主体利用机器以完成某些替代性工作。可以明确的是,尚未智能化的机器难以独立产生具有法律效果的行为,因而"人机关系"没有成为行政程序关注的对象,毕竟沟通与论证只能发生在具有利益判断和思考能力的主体之间,物化的机器并不能自主表达意见,只是作为强化意见和强化行为的辅助工具而存在。但是,"人机关系"经历了两次"机器革命"的洗礼❷而产生了质的转变。第一次"机器革命"让人类从繁重的工作中解脱,实现生产力的飞跃;第二次"机器革命"则是"智慧力量"改变人类的思维活动和决策能力,导致人类事务的可计算化发展。"人机关系"由此从工具理性的从属发展至认知理性的协同,尤其是在智能算法作为支撑的算法行

---

❶ 劳伦斯·M.弗里德曼.法律制度——从社会科学角度观察[M].李琼英,林欣,译.北京:中国政法大学出版社,1994:134.

❷ 埃里克·布莱恩约弗森,安德鲁·麦卡菲.第二次机器革命[M].蒋永军,译.北京:中信出版社,2014:9.

政中,"人机关系"出现了对人工智能(AI)的"替代人类"与智能增强(IA)的"增强人类"的实践讨论。前者以机器为中心,关心机器自主处理行政事务的可行性,存在淡化人的参与性的趋势;后者以人为中心,关注人与机器的互动,强调算法决策程序中人的意见表达与控制的重要性。简而言之,AI追求机器广泛替代人类,而IA追求与人类协作的机器智能。❶然而,从事实上看,两者之间的实质界分越来越模糊,与其从一元论的视角来讨论人机关系是"替代"还是"协作",还不如选择一种综合的思路,即替代和协作将存在于算法行政中,而关键在于如何确保人与算法的互动关系。

可以预见,在算法行政中,"人机关系"将成为主体间程序论证的基础关系。以社会连带关系而形成的程序论证,同时结合维特根斯坦的直接感知论断,能够得出行政程序中的沟通与论证是作为一种主体间性的关系而存在。❷因而,作为一种关系存在的"人机关系",侧重于对行政现象中人格化主体与拟制化主体的相互关系进行描述,进而对关系中的相互行为进行剖析。如前所述,智能算法是关于主体的技术,是能用来改造人本身的❸,那么,智能算法与政府、相对人形成连带关系,是基于主体上的利益关系而得出的论断。也就是说,算法虽然处于拟制化的主体地位,仅具备有限人格,但是,其作为人类的产物定然承载着特定的利益,是与政府、公众一起进行行政治理的行动者。"人机关系"最基本的表现形式即相互的利益关系,意味着在机器行为学视域下,将算法所处的行政环境纳入考量,分析特定语境下算法所表现出的行为,从而论证利益中的博弈关系。所以,关于算法决策程序中主体间论证的行为表达,需要基于"行为—环境"的视角去审视人机关系可能产生的风险,而这种风险体现为算法与人类行为交互过程所带来的负面后果。"算法行为"是算法在人机关系中的"逻辑—控制"的意志表达形式,需要嵌入特定行政场域中以发现公理化数学模型背后所蕴含的选择与

---

❶ 于海防.人工智能法律规制的价值取向与逻辑前提——在替代人类与增强人类之间[J].法学,2019(6):20.

❷ 崔中良,布蕾特·布罗嘉德.人工智能研究中"他心问题"研究对人机交互的启示——从维特根斯坦对"他心问题"的论述谈起[J].东北大学学报(社会科学版),2020(6):5.

❸ 鲍宗豪.数字化与人文精神[M].上海:上海三联书店,2003:177.

影响。❶不难发现,无论是在关系层面或是行为层面,政府、个人与算法能够形成主体间性的程序论证。与此同时,界面成为连接三者间程序论证的中介,将交互的现实空间与编码空间予以贯通,让语言沟通从"面对面"延伸至"线对线"。

综合而言,关系论和行为论下的"人机关系",赋予了算法行政主体间程序论证的公共交往理性,对算法作为行动者应当秉持着开放态度,将这种"人机交互"下的程序论证概括为政府、个人与算法之间基于特定行政活动而产生的沟通与交流,这具有三个面向:一是在行政主体视角下,行政机关应当通过沟通的形式表达公共利益,并通过信息交换来获得相对人的支持与配合;二是在行政相对人视角下,个人能够在公共话语空间中表达自己的意见,积极与行政机关进行交流,以论证不同行动方案的可行性和正当性;三是在算法机器视角下,算法因自主性程度的不同而面临着不同的合作形式。值得一说的是,第三个面向是"人机关系"中程序论证的全新状态。

根据算法的自主性程度不同而有区分、有层次地分析不同形式下人机关系中的合作形态。❷其一,在半自动化人机关系中,算法负责执行公共行政中的感知、行动、分析等任务;而决策和监督则必须由人类来负责。其中,人对算法系统的实时监督,意味着人与机器的交互是为了发现系统的脆弱性,此时的程序论证表现为:行政机关与相对人处于"人在回路中"的人机交互,就发现的系统脆弱性展开沟通与交流,包括系统风险的充分告知以及对系统修复和利益维护的充分交谈等。其二,在全自动化人机关系中,行政治理的"感知—判断—决策—行动—监督"全过程基本交由算法自主完成。此种情形下,行政机关与相对人共同成为"人在回路中"的系统监督者,通过与算法的交互性沟通,确保算法在交互中学习行政行为、行政程序及行政伦理等基本准则,并促使其遵守相应的法律规则和道德准则。不难发现,随着自主性程度依次上升,算法行政中人机关系的论证模式也应当是有所区别,但是可以得到一个共识,算法行政中存在的合法性问题、合理性问题及伦理问题等的担忧,可以通过人机关系的沟通与交流以实现"共享的互惠性交互"和形成"共同关注的交互信任状态"。

---

❶ 贾开,徐杨岚,吴文怡.机器行为学视角下算法治理的理论发展与实践启示[J].电子政务,2021(7):20-21.

❷ 王锋.从人机分离到人机融合:人工智能影响下的人机关系演进[J].学海,2021(2):86.

二、半自动化人机关系中的程序论证

前述已提及,因算法的自主性程度不同而划分出人机关系的形态,表明在不同层次的人机关系中,相应的程序论证模式也是有所差异的。在半自动化人机关系中,算法决策的技术能力以及其在行政程序中处于"增强人类"的工具理性地位,都意味着行政机关和行政相对人作为程序参与者应当在具体个案的"人在回路中"对算法决策展开有意义的论证与沟通。以传统程序法视角观之,行政主体的告知、行政相对人的陈述与申辩,以及行政主体对意见的审查和决定一起构成公共论证场域的程序装置,让行政相对人能够以"在场"的姿态参与到行政行为的启动到执行的全过程中,从个人利益的"事后救济"转向"即刻维护"。❶那么,在算法行政中,这些关于主体间论证的程序装置应当通过算法参与行政行为的阶段性特征来进行相应调试,以保障当事人获得告知的程序权利以及对算法决策进行意见表达的权利等。

(一)通过"审计追踪"确保个人及时获得有意义的"告知"

在算法决策程序中,告知问题一直存在,导致行政相对人在不知情的情况下遭受不利对待。产生告知问题的原因在于算法决策系统缺乏审计追踪的设计,不能对自动化决策作出的过程予以全程记录。但是,面对任何预测性裁决,个人都应当获得某种形式的告知,不仅说明所采用的预测类型,而且包括数据来源和处理方式。❷算法决策系统的"可审计性"概念超越了算法的透明度,意指个人不仅能够介入系统,还能够对系统进行有意义的审查。"审计追踪"记录着算法决策系统馈入的事实因素和支持决策作出的规则,同时也对事实和规范之间的推理演算进行跟踪,实现算法决策的可追溯性,确保行政机关作出有意义的通知。进而言之,行政机关基于审计追踪实现对原理、责任、公平性、安全性和影响有意义的告知,贯彻全过程原则和综合权衡原则。❸例如,英国政府制定的《公共部门使

---

❶ 蔡茂寅,李建良,林明锵,等.行政程序法实用[M].台北:新学林出版社,2013:173.

❷ CRAWFORD K, SCHULTZ J. Big data and due process: toward a framework to redress predictive privacy harms[J]. Boston College Law Review, 2014, 55(1): 93-128.

❸ 崔亚东.世界人工智能法治蓝皮书(2020)[M].上海:上海人民出版社,2020:61.

用人工智能的指南》指出,基于"过程的治理框架"而建立的审计追踪机制,为算法程序设计到决策过程中所涉及的所有角色构建了一个连续的责任链条,同时对决策全过程开展持续监督和检查。❶而且,根据英国《数据保护法》第50条的规定,行政机关应当尽可能以书面形式通知行政相对人自动化决策的内容。在我国,《国务院办公厅关于全面推行行政执法公示制度执法全过程记录制度重大执法决定法制审核制度的指导意见》指出,构建行政执法信息化体系需要落实过程痕迹化、责任明晰化、监督严密化和分析可量化。那么,在算法行政中,基于"审计追踪"的告知包括了对行政行为的告知以及对系统风险的告知。

关于行政行为的告知,"审计追踪"意味着行政机关针对执法系统的算法模型、数据和决策结果进行明确记录。"明确记录"的目的是让行政机关能够准确告知相对人特定的行政行为。我国2021年修订的《行政处罚法》第41条就行政处罚智能化执法中的"告知"进行了原则性规定:一是广义上的告知,用来收集、固定违法事实的电子技术监控设备的设置地点应当经法定程序对社会予以公布,可视作"可能影响相对人权益"行政事实行为的告知;二是狭义上的告知,借助自动化系统作出的行政行为并不能免除行政机关的告知义务,行政机关应当对具体行政行为进行充分告知。尤其是狭义上的告知,算法对具体行政行为涉及的告知形式进行代码化的改写,如德国《行政程序法》第41条第2款就此进行规定,相对人或者其代理人在终端设备上进行点击获悉的行为,等同于行政机关的告知。当然,点击获悉的告知需要在系统中留痕以对行政行为的生效进行逆向追踪,确保"告知"是"法律上的到达"❷,旨在避免"告而不知"。也就是说,技术化的"告知"包括了行政机关发送通知和行政相对人点击确认两个阶段,系统应当对发送到点击的中间过程预先设定具体期限终结的节点,一旦追踪到具体期限后行政相对人未点击,系统须及时通知行政主体点击获悉"告知未完成"的情况,督促行政主体重发告知或者选择其他方式履行告知❸,同时通过审计的追溯性追

---

❶ Central Digital and Data Office, Office for Artificial Intelligence. A guide to using artificial intelligence in the public sector[A/OL]. (2019-10-18)[2024-01-27]. https://www.gov.uk/government/collections/a-guide-to-using-artificial-intelligence-in-the-public-sector.

❷ 章剑生.论行政行为的告知[J].法学,2001(9):17.

❸ 查云飞.人工智能时代全自动具体行政行为研究[J].比较法研究,2018(5):172.

踪,在行政诉讼中,司法机关能够根据系统记录来判断行政行为告知方式是否达到"正式"通知的标准❶,亦成为证明行政行为效力的电子证据。

关于系统风险的告知,算法赋能的执法系统应当建立透明化、可审计、可追溯的全过程管理机制,落实对开放和利用行为的审计追踪,尤其是对受限开放类的数据进行全过程记录,一旦发现数据安全缺陷、漏洞等风险,就能及时通知个人。可见,算法行政中的"通知"是将审计追踪技术融入通知程序中,个人能够基于审计通知来主张权利,这一点在我国地方政府层面得以先行,《贵州省大数据安全保障条例》第24条和《浙江省公共数据开放与安全管理暂行办法》第34条均规定,审计追踪发现风险时,应当及时告知个人。在中央层面,《中华人民共和国数据安全法》(以下简称《数据安全法》)第29条对基于算法审计的风险通知予以明确。但是,行政机关可能会以审计追踪形成的数据线索涉及机密予以封存,继而架空对公众的"告知"。对此,将"告知"限制在具有公信力的中立专家(Neutral experts)可以成为折中方案,让其替代公众评估审计追踪中的推论和关联性❷,例如,北京市、深圳市等地全面推进首席数据官工作机制,首席数据官作为"专家型"监督者,可以对算法审计中发现的重大风险进行论证和监管。

(二)对"陈述与申辩"的坚守

有意义的告知一定程度上缓解了半自动化人机关系中信息不对称的局面,而"陈述与申辩"则是为了确保行政相对人能够对事实问题和法律问题进行意见表达。半自动化人机关系一般表现为非现场执法,尤其是交警非现场执法。但是,在实践中,技术赋能交通执法非现场化已经引发了"陈述与申辩"被压缩甚至被省略的法治危机。对此,无论是立法上还是司法上,均强调通过算法系统作出不利行政处分时,行政相对人"陈述与申辩"的程序性权利不得成为例外,应当强化主体间的意见表达与观点交换以确保行政处分的合法性和可接受性。

具体来说,在半自动化人机关系中,需要通过规则设定以强化"陈述与申辩"作为必经程序的重要性。半自动化的行政执法系统通常被称为"辅助决策系

---

❶ 即行政相对人是否及时、充分接收到不利行政行为的相关消息,并足以支撑其行使陈述和申辩。

❷ See Danielle K. Citron,"The Scored Society: Due Process for Automated Predictions," Washington Law Review, vol. 89, 2014: 1-33.

统",意味着机器是辅助行政机关更好地作出决策的工具,执法人员和相对人应当处于主导行政程序发展的核心地位。虽然算法的技术能力能够克服人工执法中的人情因素和关系因素,但是,丧失共情基础的行政交往必将陷入"恐怖谷"境地,即机器作出的行政决定越客观公正,而相对人越无法接受和信任行政决定。可以想象,将作为成立处分的事实认定交由行政机关独自进行判断,不可避免地会引发对行政公正性的质疑❶,那么,认定过程转向交由算法系统进行独断处理,而略过相对人的陈述与申辩环节,必然会侵蚀行政公正的交往基础。可见,算法决策系统如同"自动售货机"般输出决定,形成的信息专制会压制行政交往中的理性论证,保障相对人的陈述权和申辩权就显得尤为重要。例如,在交警非现场执法引发程序争议的案例中,当事人对交通技术监管设备的部署与应用表现出担忧:交通监管技术设备记录的违法行为不考虑正当事由,使得正常驾驶行为处于动辄得咎的危险境地。法院对于当事人的担忧进行了说明:其一,对智能化系统的法律定位予以明确。交通监管技术设备只是记录违法行为的一种技术手段,其本身并不是"电子警察",因而不具有行政处罚职能。其二,强调"陈述与申辩"程序的重要性。交通技术监管设备虽然提高了行政机关处理违法驾驶行为的执法能力,但是,不能根据交通技术监管设备记录的违法数据直接作出处罚决定,相反,行政机关应当在告知相对人违法的事实和理由,以及在听取其陈述和申辩意见之后,才能作出处罚决定。❷以"陈述与申辩"为核心的论证程序是作出行政处罚前所必须履行的程序制度,其目的是确保相对人能够充分表达观点,为其行为提供正当理由以影响行政处罚决定的作出。所以,即使交通技术监管设备已经判定相对人驾驶行为违法,但是,行政机关听取相对人的陈述和申辩,并根据意见审定以采纳正当的理由,仍是必不可少的程序制度。

我国立法上对此予以进一步明确,《行政处罚法》第41条第3款规定,行政机关应当采取信息化手段或者其他措施,为当事人查询、陈述和申辩提供便利;同时,不得限制或者变相限制当事人享有的陈述权。该条规定从原则上强化和重申了"陈述与申辩"在半自动化人机关系中的必不可少,而特定行政领域内可操作性策略则交由行政法规、部门规章等进行细化。例如,2020年修订的《道路交

---

❶ 南博方.行政法(第六版·中文修订版)[M].杨建顺,译.北京:商务印书馆,2020:100.

❷ 北京市第二中级人民法院(2019)京02行终1592号。

通安全违法行为处理程序规定》第5条规定,当事人对交通技术监控设备记录的违法行为事实有异议的,可以通过公安机关交通管理部门互联网站、移动互联网应用程序或者违法行为处理窗口向公安机关交通管理部门提出异议。同时结合《行政处罚法》第45条第1款的规定,行政机关必须充分听取当事人通过陈述和申辩提出的异议,行政机关应当在法定期限内对异议中的事实、理由和依据进行复核,事实、理由和依据成立的,行政机关应当予以采纳,并消除异议;事实、理由和依据不成立的,行政机关应当及时告知当事人。

值得一提的是,算法决策是瞬间作出的,普通情形的事中"陈述与申辩"并不具有可行性。但是,这并不意味着系统采集的电子证据成为定案孤证以及当事人不在场即可作出"缺席处罚";❶相反,在过程性程序缺省的情况下,相对人陈述与申辩的程序性保障应当在半自动化人机关系中进行适应性转变。因此,需要灵活变通程序论证的形式,即从事中论证程序转向事后论证程序。为了平衡算法行政的高效与相对人程序权利保障之间的张力,"陈述与申辩"固然重要,但从实践和立法来看,其重心出现了后移倾向。❷对相对人异议的回应,行政机关作为义务主体应当就关联的决策树、代码转译、裁量参数等出具异议处理意见书,实际开发者、第三方专业机构等应当协助行政机关进行审查,不仅确保处理意见在合法性、合理性和科学性之间获得有意义的融合,而且能追踪和纠正算法决策系统的错误。与此同时,事后论证程序一方面在某种程度上转变为行政机关对诸如电子技术监控设备等执法系统常态化的法制和技术审核,定期向社会公布设备技术审核结果和合法性分析报告,让公众能够根据利益关切提出自己的意见,行政机关需积极回应社会普遍关注的意见,一定程度上事先化解智能执法可能引起的争议;另一方面也应前置设计行政机关部署、应用与公众利益密切相关的算法系统前的论证性的参与程序,如通过为利益相关者举行事前听证会或者座谈会等,征求和听取利益相关者的意见,通过开放性的透明参与、主体间的平等沟通以及有效性的意见采纳,让算法系统事后形成的处理行为获得一定程度的民主正当性❸,并缓和与事中交互性程序克减所带来参与不足的风险。

---

❶ 黄海华.新行政处罚法的若干制度发展[J].中国法律评论,2021(3):59.

❷ 马颜昕.自动化行政方式下的行政处罚:挑战与回应[J].政治与法律,2020(4):143.

❸ 林明锵.警察法学研究[M].台北:新学林出版社,2011:251.

三、全自动化人机关系中"互动模型"的人机交流

前述业已提及,基于行政代理的引入,算法与行政机关的关系得以廓清,即算法是行政机关在特定公共事务中的机器代理人。当然,作为行动主体意义上的代理人需要置于全自动化人机关系中予以实现,亦即行政主体和相对人围绕着算法引发的公共性风险进行意见表达和观点论证的人际交往,因机器学习赋予系统自主优势继而转向"算法代理人—行政相对人"之间的人机交流以及行政机关持续监督和相应介入。此时,在全自动化人机关系中,传统意义上通过技术强化而塑造行政行为"技术化"工具形式不得不追问自主性算法中的人文意义,毕竟仅关注技术作为一种行政方式而非一种实在的关系主体,会导致算法治理与人性不相容的"病态社会"[1]出现。

"算法代理人"在全自动化人机关系的独立性和正当性的证成是建立"互动模型"人机交流的前提。行政程序中的参与主体是否可以纳入"算法代理人",关键在于是以组织作为基础还是以行为作为基础,以组织作为基础的主体论侧重于个人与机构在法律上的资格判断而具有参与具体行政活动的主体地位;以行为作为基础的行为论更多地关注公共事务中具备法律评价必要性的行为活动而灵活认定行政活动中的参与者。那么,主体论会忽视自主性算法实际上对行政程序发展走向的影响力,概因在主体论下,算法是否事实成为 AI "替代人类"并不重要,只要其不具备主体资格上的法律预设,其行为活动就不能相应地具有程序法上的评价效果。面对主体论的局限性,行为论提供了自主性算法与人类进行沟通的价值预设。以"行动者网络理论"(Actor-network theory)剖析全自动化人机关系,算法行政呈现出不同节点构成的网络格局,而在广泛的网络格局中,人类与非人类行为者均被视作为其中的组成部分,并相互联系。[2]而且,算法作为行动者,以特定形式与人类在行政活动中形成联系,会为公共事务的治理路径

---

[1] MARCUSE H. Negations: essays in critical theory[M]. London: May Fly Books, 2009: 189.

[2] LATOUR B. Science in Action: how to follow scientists and engineers through society[M]. Cambridge: Harvard University Press, 1987: 180-185.

提供交互脚本。❶所以,在机器学习型算法系统逐渐普及之际,将算法置于强化行政行为的工具地位逐渐不适应其自主性能力带来的影响。相反,将算法视作为公共行政的代理人具有可行性,一是考虑到算法自身具有形成判断以及作出行政决策的能力,二是算法运行提供了潜在影响行政行动的脚本预设,即"选择框架",影响着人类的决策。❷

进而言之,机器学习型算法虽改变了行政主体与相对人主体间双方沟通与交流的实践场域,但是,算法以拟制的代理人角色介入到行政程序之中,并通过对沟通价值进行技术设计,构建起人机关系中"反馈和控制"的交互式建模,使得相对人更好地了解"算法决策对其评价有何影响。"❸其中,算法与行政主体、相对人所形成的关系应当区分讨论,一方面,对行政主体而言,政府仍需要为算法决策予以法律和道义上的背书,这意味着决策责任应当与行政主体相连接,回到熟悉的行政问责模式中去;另一方面,对行政相对人而言,机器学习型算法拥有自主感知和评估事务的能力❹,继而具有一定的共情能力,这意味着在寻求共识的行政过程中❺,亟须探索不同类型人机交流模式的具体要求。

在以算法自主性为基础的全自动化人机关系中,"互动模型"的人机交流具有如下两种表现形式。

(一)嵌入特定行政环境的人机互动

在系统操作界面上,算法决策作出可能涉及的各种情形和因素,允许个人根据自我预设在系统端输入不同的情形和因素,进行初步的测试(Test)。根据初

---

❶ AKRICH M, LATOUR B. A summary of a convenient vocabulary for the semiotics of human and nonhuman assemblies[M]//BIJKER W, LAW J. Shaping technology/Building society: studies in sociotechnical change. MA: The MIT Press, 1992: 259-264.

❷ PEETERS R. The agency of algorithms: understanding human-algorithm interaction in administrative decision-making[J]. Information Polity, 2020, 25(4): 507-522.

❸ CITRON D K, PASQUALE F. The scored society: due process for automated predictions[J]. Washington Law Review, 2014, 89(1): 1-34.

❹ SCHMETKAMP S. Understanding A. I. —Can and should we empathize with robots?[J]. Review of Philosophy and Psychology, 2020, 11(4): 881-897.

❺ 刘东亮. 什么是正当法律程序[J]. 中国法学, 2010(4): 83.

步测试的反馈结果，个人可以相应地调整自己的客观情形。若对反馈结果存有异议，个人可以选择咨询服务，通过询问机器获得必要的解释说明。在这样的"测试"和"咨询"情形下，个人不仅能够更好地了解算法决策作出时所考量的因素和所遵循的规则，与机器形成良好互动，而且能够让机器自我学习，提高判断的精确度。例如，新加坡政府制定的《人工智能国家战略》提出通过人工智能建立无缝高效的公共服务，人工驱动的聊天机器（AI-powered chatbot）可以让公众快捷高效地报告问题，并提供必要的案例信息来指引公众深入探讨问题的核心。❶可见，对人机互动发挥着关键作用的是聊天机器，而且部署与应用于公共行政的聊天机器被称为"任务导向型聊天机器"（Task-oriented chatbots）❷，是以信息传达和意见反馈为内核的人机交互，能够完成对特定的公共事务的解答。例如，杭州"12345"平台推出的热线智能机器人"小杭"，基本做到"智能引导，快速答复""精准分类，覆盖面广""精准分流，全天服务"，以及"智能回访，跟踪反馈"❸，能够通过与个人的语言交互来提供智能化的公共服务。

简而言之，个人与机器之间的对话是行政程序交往理性下全新的对话模式，因此，有研究指出"对话即平台"（Conversation as a platform）❹是人工智能时代人机互动的核心革命。但是，个人与聊天机器的对话应当嵌入至特定的行政场景之中，以避免人机互动中出现"框架问题"与"符号接地气问题"，前者是指机器交谈行为应当涵盖在特定任务的设计表述之中，后者则是指机器传达的语言应当将符号进行有意义的结合。❺"特定行政环境"更进一步指出，应当将人机互动所存在的现实环境设计为微小沙盒，即将目标清晰的公共事务的规范依据、任务范

---

❶ National AI Strategy[A/OL].（2019-11-30）[2024-01-27]. https://www.smartnation.gov.sg/media-hub/publications/national-ai-strategy/.

❷ GAO J, GALLEY M, LI L. Neural approaches to conversational AI: question answering, task-oriented dialogues and social chatbots[J]. Information Retrieval, 2019, 13(2-3): 127-298.

❸ 杭州"12345"开通热线智能客服　迈入人工智能新时代[EB/OL].（2019-07-11）[2024-04-14]. https://baijiahao.baidu.com/s?id=1638747598822204392&wfr=spider&for=pc.

❹ VINCENT J. Microsoft's wild vision for the future puts conversations at the heart of computing[EB/OL].（2016-03-31）[2024-01-27]. https://www.theverge.com/2016/3/30/11331388/microsoft-chatbots-ai-build.

❺ 王颖吉，王袁欣. 任务或闲聊？——人机交流的极限与聊天机器人的发展路径选择[J]. 国际新闻界, 2021(4): 40.

围、程序步骤和行为结果等场景要素进行算法化模拟,形成算法决策活动的框架性表达,限制在特定场景下的人机交流才能确保聊天机器精准识别个人的语言表达内容,聊天机器基于此作出符合法律期许的行为回馈。

(二)"人工客服"型的人机互动

需要承认,即便算法作出了正确且合理的决策,也可能因为交谈失败而引起相对人的不满,这种情形下,"人工客服"就显得尤为重要。当然,算法行政背景下的"人工客服"实质上是服务行政发展的新趋势,要求在算法决策程序中设置人工服务选项。例如,根据GDPR第22条的规定,应当至少保障个人获得人工干预的权利,以及表达自己意见和质疑决策的权利,那么需要设计一种调解系统(Mediation system),为双方冲突性利益提供商谈环境,而决策者需要通过系统聆听意见并作出说明。❶类似地,我国《信息安全技术 个人信息安全规范》第8.7条规定,应当在程序中设计交互式功能界面,保障个人能充分表达其意见。在我国社会保险公共服务平台建设过程中,《人力资源和社会保障部关于建立全国统一的社会保险公共服务平台的指导意见》(人社部〔2019〕103号)中指出应当逐步提供全流程的咨询服务,因此,"人工客服"一定程度上表明行政主体是在算法系统之上的监督者和责任人,通过人工干预的作用来解决机器僵硬死板的弊端。尤其是,在涉及行政裁量的算法决策中,通过将法律规范中分析出的裁量因素进行代码设计,有可能逃逸出法律规范效果的统摄范围。例如,在"浩某峰能源公司与某市环保局行政处罚纠纷"一案中,根据《中华人民共和国大气污染防治法》第117条的规定,企业"拒不整改"的行为导致的法律后果是责令停工整治或者停业整顿,而自动化处罚裁量系统误将"拒不整改"设定为"从重情节",进而导致处罚结果变为处以罚款9万余元。❷面对系统的错误导致人机互动出现裁量失当的后果,行政相对人应当在寻求司法救济之前请求专业的"人工客服"及时介入,通过人工纠偏确保裁量失当得以消除和维护当事人的合法权益。人工客服的设置被视作算法行政中程序沟通论证实现的制度措施,以确保个人陈述权、异

---

❶ 托马斯·F.戈登.诉答博弈——程序性公正的人工智能模型[M].周志荣,译.北京:中国政法大学出版社,2018:310-311.

❷ 甘肃省酒泉市中级人民法院(2018)甘09行初字第2号行政判决书。

议权和质辩权等程序性权利得以行使。进一步来说,在与机器交流后仍无法达成共识的时候,行政工作人员需要对争议问题进行线上交谈,针对事实和规则进行说明,同时,相对人可以陈述意见和询问机关代表人。这样的交互模式不仅克服了纯粹人机交流存在的弊端,还能够最终促成行政机关和相对人达成意见的一致。

第四节 算法行政的程序公正性之保障

行政程序多重属性的制度设计,是为了契合法律要求并具有广泛可接受性的行政决定。可见,程序结果的公正与否直接关乎着公共行政对某些"正义性"的实质追求,体现为:一是程序结果具有"不可逆性",即一项行政活动经过预设的步骤和时限后得出的行为结果应当是不可变更的,以确保行政程序的安稳性;二是程序结果具有"可预测性",即特定行政活动在既定的条件和情形下经过形式统一的程序得出的结果原则上应当是相同的,以实现"同等情况同等对待"。置身于算法行政兴起的时代背景下,行政程序数字化发展的过程中面临着"算法泛化"和"算法主导"的困境,算法成为治理秩序的代理决策者导致政府行政自主性的削弱,随之产生以算法歧视为具象的算法侵害,均有损于行政程序所欲达成的实质正义,表现为程序结果安定性和预测性降低,会导致程序问责效果大打折扣。可以预见,行政程序失去概观性会导致传统的行政程序的规制与数字行政法的发展之间存在着分割的危险。[1]对此,行政程序应当与算法行政这一新模式进行特殊关联,关注程序设计与运行中利益受到影响的人如何获得安稳以及一致对待的尊严[2],并顺应时代创设出实现公正性的"实体性程序",即算法影响评估程序,通过这一实体性程序以彰显程序公正的问责目标,成为衡量公正与否的尺度。

---

[1] 施密特·阿斯曼.秩序理念下的行政法体系建构[M].林明锵,等译.北京:北京大学出版社,2012:342-343.

[2] 陈瑞华.程序正义的理论基础——评马修的"尊严价值理论"[J].中国法学,2000(3):150.

一、基于"算法问责"的算法影响评估程序:程序公正的彰显

在算法行政中,算法歧视、算法操纵和算法独裁等实质是算法权力游离出程序问责框架而产生的结果。可以明确的是,算法行政实践的过程亦即"行政权力和个人权利""公共利益与个人利益"在代码程序上的叙事结构。如前所述,通过程序的中立性、公开性和论证性进行了相应的个人权利赋予和政府职责明确,但是,仍需要建立一个整体性的程序框架,将这些程序权利和程序职责予以有机衔接,形成权利与权力、行为与责任环环相扣的行动过程。基于此,算法影响评估程序应运而生,成为实践中用于驯服算法的重要治理方案,旨在形成事前规制与事后规制并行的算法治理。

(一)算法影响评估程序的实践考察

考究制度发展脉络,能够发现:作为算法治理中的关键路径,算法影响评估程序肇始于"应对技术代码与基本权利之间张力"的制度探索。美国纽约大学研究机构"现代AI"(AI now)于2018年发布的《AI now report 2018》首次拟议算法影响评估的程序框架,通过推动公众参与到算法系统部署前、应用中以及实施后的评估中来,就发现的系统缺陷进行"沟通—反馈"型的调节,提高算法决策的有效性和合法性。❶起初作为研究报告的制度建议最终在2018年美国纽约市制定和颁布的《算法问责法案》中得以落实,算法影响评估程序自此成为部署与应用自动化决策的一种新型程序责任形式。美国在联邦层面颁布了《2019算法问责法案》❷,其中规定:"系统使用者应当对算法决策系统中的准确性、公平性、偏见与歧视、数据安全等进行影响评估,并对发现的问题及时进行纠正。"同年,加拿大政府针对公共行政领域的算法决策制定出台了《自动化决策指令》,对算法影响评估程序进行了评估指标的体系化架构,并强调基于数据驱动和算法处理的自

---

❶ AI Now Institute. AI Now Report 2018[R/OL].(2018-12-06)[2024-01-27]. https://ainowinstitute.org/publication/ai-now-2018-report-2.

❷ 美国于2022年对此法案进行全面修订后颁布了《2022算法问责法案》,该法案第三节对"算法自动化决策系统以及增强关键决策过程"的影响评估程序予以概括性规定,并在第四节对"实体影响评估的具体要求"进行细化规定。Algorithmic Accountability Act of 2022[A/OL].(2022-02-03)[2024-01-28]. https://www.wyden.senate.gov/download/algorithmic-accountability-act-of-2022-bill-text.

动化决策系统应当是负责任的,符合正当程序的程序公正要求;在此目标下,算法影响评估程序在宏观上需要评估"算法对行政决策的影响"以及采取措施降低可能的负面影响;同时,在适当的情况下,算法影响评估程序要求政府向公众提供自动化决策系统中必要的信息。❶与此同时,欧盟议会发布报告《算法问责与透明治理框架》,明确"作为框架的算法影响评估程序",其提供的将公共权力审查和公共投入结合在一起的实用性问责框架,虽然不能通过算法影响评估以解决系统可能产生的所有问题,但是通过算法影响评估确实能提供实现正义的程序机制,即让公众了解情况,并促使决策者与研究人员展开富有成效的对话。❷

算法影响评估程序日益成为算法治理中的核心策略,我国虽然尚未直接出现以"算法影响评估程序"为名的制度规定,但是在立法中,类似的程序机制已经初现端倪。我国2021年的《数据安全法》第22条和第30条就"对数据处理活动定期开展风险评估"进行了规定,其中的"数据处理活动"通过扩大解释能够涵盖"基于算法的数据处理活动",那么,"数据安全风险评估"在一定程度上可视为算法影响评估程序的变形,同年的《个人信息保护法》第55条和第56条也就"个人信息保护影响评估"予以规范上的明确,类似于"数据安全风险评估",其也可看作算法影响评估程序的中国实践。需要明确的是,数据安全维护和个人信息保护使得公法与私法的界分模糊,因此,两种评估程序在私领域和公领域均具有规范效力。应对算法决策形成的风险已经转向对"算法问责"型的治理框架的方案设计,我国出台了《关于加强互联网信息服务算法综合治理的指导意见》和《互联网信息服务算法推荐管理规定》,前者指出应当完善包括"算法安全评估"在内的监管体系,后者在第7条明确要建立诸如"算法机制机理审核、安全评估监测"的管理制度。可见,将算法直接作为规制对象在我国算法治理实践中得到了规范层面上的首次明确,更为准确地说,规制的并非算法技术本身,而是基于算法设计的决策机制。

---

❶ The Government of Canada. Directive on Automated Decision-Making[A/OL]. (2023-04-25)[2024-01-27]. https://www.tbs-sct.canada.ca/pol/doc-eng.aspx?id=32592.

❷ European Parliamentary Research Service. A governance framework for algorithmic accountability and transparency [R/OL]. (2019-04-04) [2024-01-28]. https://www. europarl. europa. eu/thinktank/en/document/EPRS_STU(2019)624262.

综合国内外制度实践而言,不难发现,算法影响评估程序作为算法行政的程序公正实现的治理机制,不同于针对特定算法决策行为活动而进行微观程序上的关系协调和行为指引,其更多地侧重于针对某一行政领域内所部署与应用的算法决策系统而展开宏观程序上全周期和全流程的动态影响评估,形成大智能行政环境中政府、公众、第三方机构和研究人员对算法决策系统的持续监督,具有压实行政责任和保障实体权利的制度功能。而这一关乎算法与权利、权力之间的实质正义的程序机制是将"算法问责"作为基本内核,围绕着算法可问责原则而展开的评估程序设计,"问责"由此具有两层含义:一是针对可能的负面影响或者产生的侵害,个人能向相关主体追责;[1]二是将个人算法解释权、获得通知权、访问权、异议权等贯通起来形成一套完整的算法问责机制。[2]与此同时,相较于传统静态的事前评估或者事后追责,基于"算法问责"的算法影响评估程序是一种以多主体参与、沟通与反馈为内核的动态性事前与事后并行的治理路径,"是一个持续的过程而非一次性实践"[3],这体现出场景化和系统性的特征,"场景化"意味着算法影响评估程序需要根据应用场景中的设计者、使用者、受众者和所涉事项等,因人因时因地而审时度势地设计评估所需要的规制要求;[4]"系统性"则意味着算法系统与法律系统作为不同系统之间存在着冲突与耦合,算法影响评估程序需要挖掘二元系统之间的合作机制以及风险原理。

(二)"规训算法权力"的算法影响评估程序

以上关于算法影响评估程序的制度实践探讨,可以说是为算法行政的程序

---

[1] IEEE. The global initiative on ethics of autonomous and intelligent systems [EB/OL]. [2024-01-28]. https://standards.ieee.org/industry-connections/ec/autonomous-systems/.

[2] KAMINSKI M E. The right to explanation, explained[J]. Berkeley Technology Law Journal, 2019, 34(1): 189-218.

[3] Article 29 Data Protection Working Party. Guidelines on data protection impact assessment (DPIA) and determining whether processing is "likely to result in a high risk" for the purposes of Regulation2016/679[A/OL]. (2017-10-13)[2024-01-28]. https://ec.europa.eu/newsroom/article29/items/611236/en.

[4] 丁晓东. 论算法的法律规制[J]. 中国社会科学, 2020(12): 150-152.

公正性提供了"规训算法权力"的治理框架。遵循福柯的知识权力观❶,算法权力具有传统公权力的不可见性,而这种不可见性源自算法与个人之间的信息不对等,导致算法以一种强迫的外在可见压迫力规制个体的行为活动,也就形成了算法向外监控和操作个人的行为;而个人甚至是政府机关却难以获悉和监督算法操控性决策的全过程。行政机关采用算法技术进行决策时,会面临着处于知识匮乏和经验不足的境遇,而技术运用与个人权利有着密切关系。算法权力作为行政法治中的非法权力来源,一方面,在授权层面上,算法无法获得法律上的直接性授权或者间接性授权,导致算法长期以来居于工具地位却践行着规范关系和作出决定的权力活动,游离出法定授权的责任规则;另一方面,在监督层面上,行政机关基于依赖会将算法系统视作防错系统,以致盲目信任算法决策结果,行政机关因此实质上被算法系统架空和操纵。

伴随算法决策在行政活动中的推广应用,政府的行政行为已经出现"电脑控制人脑"的迹象。在"何某庆诉某市公安局交通警察支队某大队行政处罚案"中,交警执法部门使用的交通综合管理平台以预设的罚款额度进行处罚,因计算机应用平台已设定罚款幅度而怠于行政裁量,不仅造成行政行为明显不当,而且导致行政活动失去灵活性进而走向僵硬死板。❷与此同时,受之影响的相对人被迫压制在技术控制的阴影下,也无法对决策过程施加监督性的影响。算法权力的失控归根到底是因为针对算法的问责制未能跟上技术发展的步伐,导致关于"我们是谁"和"我们希望成为谁"这些原本需要共同完成的社会决策面临着重构。因此,面对算法在信息富有者与信息贫困者之间形成的新型歧视❸,需要建立以环境影响评估和隐私影响评估为模型的算法影响评估程序,旨在对风险予以专业化解并确保算法决策的可视化。其中,评估制度的关键在于形成以问责法治为核心的治理方式,算法影响评估程序亦是如此。那么,以"算法问责"为依归的

---

❶ 米歇尔·福柯.规训与惩罚(第四版·修订译本)[M].刘北成,杨远婴,译.北京:生活·读书·新知三联书店,2012:210-211.

❷ 珠海中级人民法院(2015)珠中法城行终字第34号行政判决书.

❸ 卢恰诺·弗洛里迪.信息伦理学[M].薛平,译.上海:上海译文出版社,2018:13.

算法影响评估程序实质是现实主义的治理算法侵害的法律解决方案。❶一方面，可问责的算法需要结合算法侵益的技术原理和程序责任原理以推进程序实质正义的实现；另一方面，这种程序性的实质正义可理解为"事前沟通与事后追责"的治理方法，对算法侵害进行过程性监控和调节。因此，算法影响评估程序不仅是个人一系列程序权利得以针对性行使的有效路径，而且是算法设计者和算法使用者对权利的回应，以及对侵害的防止而进行自我监管的重要方式。

（三）算法影响评估程序的机理与定位

可以看见，算法影响评估程序作为程序公正性的保障机制，其立足于"算法责任"的现实需求，而作为一项规训权力的治理制度，需要深入探讨算法影响评估程序的构建机理和制度定位。前述从制度实践分析了应对风险、权利保障以及有效监督而生成的算法影响评估程序，显现出该程序机制的实践性和目的性，为了进一步构建算法影响评估程序的具体内容，首先要明确该程序机制的理论基础（机理）和价值定性（定位）。

"元规制"是算法影响评估程序的构建机理。一般而言，影响评估作为公共风险防治的一种治理实践，其立足于程序正义立场而形成并维持着不同主体间的问责关系。其中，相较于自上而下的"命令—控制"型的政府规制以及内在形成的自我规制而言，算法影响评估程序中的多元主体参与被认为是用来确保决策正确的方式❷，多元性打破了传统单向的问责关系。"元规制"成为了算法影响评估程序的构建机理，即弱化单一性的评估而调动规制者和被规制者的主动性，形成主体间基于自治能力的问责关系。不难发现，算法影响评估程序具备两层含义：一方面，其是作为评估主体（监督机关与公众）防控算法侵害的"监管手段"；另一方面，其也是被评估对象（公共性算法系统）通过影响评估程序以期与公众、监督机关形成良性对话关系，也就是行政主体追求治理利益的"治理手段"。因此，参与者对公共行政中的算法进行影响评估是问责的程序治理，即在设计、部署、运行到结果输出的整个算法自动化决策过程中，基于不同阶段中的

---

❶ 王莹.算法侵害类型化研究与法律应对——以《个人信息保护法》为基点的算法规制扩展构想[J].法制与社会发展,2021(6):151.

❷ 叶俊荣.环境行政的正当法律程序[M].台北:翰芦国书出版有限公司,2001:13.

法律关系对相关责任主体的权利及义务予以法律控制❶,让评估与责任得以有机衔接。

与此同时,"影响"是通过问责关系的沟通与交谈而形成的共建对象,具有"共构性"(Co-construction)的制度功能。算法影响评估程序中的"共构性",一是提供评估的论坛,不同地位的利益相关者描述和评估影响的方式应当是清晰可辨的;二是利益相关者通过商定将"影响"进行类型化,并作为共同采取行动的基础;三是基于类型化的影响,共同明确算法影响的内容,即算法责任中的"主体、时间、范围以及原因"。❷简而言之,"共构性"等同于算法影响评估程序中的协同治理。毕竟,算法决策形成的技术风险具有实时性、隐蔽性和不确定性,决定了政府无法自我完成高度复杂的算法影响评估,复杂的自我评估会增加行政机关的负担而无法确保评估结果的全面性和科学性。因此,算法影响评估程序的"共构性"功能定位,意在搭建起贯通行政内部与外部、联合专业机构和公众,并具有可操作性的问责型程序规制,通过程序构造为不同类型的利益相关者提供参与算法影响评估的机会,并且能基于理解来发表意见和探索措施。这种程序开放性要求算法影响评估活动中存在着主体间共同的参照点(Common reference point),为探索问题提供了空间,不仅帮助公众了解机器学习系统中的政策要点,而且使公众和专家可以讨论科学与政策之间的边界(Boundary)。❸

二、算法影响评估程序的构建方案

在算法行政兴起之际,因算法决策而引发的行政法治风险越发明显,导致在公共行政中出现系统性歧视、行政自主消逝等程序公正危机。面对算法行政中出现的公正性危机,旧有的治理理念和模式难以应对算法形成的新风险,基于风

---

❶ 张凌寒.算法评估制度如何在平台问责中发挥作用[J].上海政法学院学报(法治论丛),2021(3):46.

❷ METCALF J, MOSS E, WATKINS E, et al. Algorithmic impact assessments and accountability: the Co-construction of impacts[C]. FAccT'21: Proceedings of the 2021 ACM Conference on Fairness, Accountability, and Transparency, 2021:735-746.

❸ MULLIGAN D K, BAMBERGER K A. Procurement as policy: administrative process for machine learning [J]. Berkeley Technology Law Journal, 2019, 34(3):773-852.

险整体性防控的监管措施应当顺应政府治理失灵的现状予以进一步发展,一是要合理设置算法决策风险监管的启动阈值,二是要运用算法影响评估程序在技术治理与风险治理之间实现恰好的平衡。❶应该说,2019年由国家新一代人工智能治理专业委员会发布的《新一代人工智能治理原则——发展负责任的人工智能》已经意识到人工智能产生的风险不仅是技术性的,也是社会性的,而且具有着双重的不确定性,因此明确了"安全可控"的基本原则;类似地,2020年2月19日欧盟发布的《人工智能白皮书——通往卓越和信任的欧盟路径》也强调指出,通过建立基于风险和场景的风险评估体系,以形成可信且卓越的人工智能监管框架。❷因此,无论是现实风险紧迫性还是治理方案跟进性,均表明算法影响评估程序日益成为公共行政机关正在使用的一种"紧急政策机制"。算法影响评估程序需要研判场景中算法系统的使用可能性,并寻求更好地理解、分类和应对算法系统产生的潜在危害或者风险。❸

需要说明的是,算法形成的程序公正危机实质是风险行政发展的新内容,与此同时,自风险社会形成以来,风险评估与风险管理构成了风险规制中的两大基本部分,那么,算法影响评估程序宏观上应当以风险评估和风险管理为关键内容,作为政府进行风险规制的工具,是为了更好地规制风险而在程序上设置的一种机制。❹基于传统的风险行政法的框架,可以在风险规制中找到算法影响评估程序的公法基础,并且是与程序规制理念紧密联系的。因此,就概念和目标而言,在公共行政中,基于全周期的视角政府机关开展算法影响评估程序,既是在部署与应用算法系统之前进行风险规制,也是在使用过程中对其进行持续评估,又是在评估报告生成后对系统进行复查。识别风险、分析风险和解决风险是其

---

❶ GUIHOT M, MATTHEW A F, SUZOR N P. Nudging robots: innovative solutions to regulate artificial intelligence[J]. Vanderbilt Journal of Entertainment and Technology Law, 2017, 20(2): 385-456.

❷ European Commission. White paper on artificial intelligence: a European approach to excellence and trust [R/OL]. (2020-02-19)[2024-01-28]. https://commission.europa.eu/publications/white-paper-artificial-intelligence-european-approach-excellence-and-trust_en#details.

❸ Algorithmic Accountability Act of 2022[A/OL]. (2022-02-03)[2024-01-28]. https://www.wyden.senate.gov/download/algorithmic-accountability-act-of-2022-bill-text.

❹ 沈岿. 风险规制与行政法新发展[M]. 北京:法律出版社,2013:138.

基本的内容，其目标包括以下四个方面：一是向公众提供与其权益相关的算法行为准则；二是让外部研究者能够有意义地访问系统并核查审计系统；三是提高行政机关评估算法决策系统中的公平价值、正当程序，以及差异影响的能力；四是通过在评估前、评估期间和评估后的各个阶段为公众提供参与机会，保障其正当程序权利的实现。

基于上述，可以明确的是：作为程序公正性保障的算法影响评估程序，其实质是算法行政中规制风险的程序机制，建构路径需要借鉴风险行政中业已成熟的环境影响评估程序。同时，在已有制度实践的基础上，融合"元规制"机理和"共构性"定位，让算法利益相关者成为评估和控制算法影响的"监督者"，而非扮演着信任和服从算法决策结果的"复述者"，算法影响评估程序强化了程序公正的实质正义内涵❶，将问责作为基础并联结"个人权利"和"风险规制"以形成整体性的治理路径，相应的具体建构思路如下。

第一，算法风险识别阶段。算法风险识别是指在政府机关将算法系统投入使用之前，应当对算法系统存在的质量风险进行识别。风险识别的过程其实是

---

❶ 可以说，算法影响评估程序更多关注的是对被涵盖的实体影响进行评估，这一点在美国《2022算法问责法案》中得以体现。尽管该法案规制对象多是商业活动中的算法自动化决策，但是，其规定"实体影响评估的具体要求"对公共行政领域中的算法影响评估程序的运作实践颇具参考价值，即学者所言："数字化时代的公法与私法的二元化法律结构必须具有新的内涵……公法与私法分离基础上的融合和共生也是势在必行的，但是应当不断寻找和尝试新的内容和形式。"有鉴于此，借鉴《2022算法问责法案》第四节对"实体影响评估的具体要求"的规定，公共行政领域内的算法影响评估应当关注具有以下几点影响的评估要求：一是在启用增强升级的算法决策之前，对增强型关键决策过程进行基本描述、评估可能的负面影响以及预期与需求的关系等；二是根据国家标准或者政府与行业的"最佳实践和标准"，对算法决策过程中的隐私风险或者隐私增强措施进行持续性评估；三是对算法决策系统的当前和历史的性能进行持续性评估；四是对算法决策可能涉及的正当程序权利进行影响评估，例如算法知情权、算法解释请求权、反算法自动化决策权、算法风险救济权等；五是识别算法重大负面影响并对制定的缓解预案进行评估；六是对算法影响评估过程中形成的日志文件进行持续记录和有序汇总。简而言之，算法影响评估程序需要关注算法决策的"性能（Performance）、公平性（Fairness）、透明度（Transparency）、可解释性（Explainability）、可争议性（Contestability）、行使追索的机会（Opportunity for recourse）、隐私和安全（Privacy and Security）、个人安全与公共安全（Personal and Public safety）、效率性和及时性（Efficiency and Timeliness）以及成本（Cost）"等方面。参见安．论数字行政法——比较法视角的探讨[J]．华东政法大学学报，2022（1）：12.

对算法系统进行质量保障,即质量保障程序。在数据保护法中,数据的质量保障是典型的事前程序,例如,根据德国《联邦数据保护法》第74条的规定,在传输或提供数据前,数据控制者应在合理的努力范围内对数据质量(Qualität)进行核查(überprüfen)。数据只是算法系统质量风险的来源之一,仅是质量保障的一部分,而非全部。对算法系统风险的识别还包括了对系统功能是否正常的识别。例如,在美国的税务系统领域,质量保障是对每个功能性程序(Functional program)进行缺陷或无效的识别,并验证(Verify)其是否能够按照预期执行各种系统活动。可见,在风险识别阶段,通过质量保障程序,行政机关内部需要自行对算法系统中存在可能影响公正决策的技术因素进行质量排查。作为前置性的质量风险识别程序,质量保障是一种计划性和全面性的措施,是为了确保代码架构、数据质量和系统功能等符合技术生命周期的既定要求。对我国而言,质量保障程序意味着需要加强对算法决策程序的内部管理,明确不同阶段的标准和职责,定期审查和清理数据内容和检查系统的安全性。❶进而言之,质量保障程序是内部行政法的正当程序平衡(Due process balancing)❷,要求行政机关认识到自动化系统是可能出错的(Fallible)❸,形成自检清单❹,并通过内部控制以对抗算法决策结果的不公正和歧视性,其包括以下三个方面:一是在行政机关中设置内部控制标准,为识别和解决算法决策系统中存在的问题提供总体框架,例如从行政效率、算法透明和算法问责等方面出发,英国为自动化行政决策模型制定了质量标准,即《水之手册》(Auqa book),指导政府对算法系统进行质量分析(Quality

---

❶《贵州省大数据安全保障条例》(贵州省人民代表大会常务委员会公告2019年第9号)第14条、第24条和第27条的规定。

❷ AMES D, CASSANDRA H-N, HO D E, MARCUS D. Due process and mass adjudication: crisis and reform [J]. Stanford Law Review, 2020, 72(1): 1-78.

❸ CITRON D K. Technological due process [J]. Washington University Law Review, 2008, 85(6): 1249-1313.

❹ Washington House Bill 1655 (Establishing guidelines for government procurement and use of automated decision systems in order to protect consumers, improve transparency, and create more market predictability) [A/OL]. (2019-02-26) [2024-01-28]. https://legiscan.com/WA/drafts/HB1655/2019.

Analysis）;❶二是对决策模型进行泛化误差降低,即在数据收集过程中确保数据的完整性、准确性、可靠性和及时性,让数据训练集尽可能地代表大多数,避免无关特征的噪声数据污染,之后让预测模型在训练集中进行训练,选择在测试集中显现出强泛化能力的决策机制;三是行政机关采取各种有效措施,识别算法系统存在的违规设置,并对缺陷进行改进,以增强算法决策的可靠性和合理性。

第二,算法影响的等级划分。代码架构、数据质量和系统功能等只是算法系统技术层面风险识别的要素,而将它们与利益相结合,则是更为深层的"对个人或者公众可能产生的潜在不利影响",即规范层面的风险识别。同时,对算法影响的程度划分,通常是以对权益是否产生不可逆影响以及影响的持续时效来作为评估指标,旨在形成从高到低的影响评估级别体系。例如,加拿大政府制定的《自动化决策指令》根据算法对个人或者公众的权利、健康、福祉以及对生态系统的持续发展的影响程度,将评估等级划分为了四级:一级是指算法自动化决策会导致可逆和短暂(Reversible and brief)的影响;二级是指算法自动化决策会导致可能是可逆和短期(Reversible and short-term)的影响;三级是指算法自动化决策会导致难以逆转且持续不断(Difficult to reverse and ongoing)的影响;四级是指算法自动化决策会导致不可逆转且永久(Irreversible and perpetual)的影响。可见,算法影响等级划分是对个人权利的影响、集体权利的影响和社会环境的影响进行全面评价,而对影响是否可逆和持续时间的综合判断,则可以得出"微小""中等""严重"和"不可控"四个影响等级。体系化且科学化的影响等级划分是为了合理设立影响评估的形式,这一点类似于《中华人民共和国环境影响评价法》第16条的规定,不同等级的环境影响意味着不同的评价形式,"重大环境影响"和"轻度环境影响"需要开展正式的环境评估程序,前者应当形成环境影响报告书,后者则应当形成环境报告表;"环境影响很小"一般不需要进行正式的环境评估,但应当形成环境影响等级表。以此为遵循,不同风险等级的算法影响所对应的评估环节也是有所差异的。

第三,算法影响评估的具体环节。如前所述,不同等级的算法影响意味着不同程度的算法影响评估方式。从行政过程来看,正式的算法影响评估包括了五

---

❶ The aqua book: guidance on producing quality analysis[A/OL].(2023-10-19)[2024-01-28]. https://www.gov.uk/government/publications/the-aqua-book-guidance-on-producing-quality-analysis-for-government.

个环节,即基于风险识别形成影响报告、算法影响报告及时公开并接受公众评论、分析公众意见以完善影响报告、影响报告经监管机构审核后再公开以及影响报告执行监督。因此,算法影响评估包括了"行政主体的自我评估、评估报告公开、外部主体监督监管"三大部分,是行政主体、监管主体和社会公众之间的三元共治。❶简而言之,算法影响评估是"自我规制"和"对自我规制的规制"的结合体。在厘清算法影响评估的程序环节的基础上,结合前述的等级划分,进一步类型化不同等级的算法影响评估的具体环节。"影响微小"对应着简化的算法影响评估程序,通常只需要行政机关提供认定某一算法系统是否属于行政机关自动化决策的自检清单,以便于清晰界定系统的类型❷,在微小风险的识别基础上形成有意义的评估报告,并将自检清单和自评报告同时公布,以供大众监督。而后面三级则需要采取正式的算法影响评估,只是在不同环节中采取的措施有所区别。在第二环节中,不同等级的影响意味着行政机关"通知"义务的要求也是有所区别的,体现出一定的浮动比例(Sliding scale)❸。根据加拿大《自动化决策指令》的规定,"影响中等"的算法决策,仅需要在"以朴实的语言在系统和服务网站上进行公布",而"影响严重"或者"不可控"的算法决策,则需要告知更为详细的评估信息,包括系统如何运作、如何支持行政决策、系统审查或审计的结果等。毕竟这些信息与个人或者群体权利密切相关,且意义重大,因此"有义务向参与者提供对他们不利因素的'要点',以便于他们在评估过程中论证备选方案"❹。虽然,算法影响自评报告公布的内容因影响程度的不同而表现出简与繁的区别,但是,简与繁均不同程度与利益相关者形成联系。基于权利影响的重要程度,需要一般化设置"告知—评论"程序,一方面创设了行政机关和外部专家(Outside expert)的沟通桥梁,弥合双方之间的知识鸿沟;另一方面促进问题专家(Issue ex-

---

❶ 李安. 算法影响评价:算法规制的制度创新[J]. 情报杂志,2021(3):151.

❷ 张欣. 算法影响评估制度的构建机理与中国方案[J]. 法商研究,2021(2):108.

❸ SCASSA T. Administrative law and the governance of automated decision making:critical look at Canada's directive on automated decision making[J]. U. B. C. Law Review,2021,54(1):251-[vi].

❹ OSWALD M. Algorithm-assisted decision-making in the public sector:framing the issues using administrative law rules governing discretionary power[J/OL]. Royal Society,2018,376(2128):20170359. (2018-08-06)[2024-01-28]. https://royalsocietypublishing.org/doi/full/10.1098/rsta.2017.0359.

pert）和利益相关者（Stakeholder）积极参与评估，让他们获悉相关风险和存在的技术替代方案。可见，"告知—评论"程序应当贯穿于第二和第三环节，旨在透过该程序以听取利益相关者对算法影响评估报告的意见与建议，促进算法影响报告内容聚集民意得以完善，并接受公众对算法影响评估活动的监督。❶最后，在第四和第五环节，经过"自我规制"和"参与评论"形成的事前算法影响评估报告应当由"技术架构、影响情况、解决措施"组成，那么，专业的监管机构需要对事前报告中的三方面内容进行技术性和规范性的审查，前者关注技术层面的数据瑕疵、代码瑕疵和系统瑕疵及风险防治，后者关注算法系统的适应性、均衡性和必要性判断及相对人的权利救济。经由监管审核后应当公开事后形成的算法影响报告，以顺利进入事后的监督机关和系统复查环节。

第四，算法影响报告的运用。在算法影响报告形成的事前和事后阶段，均强调公开报告、评论反馈以及监督救济，那么就算法影响评估报告公开、表述和应用而言，需要注意以下三点：一是在报告公开的方式上，公共机关承担强制公开职责，政府机关应当在公共网站等场所公布事前和事后算法影响报告，公布时间不得少于法定期限，且需要积极邀请公众对算法影响报告发表意见，澄清公众关注点以及解答悬而未决的问题，同时提供有意义的访问，让外部研究者和公众可以有效访问系统❷，以形成影响评估和风险防控的合作渠道；二是在报告语言的表述上，应当尽可能采取非技术性语言来帮助普通群众理解内容并参与到关于系统复查的监督活动中；三是在监督救济的渠道上，在横跨公私领域范畴内，关注不同治理目标的三种机制具有操作性❸，将三种机制置于算法行政视角下，更加凸显出机制的公共性和行政性。"巡警机制"侧重政府机关和监管机构就报告中呈现出的问题和风险开展实时性和动态性执法，避免算法违法行为和不利影响的产生和升级，这一点可参照《互联网信息服务算法推荐管理规定》第24条的

---

❶ 张恩典. 算法影响评估制度的反思与建构[J]. 电子政务, 2021(11)：66.

❷ Algorithmic impact assessments report: a practical framework for public agency accountability [R/OL]. (2018-04-09)[2024-01-28]. https://ainowinstitute.org/publication/algorithmic-impact-assessments-report-2.

❸ 许可. 算法规制体系的中国建构与理论反思[J]. 法律科学（西北政法大学学报）, 2022(1)：126-127.

规定。"火警机制"则是指政府机关和监管机构应当形成公众投诉、举报等监督渠道,畅通行政复议和行政诉讼的救济渠道,确保公众基于参与行政和权利维护行使监督权和救济权,例如《关于加强互联网信息服务算法综合治理的指导意见》指出,鼓励公众参与算法治理并切实加强设计者、应用者、监管者和公众之间的信息交流与有效沟通,政府积极受理投诉且落实结果反馈,这一点在《互联网信息服务算法推荐管理规定》第26条中得以明确。同时,就复议和诉讼而言,审查思路包括了"行政机关是自动化行政的责任主体""举证责任的分配或者相关问题的解释应当本着利于相对人的视角出发"等。❶"片警机制"则是对算法系统以及形成的算法影响报告进行常态化备案审查,监管机构应当定时更新报告内容,基于内容动态变化及时采取纠正措施,运用"服务、防范和管控"的方式确保算法系统持续合法化、正当化和有效化的治理行动。

---

❶ 胡敏洁.论自动化行政中的瑕疵指令及其救济[J].北京行政学院学报,2021(4):87.

结　语

每一次技术革命都会引发人类社会形态的发展与变革，从而导致政府形态和行政模式的时代性转变。在工业革命时期，人类社会是物理时空中的"固态社会"❶，基于"固态社会"形成的经济模式、生产方式、组织形式和管理体系等通常被认为是技术理性的制度表达。这个时期的政府形态表现为"利用技术理性以执行管理任务"的官僚科层制，坚信政府管理中的"人类的冲突和激情适合于以机械办法来解决"❷，此时的公共行政是一种技术化、理性化和非人格化的科层行政，与之对应的法律规则体系也更多地关注如何实现行政任务而忽视行政本身的善与恶。随着信息革命的全面铺开以及智能革命的加速发展，人类社会迈进了数字时代，基于数据、算法、代码和平台等数字要素而形成了一个与现实并行的虚拟空间，国家、社会的数字化存在以及个人的数字化生存由此成为常态。数字社会是一个虚实同构的"液态社会"，是被感知的、被精准计算的、互联互通的、代码化的、透明化的以及智能化的社会形态❸，因此，促使数据驱动型和平台治理型的政府形态出现，即数字政府。不同于科层政府，数字政府不再是纯粹的技术型行政官僚，其发展经历了"从合法行政到良好行政，从形式合法到实质合法"的转变，是涵盖服务型政府、法治型政府和创新型政府等多维面向的"虚实结合"政府形态。❹在数字政府视域下，算法与公共行政日益深度融合导致行政秩序受制于数理逻辑和代码规则，以数据和代码为基础和以算法自动化决策为过程的算法行政由此产生。如同工业社会以工业资本逻辑来塑造科层行政的法律制度一

---

❶ 与之对应的是数字时代的"液态社会"。参见马长山.数字社会的治理逻辑及其法治化展开[J].法律科学（西北政法大学学报），2020(5):4.

❷ 杰伊·D.怀特,盖·B.亚当斯.公共行政研究——对理论与实践的反思[M].刘亚平,高洁,译.北京:清华大学出版社,2005:3.

❸ 汪玉凯.智慧社会与国家治理现代化[J].中共天津市委党校学报,2018(2):63.

❹ 曹鎏.法治政府建设的多维面向[J].人民论坛,2020(5):120.

样,数字社会同样地会以数字逻辑、代码逻辑等来重塑算法行政的法律制度❶,而这一过程将会对传统行政法治体系产生巨大冲击。

诚如学者所言:"人工智能无处不在,会对包括宪法、行政法、民法、经济法、诉讼法、国际法在内的各个学科产生冲击,是一个走不出的背景。"❷算法行政不同于传统的公共行政,算法行政的核心要义可以描述为"算法决策驱动"的行政智能化形态和以"人机关系"为秩序内容的人机共治形态。但是,从实践情况来看,算法行政的两层要义存在着技术失序和规制不足的现实风险。技术失序是指算法决策并不总是客观公正的,由此形成技术失控的问题。算法决策是通过规则代码化、数据标签化以及逻辑数理化等方式来实现对法律关系的调整、权利义务的分配和冲突利益的协调,但是算法并非中立可靠,相反,算法不仅是价值关涉的,而且难以确保算法设计的正确性,一旦算法以技术权力的形式嵌入行政决策中,算法可能对公平公正、公开透明及权利保护等产生不利影响,技术也就陷入失控状态。规制不足则是指算法行政的"人机关系"难以受到传统行政程序法的有效规制,由此产生实践正义难题。算法决策并不能简单地视作政府行政的一种工具或者方式,而日益被看作一种治理力量或者治理代理人,正逐渐改变着过往以人为核心的行政程序制度。以人为核心的程序制度是指"受行政程序的结果影响的主体是人,人是有生命、有情感、有尊严的,每个人作为人的尊严和价值应当无条件得到其他主体的尊重"❸。然而,自主性算法成为行政过程中的参与者甚至成为决策者,导致行政机关以及相对人在算法行政领域的主导地位不复存在;与此同时,算法决策程序的技术特性与行政程序的规范特性并不兼容,自动收集、自动比对、自动分析、自动决策及自动执行的算法行政事实上压缩了行政程序的各个环节,导致个人参与到行政过程的可能性消失殆尽。

相较于算法行政的技术失序而言,其规制不足导致程序法的规制性和人文性日趋式微,更加需要对此予以关注,或者说,解决规制不足的问题实际上也等同于解决了技术失序的问题。因此,面对算法日益主体化以及将个人逐渐客体

---

❶ 虞青松.算法行政:社会信用体系治理范式及其法治化[J].法学论坛,2020(2):47.

❷ 宋华琳.人工智能与行政法的改革[M]//陈亮,张光君.人工智能时代的法律变革.北京:法律出版社,2020:148.

❸ 应松年.中国行政程序法立法展望[J].中国法学,2010(2):8.

化的现实风险,"我们越来越需要思考的,不是利用机器可以做什么,而是机器会对我们做什么"❶,置身于算法行政中的行政程序法必须作出回应性发展,以应对算法决策中个人主体性丧失、一系列程序性权利缩减,以及程序制度失灵等法治危机。由此可见,数字政府视域下算法行政的程序问题成为行政法转型与发展的关键问题。那么,对行政程序法发展而言,我们应当探索一个基于程序正义保障并促进算法行政法规范生长的新理论和新方案。对算法行政面临的程序法治困境予以廓清,不难发现,算法决策程序对行政程序的中立性、公开性、论证性和公正性形成了不同层面的冲击,如算法黑箱、算法歧视和算法独裁等。通过对"技法冲突"下的四重困境进行深入分析,为算法行政的程序法治化建构指明方向。

在此基础上,算法行政中程序法治的研究思路应当基于数字行政法视域下的理论转向,即坚持双价值体系和动态性的制度体系❷,以形成算法行政程序法治体系的建构路径。

在双价值体系的指引下,正当程序作为行政程序的最低限度公正标准,应当坚守基本的程序正义价值并对算法行政产生的新价值予以有机融合,继而构建综合"技术代码"和"设计代码"两种价值取向的算法正当程序。进而言之,算法正当程序是正当程序对算法行政的数字性回应,是一个涵盖算法正义、算法信任和算法透明等多个内容的价值体系。算法正当程序为算法行政中程序法治的具体建构奠定了价值基础,动态性的制度体系则意指基于算法决策应用的情况以定期动态更新算法行政的程序法治体系。于是,算法行政的程序法治体系需要对程序中立性、公开性、论证性和公正性进行与时俱进的制度塑造,例如,程序中立性中"个人对算法决策的申请回避制度"和"基于技术能力的职能分离制度";程序公开性中"有意义透明"的算法公开和"可解释性和可理解性"的算法解释;程序论证性中半自动化人机关系和全自动化人机关系下的不同论辩互动,以及程序公正性中"规训算法权力"的算法影响评估程序。当然,这些程序制度并不是一成不变的,程序法治变迁源自算法行政的发展性和不确定性,一个持续有效的程序法治框架应当具有一定的规制韧性和操作灵活性,能够基于应用与发展

---

❶ 仇勇.新媒体革命2.0:算法时代的媒介、公关与传播[M].北京:电子工业出版社,2018:238.

❷ 于安.论数字行政法——比较法视角的探讨[J].华东政法大学学报,2022(1):17.

的实际情况而动态地调整相应的程序制度。因此,算法行政尚处于不断演化形成的过程中,对其程序法治建设方案的讨论并非一劳永逸的,如何在程序一致性和程序动态性之间实现价值协调和制度弹性,是确保算法行政行稳致远的关键所在。

随着数字政府建设的加速推进,算法行政也在持续地深入发展。算法行政虽然能够实现高效、智能、精准、实时和动态的行政治理,但是,"技术上最伟大的胜利与最大的灾难几乎并列"❶,算法行政业已出现算法黑箱、算法歧视、算法独裁等非正义问题。正是基于此考虑,本书立足于数字政府视域,试图通过程序法治路径以形成一个有效的制度体系,确保算法行政遵守行政程序的合法性、合理性和正当性的要求,以避免算法决策架空行政机关的自主判断和危及行政相对人的程序权利,最终促使算法行政向着可靠的、可控的、可解释的和可信的智能治理模式发展。但是,算法行政所引发的行政法数字化转型是全面的,亦即算法行政对传统行政法形成的挑战是系统性而非局部性的。从这个意义观之,本书虽然从程序法这一立场尝试为算法行政建构一套程序法治框架,但是尚未对行政法整体变革进行系统性讨论。这也就意味着,本书对算法行政中程序法治的探讨仅仅是抛砖引玉,而非终点。在算法行政中,"程序与实体并重的混合型规制是一个重要趋势",两者共同构成数字行政法系统化建构的基本内容。❷因此,对数字行政法的发展形成和体系结构进行探索和研究,是我们当下必须重视和未来必然面对的重要内容。

---

❶ 汉斯·昆.世界伦理构想[M].周艺,译.北京:生活·读书·新知三联书店,2002:16.
❷ 于安.论数字行政法——比较法视角的探讨[J].华东政法大学学报,2022(1):14.关于数字行政法所涉及领域的划定,有学者认为,数字行政法囊括了个人信息保护、数据治理等多个领域,兼容并包且前景可期.参见高秦伟.数字政府背景下行政法治的发展及其课题[J].东方法学,2022(2):186.

参考文献

一、中文类参考文献

(一)著作类

[1] 中共中央马克思恩格斯列宁斯大林著作编译局. 马克思恩格斯全集(第19卷)[M]. 北京:人民出版社,1963.

[2] 埃德加·博登海默. 法理学:法律哲学与法律方法[M]. 邓正来,译. 北京:中国政法大学出版社,2004.

[3] 伯纳德·施瓦茨. 行政法[M]. 徐炳,译. 北京:群众出版社,1986.

[4] 约翰·罗尔斯. 正义论[M]. 何怀宏,等译. 北京:中国社会科学出版社,1998.

[5] 欧内斯特·盖尔霍恩,罗纳德·M.利文. 行政法和行政程序概要[M]. 黄列,译. 北京:中国社会科学出版社,1996.

[6] 迈克尔·D.贝勒斯. 程序正义——向个人的分配[M]. 邓海平,译. 北京:高等教育出版社,2005.

[7] 杰瑞·L.马肖. 行政国的正当程序[M]. 沈岿,译. 北京:高等教育出版社,2005.

[8] 朱迪·弗里曼. 合作治理与新行政法[M]. 毕洪海,陈标冲,译. 北京:商务印书馆,2010.

[9] 诺内特,塞尔兹尼克. 转变中的法律与社会:迈向回应型法[M]. 张志铭,译. 北京:中国政法大学出版社,1994.

[10] 卢克·多梅尔. 算法时代:新经济的新引擎[M]. 胡小锐,钟毅,译. 北京:中信出版社,2016.

[11] 劳伦斯·莱斯格. 代码2.0:网络空间中的法律[M]. 李旭,沈伟伟,译. 北京:清华大学出版社,2009.

[12] 詹姆斯·C.斯科特. 国家的视角——那些试图改善人类状况的项目是如何失

败的[M].王晓毅,译.北京:社会科学文献出版社,2012.

[13] 托马斯·库恩.必要的张力——科学的传统和变革论文选[M].范岱年,纪树立,译.北京:北京大学出版社,2004.

[14] 史蒂芬·卢奇,丹尼·科佩克.人工智能[M].二版.林赐,译.北京:人民邮电出版社,2018.

[15] 弗吉尼亚·尤班克斯.自动不平等:高科技如何锁定、管制和惩罚穷人[M].李明倩,译.北京:商务印书馆,2021.

[16] 曼纽尔·卡斯特.网络社会的崛起[M].夏铸九,王志弘,等译.北京:社会科学文献出版社,2006.

[17] 尼尔·波斯曼.技术垄断:文化向技术投降[M].何道宽,译.北京:中信出版社,2019.

[18] 拉里·唐斯.颠覆定律:指数级增长时代的新规则[M].刘睿,译.杭州:浙江人民出版社,2014.

[19] 瑞恩·卡洛,迈克尔·弗鲁姆金,伊恩·克尔.人工智能与法律的对话[M].陈吉栋,董惠敏,杭颖颖,译.上海:上海人民出版社,2018.

[20] 凯伦·杨,马丁·洛奇.驯服算法:数字歧视与算法规制[M].林少伟,唐林垚,译.上海:上海人民出版社,2020.

[21] 威廉·韦德.行政法[M].徐炳,等译.北京:中国大百科全书出版社,1997.

[22] 马丁·洛克林.公法与政治理论[M].郑戈,译.北京:商务印书馆,2013.

[23] 丹宁勋爵.法律的正当程序[M].李克强,等译.北京:法律出版社,1999.

[24] 安东尼·吉登斯.民族—国家与暴力[M].胡宗泽,赵立涛,译.北京:生活·读书·新知三联书店,1998.

[25] 维克托·迈尔-舍恩伯格,肯尼斯·库克耶.大数据时代:生活、工作与思维的大变革[M].盛杨燕,周涛,译.浙江:浙江人民版社,2013.

[26] 罗伯特·鲍德温,马丁·凯夫,马丁·洛奇.牛津规制手册[M].宋华琳,等译.上海:上海三联书店,2017.

[27] 哈特穆特·毛雷尔.行政法学总论[M].高家伟,译.北京:法律出版社,2000.

[28] 奥托·迈耶.德国行政法[M].刘飞,译.北京:商务印书馆,2004.

[29] 汉斯·J. 沃尔夫,罗尔夫·施托贝尔,奥托·巴霍夫. 行政法(第一卷)[M]. 高家伟,译. 北京:商务印书馆,2007.

[30] 施密特·阿斯曼. 秩序理念下的行政法体系建构[M]. 林明锵,等译. 北京:北京大学出版社,2012.

[31] 马克斯·韦伯. 经济与社会(下)[M]. 林荣远,译. 北京:商务印书馆,1997.

[32] 乌尔里希·贝克. 风险社会:新的现代性之路[M]. 张文杰,何博闻,译. 南京:译林出版社,2018.

[33] 古斯塔夫·拉德布鲁赫. 法学导论[M]. 米健,朱林,译. 北京:中国大百科全书出版社,1997.

[34] 克里斯多夫·库克里克. 微粒社会:数字化时代的社会模式[M]. 黄昆,夏柯,译. 北京:中信出版社,2018.

[35] 托马斯·威施迈耶,蒂莫·拉德马赫. 人工智能与法律的对话2[M]. 韩旭至,李辉,等译. 上海:上海人民出版社,2020.

[36] 盐野宏. 行政法总论[M]. 杨建顺,译. 北京:北京大学出版社,2008.

[37] 南博方. 行政法(第六版·中文修订版)[M]. 杨建顺,译. 北京:中国人民大学出版社,2009.

[38] 福田雅树,林秀弥,成原慧. AI联结的社会:人工智能网络化时代的伦理与法律[M]. 宋爱,译. 北京:社会科学文献出版社,2020.

[39] 古斯塔夫·佩泽尔. 法国行政法[M]. 廖坤明,周洁,译. 北京:国家行政学院出版社,2002.

[40] 莱昂·狄骥. 公法的变迁[M]. 郑戈,译. 北京:中国法制出版社,2010.

[41] 尤瓦尔·赫拉利. 未来简史:从智人到智神[M]. 林俊宏,译. 北京:中信出版社,2017.

[42] 塔格特. 行政法的范围[M]. 金自宁,译. 北京:中国人民大学出版社,2006.

[43] 姜明安. 行政程序法典化研究[M]. 北京:法律出版社,2016.

[44] 姜明安. 行政程序研究[M]. 北京:北京大学出版社,2007.

[45] 应松年. 当代中国行政法学(下卷)[M]. 北京:中国方正出版社,2005.

[46] 王名扬. 美国行政法[M]. 北京:中国法制出版社,1995.

[47]王锡锌.行政程序法理念与制度研究[M].北京:中国民主法制出版社,2007.

[48]王锡锌.公众参与和行政过程——一个理念与制度分析的框架[M].北京:中国民主法制出版社,2007.

[49]周佑勇.行政法原论[M].北京:北京大学出版社,2018.

[50]周佑勇.行政法专论[M].北京:中国人民大学出版社,2013.

[51]周佑勇,王禄生,等.智能时代的法律变革[M].北京:法律出版社,2020.

[52]胡建淼.行政法学[M].北京:法律出版社,1998.

[53]章剑生.现代行政法总论[M].二版.北京:法律出版社,2019.

[54]章剑生.行政程序法基本理论[M].北京:法律出版社,2003.

[55]季卫东.法律程序的意义(增订版)[M].北京:中国法制出版社,2011.

[56]季卫东.法治秩序的建构[M].北京:中国政法大学出版社,1999.

[57]张文显.二十世纪西方法哲学思潮研究[M].北京:法律出版社,2006.

[58]张文显.法理学[M].北京:高等教育出版社,北京大学出版社,1999.

[59]李洪雷.行政法释义学:行政法学理的更新[M].北京:中国人民大学出版社,2014.

[60]叶必丰.行政行为原理[M].北京:商务印书馆,2019.

[61]叶必丰.行政法的人文精神[M].北京:北京大学出版社,2005.

[62]高鸿钧,申卫星.信息社会法治读本[M].北京:清华大学出版社,2019.

[63]杨华.人工智能法治应用[M].上海:上海人民出版社,2021.

[64]王万华.中国行政程序法立法研究[M].北京:中国法制出版社,2005.

[65]马长山.迈向数字社会的法律[M].北京:法律出版社,2021.

[66]张凌寒.权力之治:人工智能时代的算法规制[M].上海:上海人民出版社,2021.

[67]马颜昕,等.数字政府:变革与法治[M].北京:中国人民大学出版社,2021.

[68]高家伟.行政行为合法性审查类型化研究[M].北京:中国政法大学出版社,2020.

[69]翁岳生.行政法(下册)[M].北京:中国法制出版社,2009.

[70]吴庚.行政法之理论与实用[M].增订八版.北京:中国人民大学出版社,2005.

[71] 杨延超. 机器人法:构建人类未来新秩序[M]. 北京:法律出版社,2019.

[72] 覃慧. 治理时代行政程序法制的变革与因应研究[M]. 北京:北京大学出版社,2018.

[73] 崔亚东. 世界人工智能法治蓝皮书(2021)[M]. 上海:上海人民出版社,2021.

[74] 成素梅,张帆,等. 人工智能的哲学问题[M]. 上海:上海人民出版社,2020.

[75] 王静,王轩,等. 算法:人工智能在"想"什么[M]. 北京:国家行政管理出版社,2021.

(二)论文类

[76] 姜明安. 新时代中国行政法学的转型与使命[J]. 财经法学,2019(1).

[77] 姜明安. 21世纪中外行政程序法发展述评[J]. 比较法研究,2019(6).

[78] 姜明安. 行政的"疆域"与行政法的功能[J]. 求是学刊,2002(2).

[79] 应松年. 《行政程序法(试拟稿)》评介[J]. 政法论坛,2004(5).

[80] 季卫东. 法律程序的意义——对中国法制建设的另一种思考[J]. 中国社会科学,1993(1).

[81] 季卫东. 数据、隐私以及人工智能时代的宪法创新[J]. 南大法学,2020(1).

[82] 张文显. 构建智能社会的法律秩序[J]. 东方法学,2020(5).

[83] 章剑生. 行政程序正当性之基本价值[J]. 法治现代化研究,2017(5).

[84] 章剑生. 论行政程序法上的行政公开原则[J]. 浙江大学学报(人文社会科学版),2000(12).

[85] 章剑生. 论行政行为的告知[J]. 法学,2001(9).

[86] 章剑生. 论行政回避制度[J]. 浙江大学学报(人文社会科学版),2002(6).

[87] 陈瑞华. 通过法律实现程序正义——"萨默斯程序价值"理论评析[J]. 北大法律评论,1998(1).

[88] 陈瑞华. 程序正义的理论基础——评马修的"尊严价值理论"[J]. 中国法学,2000(3).

[89] 江必新. 国家治理现代化基本问题研究[J]. 中南大学学报(社会科学版),2014(3).

[90] 江必新. 行政程序正当性的司法审查[J]. 中国社会科学,2012(7).

[91]周佑勇.行政法的正当程序原则[J].中国社会科学,2004(4).

[92]周佑勇.司法判决对正当程序原则的发展[J].中国法学,2019(3).

[93]王万华.我国行政法法典编纂的程序主义进路选择[J].中国法学,2021(4).

[94]王万华.大数据时代与行政权力运行机制转型[J].国家行政学院学报,2016(2).

[95]王万华.论政府数据开放与政府信息公开的关系[J].财经法学,2020(1).

[96]王锡锌.正当法律程序与"最低限度的公正"——基于行政程序角度之考察[J].法学评论,2002(2).

[97]叶必丰.行政法的体系化:"行政程序法"[J].东方法学,2021(6).

[98]陈景辉.算法的法律性质:言论、商业秘密还是正当程序?[J].比较法研究,2020(2).

[99]马长山.智慧社会背景下的"第四代人权"及其保障[J].中国法学,2019(5).

[100]马长山.智能互联网时代的法律变革[J].法学研究,2018(4).

[101]丁晓东.论算法的法律规制[J].中国社会科学,2020(12).

[102]王利明.人工智能时代提出的法学新课题[J].中国法律评论,2018(2).

[103]郑智航.网络社会法律治理与技术治理的二元共治[J].中国法学,2018(2).

[104]郑智航.人工智能算法的伦理危机与法律规制[J].法律科学(西北政法大学学报),2021(1).

[105]展鹏贺.数字化行政方式的权力正当性检视[J].中国法学,2021(3).

[106]苏宇.算法规制的谱系[J].中国法学,2020(3).

[107]刘艳红.人工智能法学研究的反智化批判[J].东方法学,2019(5).

[108]刘艳红.公共空间运用大规模监控的法理逻辑及限度——基于个人信息有序共享之视角[J].法学论坛,2020(2).

[109]高全喜.虚拟世界的法律化问题[J].现代法学,2019(1).

[110]於兴中.算法社会与人的秉性[J].中国法律评论,2018(2).

[111]胡凌.数字社会权力的来源:评分、算法与规范的再生产[J].交大法学,2019(1).

[112]周尚君.数字社会对权力机制的重新构造[J].华东政法大学学报,2021(5).

[113]郭春镇.对"数据治理"的治理——从"文明码"治理现象谈起[J].法律科学（西北政法大学学报），2021(3).

[114]王小芳,王磊."技术利维坦":人工智能嵌入社会治理的潜在风险与政府应对[J].电子政务,2019(5).

[115]张爱军.人工智能:国家治理的契机、挑战与应对[J].哈尔滨工业大学学报（社会科学版）,2020(1).

[116]张爱军."算法利维坦"的风险及其规制[J].探索与争鸣,2021(1).

[117]李友梅.当代中国社会治理转型的经验逻辑[J].中国社会科学,2018(11).

[118]陈伟光.关于人工智能治理问题的若干思考[J].人民论坛,2017(10).

[119]何哲.人工智能时代的政务智慧转型[J].北京行政学院学报,2018(1).

[120]虞青松.算法行政:社会信用体系治理范式及其法治化[J].法学论坛,2020(2).

[121]陈禹衡,陈洪兵.反思与完善:算法行政背景下健康码的适用风险探析[J].电子政务,2020(8).

[122]张欣.算法行政的架构原理、本质特征与法治化路径:兼论《个人信息保护法（草案）》[J].经贸法律评论,2021(1).

[123]张欣.从算法危机到算法信任:算法治理的多元方案和本土化路径[J].华东政法大学学报,2019(6).

[124]张欣.算法影响评估制度的构建机理与中国方案[J].法商研究,2021(2).

[125]张凌寒.算法权力的兴起、异化及法律规制[J].法商研究,2019(4).

[126]张凌寒.商业自动化决策的算法解释权研究[J].法律科学（西北政法大学学报）,2018(3).

[127]张凌寒.算法自动化决策与行政正当程序制度的冲突与调和[J].东方法学,2020(6).

[128]高秦伟.数字政府背景下行政法治的发展及其课题[J].东方法学,2022(2).

[129]刘东亮.技术性正当程序:人工智能时代程序法和算法的双重变奏[J].比较法研究,2020(5).

[130]刘东亮.什么是正当法律程序[J].中国法学,2010(4).

[131]雷刚,喻少如.算法正当程序:算法决策程序对正当程序的冲击与回应[J].电子政务,2021(12).

[132]王贵.算法行政的兴起、挑战及法治化调适[J].电子政务,2021(7).

[133]张恩典.人工智能算法决策对行政法治的挑战及制度因应[J].行政法学研究,2020(4).

[134]张恩典.算法影响评估制度的反思与建构[J].电子政务,2021(11).

[135]孙伟平.人工智能与人的"新异化"[J].中国社会科学,2020(12).

[136]谭宗泽,杨靖文.面向行政的行政法及其展开[J].南京社会科学,2017(1).

[137]谭宗泽,付大峰.从规范程序到程序规范:面向行政的行政程序及其展开[J].行政法学研究,2021(1).

[138]许可.算法规制体系的中国建构与理论反思[J].法律科学(西北政法大学学报),2022(1).

[139]孙建丽.算法自动化决策风险的法律规制研究[J].法治研究,2019(4).

[140]马颜昕.自动化行政的分级与法律控制变革[J].行政法学研究,2019(1).

[141]马颜昕.自动化行政方式下的行政处罚:挑战与回应[J].政治与法律,2020(4).

[142]谢明睿,余凌云.技术赋能交警非现场执法对行政程序的挑战及完善[J].法学杂志,2021(3).

[143]喻少如,雷刚.精准扶贫中个人信息的利用及其边界[J].北京理工大学学报(社会科学版),2022(1).

[144]胡卫卫,陈建平,赵晓峰.技术赋能何以变成技术负能?——"智能官僚主义"的生成及消解[J].电子政务,2021(4).

[145]赵金英.电子行政行为的法律效力问题研究[J].电子政务,2014(11).

[146]丁先存,王辉.电子政务中行政行为形式合法性探析[J].中国行政管理,2004(12).

[147]陈飏,裴亚楠.论自动化行政中算法决策应用风险及其防范路径[J].西南民族大学学报(人文社会科学版),2021(1).

[148]周辉.算法权力及其规制[J].法制与社会发展,2019(6).

[149]查云飞.人工智能时代全自动具体行政行为研究[J].比较法研究,2018(5).

[150]查云飞.行政裁量自动化的学理基础与功能定位[J].行政法学研究,2021(3).

[151]查云飞.健康码:个人疫情风险的自动化评级与利用[J].浙江学刊,2020(3).

[152]于安.论数字行政法—比较法视角的探讨[J].华东政法大学学报,2022(1).

[153]胡敏洁.自动化行政的法律控制[J].行政法学研究,2019(2).

[154]胡敏洁.论自动化行政中的瑕疵指令及其救济[J].北京行政学院学报,2021(4).

[155]高家伟.论电子政务法[J].中国法学,2003(4).

[156]宋华琳.电子政务背景下行政许可程序的革新[J].当代法学,2020(1).

[157]宋华琳,孟李冕.人工智能在行政治理中的作用及其法律控制[J].湖南科技大学学报(社会科学版),2018(6).

[158]戴长征,鲍静.数字政府治理——基于社会形态演变进程的考察[J].中国行政管理,2017(9).

[159]杨国栋,吴江.电子治理的概念特征、价值定位与发展趋向[J].上海行政学院学报,2017(3).

[160]郑玉双.计算正义:算法与法律之关系的法理建构[J].政治与法律,2021(11).

[161]郑玉双.破解技术中立难题——法律与科技之关系的法理学再思[J].华东政法大学学报,2018(1).

[162]潘小娟,李兆瑞.行政韧性之探析[J].中国行政管理,2019(2).

[163]郑跃平,杨学敏,甘泉,刘佳怡.我国数字政府建设的主要模式:基于公私合作视角的对比研究[J].治理研究,2021(4).

[164]崔卓兰,蔡立东.从压制型行政模式到回应型行政模式[J].法学研究,2002(4).

[165]崔卓兰,曹中海.论行政程序的内在价值——基于对行政程序底线伦理的探索[J].法制与社会发展,2006(3).

[166]陈天祥,徐雅倩.技术自主性与国家形塑 国家与技术治理关系研究的政治

脉络及其想象[J]. 社会,2020(5).

[167]邱泽奇. 智慧生活的个体代价与技术治理的社会选择[J]. 探索与争鸣,2018(5).

[168]韩志明. 技术治理的四重幻象——城市治理中的信息技术及其反思[J]. 探索与争鸣,2019(6).

[169]王莹. 算法侵害类型化研究与法律应对——以《个人信息保护法》为基点的算法规制扩展构想[J]. 法制与社会发展,2021(6).

[170]衣俊霖. 数字孪生时代的法律与问责——通过技术标准透视算法黑箱[J]. 东方法学,2021(4).

[171]郑崇明. 警惕公共治理中算法影子官僚的风险[J]. 探索与争鸣,2021(1).

[172]赵宏. 合作行政与行政法的体系变革[J]. 行政法论丛,2015(1).

[173]王成. 人工智能法律规制的正当性、进路与原则[J]. 江西社会科学,2019(2).

[174]余成峰. 法律的"死亡":人工智能时代的法律功能危机[J]. 华东政法大学学报,2018(2).

[175]景天魁. 时空压缩与中国社会建设[J]. 兰州大学学报(社会科学版),2015(5).

[176]宋保振. "数字弱势群体"权利及其法治化保障[J]. 法律科学(西北政法大学学报),2020(6).

[177]戚建刚. "第三代"行政程序的学理解读[J]. 环球法律评论,2013(5).

[178]关保英. 论具体行政行为程序合法的内涵与价值[J]. 政治与法律,2015(6).

[179]关保英. 论行政相对人的程序权利[J]. 社会科学,2009(7).

[180]王敬波. 政府信息公开中的公共利益衡量[J]. 中国社会科学,2014(9).

[181]何渊. 政府数据开放的整体法律框架[J]. 行政法学研究,2017(6).

[182]袁雪石. 整体主义、放管结合、高效便民:《行政处罚法》修改的"新原则"[J]. 华东政法大学学报,2020(4).

[183]薛刚凌. 行政主体之再思考[J]. 中国法学,2001(2).

[184]赵汀阳. 一种可能的智慧民主[J]. 中国社会科学,2021(4).

[185]张步峰. 论行政程序的功能——一种行政过程论的视角[J]. 中国人民大学学报,2009(1).

[186]王敏芝.算法之下:"透明社会"的技术与观念[J].探索与争鸣,2021(3).

[187]孙莹.人工智能算法规制的原理与方法[J].西南政法大学学报,2020(1).

[188]郭哲.反思算法权力[J].法学评论,2020(6).

[189]陈鹏.算法的权力:应用与规制[J].浙江社会科学,2019(4).

[190]陈鹏.算法的权力和权力的算法[J].探索,2019(4).

[191]郑戈.算法的法律和法律的算法[J].中国法律评论,2018(2).

[192]于立深.程序的多重视角[J].法制与社会发展,2003(2).

[193]秦小建.政府信息公开的宪法逻辑[J].中国法学,2016(3).

[194]赵一丁,陈亮.算法权力异化及法律规制[J].云南社会科学,2021(5).

[195]陆凯.美国算法治理政策与实施进路[J].环球法律评论,2020(3).

[196]蔡星月.算法决策权的异化及其矫正[J].政法论坛,2021(5).

[197]李晓辉.算法商业秘密与算法正义[J].比较法研究,2021(3).

[198]张涛.个人信用评分的地方实践与法律控制——以福州等7个城市为分析样本[J].行政法学研究,2020(1).

[199]喻少如.合作行政背景下行政程序的变革与走向[J].武汉大学学报(哲学社会科学版),2017(2).

[200]莫于川.公众参与潮流和参与式行政法制模式——从中国行政法民主化发展趋势的视角分析[J].国家检察官学院学报,2011(4).

[201]唐林垚.公共卫生领域算法治理的实现途径及法律保障[J].法学评论,2021(3).

[202]唐林垚."脱离算法自动化决策权"的虚幻承诺[J].东方法学,2020(6).

[203]苏令银.智能时代算法治理的合理性证成[J].云南社会科学,2021(3).

[204]江利红.行政过程的阶段性法律构造分析——从行政过程论的视角出发[J].政治与法律,2013(1).

[205]蒋红珍.正当程序原则司法适用的正当性:回归规范立场[J].中国法学,2019(3).

[206]蒋红珍.面向"知情权"的主观权利客观化体系建构:解读《政府信息公开条例》修改[J].行政法学研究,2019(4).

[207]周文清.过程论视野下自动化行政行为的司法审查——以道路交通非现场执法时空情景分析为视角[J].行政法学研究,2022(1).

[208]茅铭晨.从自定走向法定——我国《行政处罚法》修改背景下的非现场执法程序立法研究[J].政治与法律,2020(6).

[209]肖冬梅."后真相"背后的算法权力及其公法规制路径[J].行政法学研究,2020(4).

[210]赵华强.行政程序法定—依法行政的关键[J].法学,1998(11).

[211]周安平.行政程序法的价值、原则与目标模式[J].比较法研究,2004(2).

[212]彭中礼.国家治理能力是什么:现代法治理论的框架性回应[J].东岳论丛,2020(4).

[213]杨登峰.行政程序法定原则的厘定与适用[J].现代法学,2021(1).

[214]洪丹娜.算法歧视的宪法价值调适:基于人的尊严[J].政治与法律,2020(8).

[215]解正山.算法决策规制——以算法"解释权"为中心[J].现代法学,2020(1).

[216]孙清白.人工智能算法的"公共性"应用风险及其二元规制[J].行政法学研究,2020(4).

[217]李成.人工智能歧视的法律治理[J].中国法学,2021(1).

[218]崔靖梓.算法歧视挑战下平等权保护的危机与应对[J].法律科学(西北政法大学学报),2019(3).

[219]高秦伟.美国行政法中正当程序的"民营化"及其启示[J].法商研究,2009(1).

[220]程广云.从人机关系到跨人际主体间关系——人工智能的定义和策略[J].自然辩证法通讯,2019(1).

[221]王春梅,冯源.技术性人格:人工智能主体资格的私法构设[J].华东政法大学学报,2021(5).

[222]张劲松.人是机器的尺度——论人工智能与人类主体性[J].自然辩证法研究,2017(1).

[223]王学辉.超越程序控权:交往理性下的行政裁量程序[J].法商研究,2009(6).

[224]龙文懋.人工智能法律主体地位的法哲学思考[J].法律科学(西北政法大学学报),2018(5).

[225] 刘洪华. 论人工智能的法律地位[J]. 政治与法律,2019(1).

[226] 沈伟伟. 算法透明原则的迷思——算法规制理论的批判[J]. 环球法律评论, 2019(6).

[227] 于海防. 人工智能法律规制的价值取向与逻辑前提——在替代人类与增强人类之间[J]. 法学,2019(6).

二、外文类参考文献

(一)著作类

[228] BARFIELD W. The Cambridge handbook of the law of algorithms[M]. Cambridge:Cambridge University Press,2021.

[229] ROUVROY A. Privacy, due process and the computational turn:the philosophers of law meets the philosophers of technology[M]. London:Routledge,2012.

[230] WEST D M. Digital government:technology and public sector performance[M]. New Jersey:Princeton University Press,2005.

[231] GILLESPIE T, BOCZKOWSKI P J, FOOT K A. Media technologies:essays on communication, materiality, and society. MA:MIT Press,2014.

[232] ELLUL J. The technological society[M]. New York:Alfred A. Knopf,Inc,1964.

[233] BRAMAN S. Change of state:information, policy, and power[M]. MA:The MIT Press,2006.

[234] RHODES R A W. Understanding governance:policy networks, governance, reflexivity and accountability[M]. Berkshire:Open University Press,1997.

[235] NILSSON N J. The quest for artificial intelligence:a history of ideas and achievements[M]. Cambridge:Cambridge University Press,2010.

[236] BENKLER Y. The wealth of networks:how social production transforms markets and freedom[M]. London:Yale University Press,2006.

[237] BARNES J. Transforming administrative procedure[M]. Sevilla:Global Law Press,2008.

[238] PASQUALE F. The black box society:the secret algorithms that control money

and information[M]. Cambridge: Harvard University Press, 2015.

[239] O'NEIl C. Weapons of math destruction: how big data increases inequality and threatens democracy[M]. New York: Crown, 2016.

(二)论文类

[240] VALENTINE S. Impoverished algorithms: misguided governments, flawed technologies, and social control [J]. Fordham Urban Law Journal, 2019, 46 (2): 364-427.

[241] SUKSI M. Administrative due process when using automated decision-making in public administration: some notes from a Finnish perspective[J]. Artificial Intelligence and Law, 2021, 29: 87-110.

[242] COGLIANESE C, LEHR D. Transparency and algorithmic governance[J]. Administrative Law Review, 2019, 71(1): 1-56.

[243] COGLIANESE C. Administrative law in the automated state[J]. Daedalus, 2021, 150(3): 104-120.

[244] SOLOW-NIEDERMAN A. Administering artificial intelligence[J]. Southern California Law Review, 2020, 93(4): 633-695.

[245] RADEMACHER T. Predictive policing im deutschen polizeirecht[J]. Archiv Des Öffentlichen Rechts, 2017, 142(3): 366-416.

[246] BALKIN J M. 2016 sidley austin distinguished lecture on big data law and policy: the three laws of robotics in the age of big data[J]. Ohio State Law Journal, 2017, 78(5): 1217-1242.

[247] BEVIR M. Rethinking governmentality: ttowards genealogies of governance [J]. European Journal of Social Theory, 2010, 13(4): 423-441.

[248] KAMINSKI M E. Binary governance: lessons from the GDPR's approach to algorithmic accountability[J]. Southern California Law Review, 2019, 92(6): 1529-1616.

[249] ROUVROY A, STIEGLER B. The digital regime of truth: from the algorithmic governmentality to a new rule of law[J]. La Deleuziana, 2016(3): 6-29.

[250]VOGL T,CATHRINE S,GANESH B,BRIGHT J. Smart technology and the emergence of algorithmic bureaucracy: artificial intelligence in UK local authorities [J]. Public Administration Review,2020,80(6):946-961.

[251]KUZIEMSKI M,MISURACA G. AI governance in the public sector: three tales from the frontiers of automated decision-making in democratic settings[J]. Telecommunications Policy,2020,44(6):1-13.

[252]WALDMAN A E. Power,process,and automated decision-making[J]. Fordham Law Review,2019,88(2):613-632.

[253]ENGSTROM D F,HO D E. Algorithmic accountability in the administrative state [J]. Yale Journal on Regulation,2020,37(3):800-854.

[254]CITRON D K,PASQUALE F. The scored society: due process for automated predictions[J]. Washington Law Review,2014,89(1):1-34.

[255]CITRON D K. Technological due process[J]. Washington University Law Review, 2008,85(6):1249-1313.

[256]CALO R,CITRON D K. The automated administrative state:crisis of legitimacy[J]. Emory Law Journal,2021,70(4):797-846.

[257]CRAWFORD K,SCHULTZ J. Big data and due process:toward a framework to redress predictive privacy harms [J]. Boston College Law Review, 2014, 55(1): 93-128.

[258]SOLOW-NIEDERMAN A. Administering artificial intelligence[J]. Southern California Law Review,2020,93(4):633-695.

[259]AJUNWA I. Automated governance[J]. North Carolina Law Review, 2023, 101 (2):355-402.

[260]KROLL J A,BAROCAS S,FELTEN E W,et al. Accountable algorithms[J]. University of Pennsylvania Law Review,2017,165(3):633-706.

[261]SELBST A D,BAROCAS S. The intuitive appeal of explainable machines [J]. Fordham Law Review,2018,87(3):1085-1140.

[262]VIAL G. Understanding digital transformation:a review and a research agenda[J].

The Journal of Strategic Information Systems, 2019, 28(2):118-144.

[263] BLANK J D, OSOFSKY L. Automated agencies [J]. Minnesota Law Review, 2023, 107(5):2115-2192.

[264] BLOCH-WEHBA H. Algorithmic governance from the bottom up [J]. Brigham Young University Law Review, 2022, 48(1):69-136.

[265] KATZENBACH C, ULBRICHT L. Algorithmic governance [J]. Internet Policy Review, 2019, 8(4):1-18.

[266] EIFERT M, GIROR C, GROOTHUIS M, PRINS C. Taking administrative law to the digital era [J]. EDI Law Review, 2001, 8(2):57-146.

[267] PEREZ O, WIMER N. Algorithmic constitutionalism [J]. Indiana Journal of Global Legal Studies, 2023, 30(2):81-114.

[268] VOGL T, CATHRINE S, GANESH B, et al. Smart technology and the emergence of algorithmic bureaucracy: artificial intelligence in UK local authorities [J]. Public Administration Review, 2020, 80(6):946-961.

[269] BAENETT R E, BERNICK E D. No arbitrary power: an originalist theory of the due process of law [J]. William & Mary Law Review, 2019, 60(5):1599-1684.

[270] CASTETS-RENARS C. Accountability of algorithms in the GDPR and beyond: european legal framework on automated decision-making [J]. Fordham Intellectual Property, Media & Entertainment Law Journal, 2019, 30(1):91-138.

[271] BERMAN E. A government of laws and not of machines [J]. Boston University Law Review, 2018, 98(5):1277-1356.

[272] BAROCAS S, SELBST A D. Big data's disparate impact [J]. California Law Review, 2016, 104(3):671-732.

[273] GRIFFARD M. A bias-free predictive policing tool?: an evaluation of the NYPD's patternizr [J]. Fordham Urban Law Journal, 2019, 47(1):43-84.

[274] RAHWAN I. Society-in-the-loop: programming the algorithmic social contract [J]. Ethics Information Technology, 2018, 20(1):5-14.

[275] YEUNG K. 'Hypernudge': Big data as a mode of regulation by design [J]. Infor-

mation, Communication & Society, 2017, 20(1): 118-136.

[276] PERE M, ELKIN-KOREN N. Black box tinkering: beyond disclosure in algorithmic enforcement[J]. Florida Law Review, 2017, 69(1): 181-222.

[277] CHAGAL-FEFERKON K. The reasonable algorithm[J]. Journal of Law, Technology and Policy, 2018, 1: 111-147.

[278] ANDERSON M, ANDERSON S L. Machine Ethics: Creating an Ethical Intelligent Agent[J]. AI Magazine, 2007, 28(4): 15-26.

[279] COGLIANESE C, LEHR D. Regulating by robot: administrative decision making in the machine-learning era[J]. Georgetown Law Journal, 2017, 105(5): 1147-1224.

[280] KAMINSKI M E. The right to explanation, explained[J]. Berkeley Technology Law Journal, 2019, 34(1): 189-218.

[281] GOUDGE A. Administrative law, artificial intelligence, and procedural rights[J]. Windsor Review of Legal and Social Issues, 2021, 42: 17-50.

[282] SCASSA T. Administrative law and the governance of automated decision making: critical look at Canada's directive on automated decision making[J]. U.B.C. Law Review, 2021, 54(1): 251-[vi].